衛生管理 下

第2種用

受験から
実務まで

中央労働災害防止協会

序

　労働安全衛生法は，職場における労働者の安全と健康を確保し，快適な職場環境の形成を促進することを目的として，昭和47年に制定されました。その後，数回にわたる大きな改正が行われており，近年では平成17年に過重労働・メンタルヘルス対策としての医師による面接指導制度の導入や事業者による自主的な安全衛生活動の促進のための危険性・有害性の調査の努力義務化などの改正が，また平成26年にはストレスチェック制度の創設や化学物質管理のあり方の見直し等に関する改正が行われました。さらに，働き方改革関連法により，平成31年から産業保健機能の強化等の見直しが行われています。

　職場における衛生管理は，この労働安全衛生法などを基礎として行う必要があり，各職場で衛生管理の担い手である衛生管理者が確実に業務を遂行していくうえで，労働安全衛生法，労働基準法およびそれらに基づく政省令に関する知識が不可欠であることは申し上げるまでもありません。

　本書は，第二種衛生管理者免許の試験科目である「関係法令」に関する参考書となるように編集したものです。さらに，免許取得後に日常の衛生管理業務に役立てていただくために，膨大かつ複雑な労働安全衛生法をはじめとする法律やそれらに基づく関係政省令のうち，第二種衛生管理者免許を有する方が知っておかなければならない衛生管理に係る部分について，基本的事項を網羅するとともに，特に重要な指針等を参考資料として加え，分かりやすく整理しています。

　本書が第二種衛生管理者免許試験を受験しようとする方，衛生管理者としての業務を行っている方をはじめ，広く関係者に活用され，労働災害の防止に大いに役立つことを願っています。

　　令和6年3月

　　　　　　　　　　　　　　　　　　　　　　中央労働災害防止協会

目　　次

Ⅱ　労働基準法

本書の活用にあたって

1　法令の基礎知識

（1）　法律，政令及び省令

　国民を代表する機関である国会が制定した「法律」と，法律の委任を受けて内閣が制定した「政令」，及び厚生労働省など専門の行政機関が制定した「省令」などの命令をあわせて一般に「法令」と呼んでいる。

　労働安全衛生に関する法律として，昭和47年に労働基準法（昭和22年制定）から分離独立する形で「労働安全衛生法」が制定されている。（詳細は，労働安全衛生法の「制定の趣旨及び改正の経緯」（17ページ）及び労働基準法の「制定の趣旨及び改正の経緯」（143ページ）を参照。）

　また，労働安全衛生法とは別に，「じん肺法」，「作業環境測定法」及び「炭鉱災害による一酸化炭素中毒症に関する特別措置法」などが定められている。

　国民の権利や義務に関係のない事項，例えば技術的なことなどについても法律に定めることが理想的である。しかし日々変化する社会情勢，進歩する技術に関する事項をその都度法律で定めていたのでは変化に対応することはできない。むしろそうした専門的，技術的な事項については，それぞれ専門の行政機関に任せることが適当である。

　そのため，法律を実施するための規定や，法律の規定を補完あるいは具体化したり，より詳細に解釈する権限が行政機関に与えられている。これを「法律」による「命令」への「委任」と言い，内閣（内閣総理大臣とその他の国務大臣で組織され，国の行政権を担当する最高の合議機関）の定める命令を「政令」，行政機関の長である大臣が定める「命令」を「省令」（厚生労働大臣が定める命令は「厚生労働省令」）と呼んでいる。

（2）　労働安全衛生関係法令における政令と省令

　労働安全衛生関係法令において，政令としては「労働安全衛生法施行令」が制定されており，労働安全衛生法の各条に定められた規定の適用範囲，用語の定義などを定めている。

　また，労働安全衛生法における省令には，すべての事業場に適用される事項の詳細等を定める「労働安全衛生規則」と，特定の設備や，特定の業務等を行う事業場だけに適用される「特別規則」がある。

　「特別規則」としては，「有機溶剤中毒予防規則」，「鉛中毒予防規則」，「四アル

キル鉛中毒予防規則」,「特定化学物質障害予防規則」,「高気圧作業安全衛生規則」,「電離放射線障害防止規則」,「酸素欠乏症等防止規則」,「粉じん障害防止規則」,「石綿障害予防規則」,「事務所衛生基準規則」,「機械等検定規則」などが定められている。

（3） 告示，公示及び通達

　法律，政令及び省令とともに，さらに詳細な事項について具体的に定めて国民に知らせることを「告示」あるいは「公示」という。

　技術基準などは一般に告示（労働安全衛生法の場合は「厚生労働省告示」）として公表される。

　また，「指針」などは一般に公示として公表される。

　さらに，法令，告示や公示に関して，上級の行政機関が下級の機関に対し（例えば厚生労働省労働基準局長が都道府県労働局長に対し）て，法令の内容を解説するとか，指示を与えるために発する通知を「通達」という。通達は法令ではないが，法令を正しく理解するためには「通達」も知る必要がある。法令や告示等の内容を解説する通達は「解釈例規」として公表されている。

2　本書の構成

　本書においては，「労働安全衛生法」及び「労働基準法」の項目について，次のように構成して，関連する政令及び省令（規則）をあわせて掲載している。

	法　律
	政　令
	省　令 （規　則）

また，政令及び省令については，下表のように略して表記している。

法　律	政令又は省令名	略　称
労働安全衛生法 （略称：安衛法）	労 働 安 全 衛 生 法 施 行 令	施　行　令
	労 働 安 全 衛 生 規 則	安　衛　則
	労働安全衛生法及びこれに基づく命令に係る登録及び指定に関する省令	登 録 省 令
労 働 基 準 法 （略称：労基法）	労働基準法第37条第1項の時間外及び休日の割増賃金に係る率の最低限度を定める政令	割増賃金政令
	労 働 基 準 法 施 行 規 則	労　基　則
	年 少 者 労 働 基 準 規 則	年　少　則
	女 性 労 働 基 準 規 則	女　性　則

【　例　】

「衛生管理者」を例にとると，労働安全衛生法第12条において衛生管理者について規定し，労働安全衛生法施行令において衛生管理者を選任すべき事業場は常時50人以上の労働者を使用する事業場と定め，さらに詳細な事項について労働安全衛生規則の関係条文で規定している。

(衛生管理者)

第12条　事業者は，(1)政令で定める規模の事業場ごとに，都道府県労働局長の免許を受けた者その他厚生労働省令で定める資格を有する者のうちから，(2)厚生労働省令で定めるところにより，当該事業場の業務の区分に応じて，衛生管理者を選任し，その者に第10条第1項各号の業務（第25条の2第2項の規定により技術的事項を管理する者を選任した場合においては，同条第1項各号の措置に該当するものを除く。）のうち衛生に係る技術的事項を管理させなければならない。

②　前条第2項の規定は，衛生管理者について準用する。

（注）上記の下線は編者が附したものであり，原文にはありません。

上記の下線（1）の「政令で定める規模の事業場」とは施行令第4条に次のように定められている。

（衛生管理者を選任すべき事業場）

第4条 法第12条第１項の政令で定める規模の事業場は，常時50人以上の労働者を使用する事業場とする。

また，下線（2）の「厚生労働省令で定めるところにより，・・・衛生管理者を選任し」の部分については，安衛則第７条から同則第12条にかけて，衛生管理者の選任等について詳細が規定されている。

┌─ 安 衛 則 ───┐

（衛生管理者の選任）

第7条 法第12条第１項の規定による衛生管理者の選任は，次に定めるところにより行わなければならない。

1 衛生管理者を選任すべき事由が発生した日から14日以内に選任すること。

2 その事業場に専属の者を選任すること。ただし，２人以上の衛生管理者を選任する場合において，当該衛生管理者の中に第10条第３号に掲げる者がいるときは，当該者のうち１人については，この限りでない。

3 次に掲げる業種の区分に応じ，それぞれに掲げる者のうちから選任すること。

　イ　農林畜水産業，鉱業，建設業，製造業（物の加工業を含む。），電気業，ガス業，水道業，熱供給業，運送業，自動車整備業，機械修理業，医療業及び清掃業　第一種衛生管理者免許若しくは衛生工学衛生管理者免許を有する者又は第10条各号に掲げる者

　ロ　その他の業種　第一種衛生管理者免許，第二種衛生管理者免許若しくは衛生工学衛生管理者免許を有する者又は第10条各号に掲げる者

4 次の表の上欄〈編注・左欄〉に掲げる事業場の規模に応じて，同表の下欄〈編注・右欄〉に掲げる数以上の衛生管理者を選任すること。

事業場の規模（常時使用する労働者数）	衛生管理者数
50人以上200人以下	1人
200人を超え500人以下	2人
500人を超え1,000人以下	3人
1,000人を超え2,000人以下	4人
2,000人を超え3,000人以下	5人
3,000人を超える場合	6人

5 次に掲げる事業場にあつては，衛生管理者のうち少なくとも１人を専任の衛生管理者とすること。

　イ　常時1,000人を超える労働者を使用する事業場

ロ　常時500人を超える労働者を使用する事業場で，坑内労働又は労働基準法施行規則（昭和22年厚生省令第23号）第18条各号に掲げる業務に常時30人以上の労働者を従事させるもの

6　常時500人を超える労働者を使用する事業場で，坑内労働又は労働基準法施行規則第18条第1号，第3号から第5号まで若しくは第9号に掲げる業務に常時30人以上の労働者を従事させるものにあつては，衛生管理者のうち1人を衛生工学衛生管理者免許を受けた者のうちから選任すること。

②　第2条第2項及び第3条の規定は，衛生管理者について準用する。

（衛生管理者の選任の特例）

第8条　事業者は，前条第1項の規定により衛生管理者を選任することができないやむを得ない事由がある場合で，所轄都道府県労働局長の許可を受けたときは，同項の規定によらないことができる。

（共同の衛生管理者の選任）

第9条　都道府県労働局長は，必要であると認めるときは，地方労働審議会の議を経て，衛生管理者を選任することを要しない二以上の事業場で，同一の地域にあるものについて，共同して衛生管理者を選任すべきことを勧告することができる。

（衛生管理者の資格）

第10条　法第12条第1項の厚生労働省令で定める資格を有する者は，次のとおりとする。

1　医師
2　歯科医師
3　労働衛生コンサルタント
4　前三号に掲げる者のほか，厚生労働大臣の定める者

（衛生管理者の定期巡視及び権限の付与）

第11条　衛生管理者は，少なくとも毎週1回作業場等を巡視し，設備，作業方法又は衛生状態に有害のおそれがあるときは，直ちに，労働者の健康障害を防止するため必要な措置を講じなければならない。

②　事業者は，衛生管理者に対し，衛生に関する措置をなし得る権限を与えなければならない。

（衛生工学に関する事項の管理）

第12条　事業者は，第7条第1項第6号の規定により選任した衛生管理者に，法第10条第1項各号の業務のうち衛生に係る技術的事項で衛生工学に関するものを管理させなければならない。

3　本書の活用方法

　　本書の「労働安全衛生法関係厚生労働省令」の各項目については，第二種衛生管理者免許試験受験者のみならず，第二種衛生管理者免許取得後の実務にあたって必要な条文を抜粋して解説している。

　　これにより，本書は「法令編」として，第二種衛生管理者免許の受験時はもとより，当該資格取得後も，目次の項目を参照して，適宜，事典的な活用ができるように工夫している。

　　本書に収録した関係諸法令は，令和6年1月31日までに公布されたものである。
　　また，施行日が令和6年4月1日以前のものについては，本文に改正を加えた。
なお，施行日が同年4月2日以降のものについては，本文に直接改正を加えず，
改正分を点線で囲って掲載した。

I　労働安全衛生法関係法令

1 労働安全衛生法

（昭和47.6.8法律第57号）

（最終改正：令和4.6.17法律第68号）

1 制定の趣旨及び改正の経緯

　昭和47年に従来労働基準法の一つの章として規定されていた安全衛生に係る規定を独立させ，労働安全衛生法が制定，公布された。この労働安全衛生法は労働条件の最低基準を定めている労働基準法と相まって，

① 事業場内における安全衛生管理の責任体制の明確化

② 危害防止基準の確立

③ 事業者の自主的安全衛生活動の促進

等の措置を講ずる等の総合的，計画的な対策を推進することにより，労働者の安全と健康を確保し，さらに快適な作業環境の形成を促進することを目的とした。

　その後，六価クロム，塩化ビニル等による職業がん等の重篤な職業病の発生が注目され，大きな社会問題になったことにかんがみ，昭和52年に一部改正され，

① 化学物質についての有害性調査

② 化学物質による労働者の健康障害を防止するための指針

③ 疫学的調査

に関する規定などが整備された。

　さらに，中小規模事業場における安全衛生活動の低調，高齢化社会の進展に伴う高年齢者の労働災害の増加，高血圧症，心疾患等の有所見率の上昇，技術革新の進展，就業形態の多様化等による労働者の心の健康問題等に対応するため，昭和63年に一部改正され，安全衛生推進者等，健康教育等に関する規定などが整備された。

　そして，平成4年の改正においては，建設業，中でも中小規模の建設現場での労働災害の多発に対処するため，店社安全管理者制度の創設，元方事業者等の措置の充実などの規定の充実が図られた。また，労働態様の変化に対応し，誰もが働きやすい職場環境が形成されるよう，規定の整備が図られ，これに合わせて目的も快適な作業環境の形成の促進から快適な職場環境の形成の促進に改正された。

　さらに，平成8年には，労働者の健康確保対策の充実強化を目的とした改正が行われた。この改正は，健康診断における有所見率が上昇し，3人に1人が何らかの所見を有している状況となっていること，ストレス等を感じる労働者が増加していること

等を踏まえたものであり，その内容は以下のとおりである。

① 健康確保体制の整備

　　労働者の健康確保における産業医の役割の増大等を踏まえ，産業医についての専門性の確保を図るとともに，小規模事業場の労働者の健康確保に対し，国の援助を行う。

② 労働者の健康管理

　　健康診断の結果に基づく措置が適切に実施されるよう医師等からの意見の聴取，健康診断結果に基づき事業者が講ずべき措置に関する指針の策定を行うとともに，健康診断の結果の通知，医師や保健婦・保健士（現・保健師）による保健指導を実施し，労働者の自主的な健康管理の努力を促進する。

　平成11年に労働安全衛生法及び作業環境測定法の一部改正が行われ，深夜業に従事する労働者の健康確保と化学物質等による労働者の健康障害を防止するための対策の充実が図られた。その内容は以下のとおりである。

① 深夜業に従事する労働者の健康管理の充実

　イ　深夜業に従事する労働者が自発的に受診した健康診断の結果（有所見の場合）に基づき，事業者が労働者の健康保持に必要な措置について，医師から意見聴取することを義務付ける。

　ロ　イの意見を勘案し，必要な場合，事業者が作業の転換等の適切な措置を講ずることを義務付けるとともに，事業者が講ずる措置の例示として，深夜業の回数の減少を加える。

　ハ　イの健康診断の結果に基づき，事業者は特に健康の保持に努める必要がある労働者に対し，医師等による保健指導を行うように努めることとする。

② 化学物質等による労働者の健康障害を防止するための措置の充実

　イ　労働者の健康障害を生ずるおそれのある化学物質等の譲渡・提供者が，譲渡・提供先に安全データシート（SDS)を交付することを義務付けるなど有害性等の情報提供等の充実を図る。

　ロ　労働大臣（現・厚生労働大臣）は，化学物質等による労働者の健康障害の防止のために事業者が講ずべき措置に関する指針を公表し，これに従い必要な指導，援助を行うことができることとする。

　平成15年には，検査機関，研修等の「指定制度」を「登録制度」に変更するため，労働安全衛生法及び作業環境測定法の一部改正が行われた。その主な内容は以下のとおりである。

① 「労働安全衛生法」の一部改正

　製造時等検査，性能検査，個別検定，型式検定，技能講習及び教習について，指定機関による実施から，登録機関による実施に改める。

② 「作業環境測定法」の一部改正

　作業環境測定士に係る講習及び研修について，指定機関による実施から，登録機関による実施に改める。

　また，平成17年には，職場における労働者の安全と健康の確保を一層推進するため，労働安全衛生法，労働安全衛生法施行令，労働安全衛生規則及び関係規則等の改正が行われた。その主な事項は次のとおりである。

① 長時間労働者への医師による面接指導の実施

② 特殊健康診断結果の労働者への通知

③ 危険性・有害性等の調査（リスクアセスメント）及び必要な措置の実施

④ 認定事業者に対する計画届の免除

⑤ 安全管理者の資格要件の見直し

⑥ 安全衛生管理体制の強化

⑦ 製造業の元方事業者による作業間の連絡調整の実施

⑧ 化学設備の清掃等の作業の注文者による文書等の交付

⑨ 化学物質等の表示・文書交付制度の改善

⑩ 有害物ばく露作業報告の創設

⑪ 免許・技能講習制度の見直し

　平成26年には，化学物質による健康被害が問題となった胆管がん事案の発生や，精神障害を原因とする労災認定件数の増加など，社会情勢の変化や労働災害の動向に即応し，労働者の安全と健康の確保対策を一層充実するための改正が行われた。主な改正事項は次のとおりである。

① 化学物質のリスクアセスメントの実施

② ストレスチェック及び面接指導の実施

③ 受動喫煙防止措置の努力義務化

④ 重大な労働災害を繰り返す企業への対応

⑤ 第88条第1項に基づく届出の廃止

⑥ 電動ファン付き呼吸用保護具の型式検定

⑦ 外国に立地する検査機関の登録

　さらに，働く人が多様な働き方を選択できる社会を実現する働き方改革を総合的に推進するため，長時間労働の是正，多様で柔軟な働き方の実現，雇用形態にかかわらない公正な待遇の確保等のための措置を講じることを目的に，「働き方改革を推進するための関係法律の整備に関する法律」（平成30年法律第71号）が平成30年7月6日に公布された。これにより労働安全衛生法等が改正され，長時間労働やメンタルヘルス不調などにより健康リスクを抱える労働者の健康を確保するため，産業医・産業保健機能が強化された（平成31年4月1日施行）。

　主な改正事項は以下のとおりである。

　①　産業医の活動環境の整備

　②　労働者に対する健康相談体制の整備

　③　労働者の健康情報の適正な取扱いを推進

　労働安全衛生関係法令のうち，労働衛生に係る法令の関係を示すと下図のようになる。

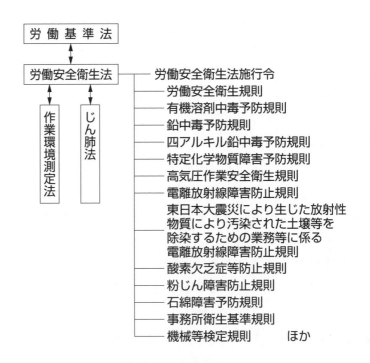

図　労働衛生に係る法令

② 労働衛生関係主要条項

1 第1章 総則関係

(1) 目的

（目的）
第1条　この法律は，労働基準法（昭和22年法律第49号）と相まつて，労働災害の防止のための危害防止基準の確立，責任体制の明確化及び自主的活動の促進の措置を講ずる等その防止に関する総合的計画的な対策を推進することにより職場における労働者の安全と健康を確保するとともに，快適な職場環境の形成を促進することを目的とする。

(2) 定義

（定義）
第2条　この法律において，次の各号に掲げる用語の意義は，それぞれ当該各号に定めるところによる。
　1　労働災害　労働者の就業に係る建設物，設備，原材料，ガス，蒸気，粉じん等により，又は作業行動その他業務に起因して，労働者が負傷し，疾病にかかり，又は死亡することをいう。
　2　労働者　労働基準法第9条に規定する労働者（同居の親族のみを使用する事業又は事務所に使用される者及び家事使用人を除く。）をいう。
　3　事業者　事業を行う者で，労働者を使用するものをいう。
　3の2　化学物質　元素及び化合物をいう。
　4　作業環境測定　作業環境の実態をは握するため空気環境その他の作業環境について行うデザイン，サンプリング及び分析（解析を含む。）をいう。

(3) 事業者等の責務

（事業者等の責務）
第3条　事業者は，単にこの法律で定める労働災害の防止のための最低基準を守るだけでなく，快適な職場環境の実現と労働条件の改善を通じて職場における労働者の安全と健康を確保するようにしなければならない。また，事業者は，

国が実施する労働災害の防止に関する施策に協力するようにしなければならない。

② 機械，器具その他の設備を設計し，製造し，若しくは輸入する者，原材料を製造し，若しくは輸入する者又は建設物を建設し，若しくは設計する者は，これらの物の設計，製造，輸入又は建設に際して，これらの物が使用されることによる労働災害の発生の防止に資するように努めなければならない。

③ 建設工事の注文者等仕事を他人に請け負わせる者は，施工方法，工期等について，安全で衛生的な作業の遂行をそこなうおそれのある条件を附さないように配慮しなければならない。

第4条　労働者は，労働災害を防止するため必要な事項を守るほか，事業者その他の関係者が実施する労働災害の防止に関する措置に協力するように努めなければならない。

2　第2章　労働災害防止計画関係

（労働災害防止計画の策定）
第6条　厚生労働大臣は，労働政策審議会の意見をきいて，労働災害の防止のための主要な対策に関する事項その他労働災害の防止に関し重要な事項を定めた計画（以下「労働災害防止計画」という。）を策定しなければならない。

3　第3章　安全衛生管理体制関係
（1）　総括安全衛生管理者

（総括安全衛生管理者）
第10条　事業者は，政令で定める規模の事業場ごとに，厚生労働省令で定めるところにより，総括安全衛生管理者を選任し，その者に安全管理者，衛生管理者又は第25条の2第2項の規定により技術的事項を管理する者の指揮をさせるとともに，次の業務を統括管理させなければならない。

1　労働者の危険又は健康障害を防止するための措置に関すること。

2　労働者の安全又は衛生のための教育の実施に関すること。

3　健康診断の実施その他健康の保持増進のための措置に関すること。

   4　労働災害の原因の調査及び再発防止対策に関すること。

   5　前各号に掲げるもののほか，労働災害を防止するため必要な業務で，厚生労働省令で定めるもの

②　総括安全衛生管理者は，当該事業場においてその事業の実施を統括管理する者をもつて充てなければならない。

③　都道府県労働局長は，労働災害を防止するため必要があると認めるときは，総括安全衛生管理者の業務の執行について事業者に勧告することができる。

─施　行　令─

（総括安全衛生管理者を選任すべき事業場）

第2条　労働安全衛生法（以下「法」という。）第10条第1項の政令で定める規模の事業場は，次の各号に掲げる業種の区分に応じ，常時当該各号に掲げる数以上の労働者を使用する事業場とする。

   1　林業，鉱業，建設業，運送業及び清掃業　100人

   2　製造業（物の加工業を含む。），電気業，ガス業，熱供給業，水道業，通信業，各種商品卸売業，家具・建具・じゅう器等卸売業，各種商品小売業，家具・建具・じゅう器小売業，燃料小売業，旅館業，ゴルフ場業，自動車整備業及び機械修理業　300人

   3　その他の業種　1,000人

─安　衛　則─

（総括安全衛生管理者の選任）

第2条　法第10条第1項の規定による総括安全衛生管理者の選任は，総括安全衛生管理者を選任すべき事由が発生した日から14日以内に行なわなければならない。

②　事業者は，総括安全衛生管理者を選任したときは，遅滞なく，様式第3号による報告書を，当該事業場の所在地を管轄する労働基準監督署長（以下「所轄労働基準監督署長」という。）に提出しなければならない。

（総括安全衛生管理者の代理者）

第3条　事業者は，総括安全衛生管理者が旅行，疾病，事故その他やむを得ない事由によつて職務を行なうことができないときは，代理者を選任しなければならない。

（総括安全衛生管理者が統括管理する業務）

第3条の2　法第10条第1項第5号の厚生労働省令で定める業務は，次のとおりとする。

   1　安全衛生に関する方針の表明に関すること。

   2　法第28条の2第1項又は第57条の3第1項及び第2項の危険性又は有害性等の調査及びその結果に基づき講ずる措置に関すること。

　3　安全衛生に関する計画の作成，実施，評価及び改善に関すること。

（2）　衛生管理者

（安全管理者）

第11条　事業者は，政令で定める業種及び規模の事業場ごとに，厚生労働省令で定める資格を有する者のうちから，厚生労働省令で定めるところにより，安全管理者を選任し，その者に前条第1項各号の業務（第25条の2第2項の規定により技術的事項を管理する者を選任した場合においては，同条第1項各号の措置に該当するものを除く。）のうち安全に係る技術的事項を管理させなければならない。

②　労働基準監督署長は，労働災害を防止するため必要があると認めるときは，事業者に対し，安全管理者の増員又は解任を命ずることができる。

（衛生管理者）

第12条　事業者は，政令で定める規模の事業場ごとに，都道府県労働局長の免許を受けた者その他厚生労働省令で定める資格を有する者のうちから，厚生労働省令で定めるところにより，当該事業場の業務の区分に応じて，衛生管理者を選任し，その者に第10条第1項各号の業務（第25条の2第2項の規定により技術的事項を管理する者を選任した場合においては，同条第1項各号の措置に該当するものを除く。）のうち衛生に係る技術的事項を管理させなければならない。

②　前条第2項の規定は，衛生管理者について準用する。

---施　行　令---

（衛生管理者を選任すべき事業場）

第4条　法第12条第1項の政令で定める規模の事業場は，常時50人以上の労働者を使用する事業場とする。

---安　衛　則---

（衛生管理者の選任）

第7条　法第12条第1項の規定による衛生管理者の選任は，次に定めるところにより行わなければならない。

　1　衛生管理者を選任すべき事由が発生した日から14日以内に選任すること。

　2　その事業場に専属の者を選任すること。ただし，2人以上の衛生管理者を選任する場合において，当該衛生管理者の中に第10条第3号に掲げる者がいるときは，

当該者のうち1人については，この限りでない。

3　次に掲げる業種の区分に応じ，それぞれに掲げる者のうちから選任すること。

イ　農林畜水産業，鉱業，建設業，製造業（物の加工業を含む。），電気業，ガス業，水道業，熱供給業，運送業，自動車整備業，機械修理業，医療業及び清掃業　第一種衛生管理者免許若しくは衛生工学衛生管理者免許を有する者又は第10条各号に掲げる者

ロ　その他の業種　第一種衛生管理者免許，第二種衛生管理者免許若しくは衛生工学衛生管理者免許を有する者又は第10条各号に掲げる者

4　次の表の上欄〈編注・左欄〉に掲げる事業場の規模に応じて，同表の下欄〈編注・右欄〉に掲げる数以上の衛生管理者を選任すること。

事業場の規模（常時使用する労働者数）	衛生管理者数
50人以上200人以下	1人
200人を超え500人以下	2人
500人を超え1,000人以下	3人
1,000人を超え2,000人以下	4人
2,000人を超え3,000人以下	5人
3,000人を超える場合	6人

5　次に掲げる事業場にあつては，衛生管理者のうち少なくとも1人を専任の衛生管理者とすること。

イ　常時1,000人を超える労働者を使用する事業場

ロ　常時500人を超える労働者を使用する事業場で，坑内労働又は労働基準法施行規則（昭和22年厚生省令第23号）第18条各号に掲げる業務に常時30人以上の労働者を従事させるもの

6　常時500人を超える労働者を使用する事業場で，坑内労働又は労働基準法施行規則第18条第1号，第3号から第5号まで若しくは第9号に掲げる業務に常時30人以上の労働者を従事させるものにあつては，衛生管理者のうち1人を衛生工学衛生管理者免許を受けた者のうちから選任すること。

②　第2条第2項及び第3条の規定は，衛生管理者について準用する。

（衛生管理者の選任の特例）

第8条　事業者は，前条第1項の規定により衛生管理者を選任することができないやむを得ない事由がある場合で，所轄都道府県労働局長の許可を受けたときは，同項の規定によらないことができる。

（共同の衛生管理者の選任）

第9条　都道府県労働局長は，必要であると認めるときは，地方労働審議会の議を経て，衛生管理者を選任することを要しない二以上の事業場で，同一の地域にあるものについて，共同して衛生管理者を選任すべきことを勧告することができる。

（衛生管理者の資格）

第10条　法第12条第1項の厚生労働省令で定める資格を有する者は，次のとおりとする。

1 医師
2 歯科医師
3 労働衛生コンサルタント
4 前三号に掲げる者のほか，厚生労働大臣の定める者

（衛生管理者の定期巡視及び権限の付与）
第11条 衛生管理者は，少なくとも毎週1回作業場等を巡視し，設備，作業方法又は衛生状態に有害のおそれがあるときは，直ちに，労働者の健康障害を防止するため必要な措置を講じなければならない。
② 事業者は，衛生管理者に対し，衛生に関する措置をなし得る権限を与えなければならない。

（注） 「 ③ 衛生管理者規程」（108〜113ページ）参照。

（3） 安全衛生推進者等

（安全衛生推進者等）
第12条の2 事業者は，第11条第1項の事業場及び前条第1項の事業場以外の事業場で，厚生労働省令で定める規模のものごとに，厚生労働省令で定めるところにより，安全衛生推進者（第11条第1項の政令で定める業種以外の業種の事業場にあつては，衛生推進者）を選任し，その者に第10条第1項各号の業務（第25条の2第2項の規定により技術的事項を管理する者を選任した場合においては，同条第1項各号の措置に該当するものを除くものとし，第11条第1項の政令で定める業種以外の業種の事業場にあつては，衛生に係る業務に限る。）を担当させなければならない。

安 衛 則

（安全衛生推進者等を選任すべき事業場）
第12条の2 法第12条の2の厚生労働省令で定める規模の事業場は，常時10人以上50人未満の労働者を使用する事業場とする。
（安全衛生推進者等の選任）
第12条の3 法第12条の2の規定による安全衛生推進者又は衛生推進者（以下「安全衛生推進者等」という。）の選任は，都道府県労働局長の登録を受けた者が行う講習を修了した者その他法第10条第1項各号の業務（衛生推進者にあつては，衛生に係る業務に限る。）を担当するため必要な能力を有すると認められる者のうちから，次に定めるところにより行わなければならない。

1　安全衛生推進者等を選任すべき事由が発生した日から14日以内に選任すること。

2　その事業場に専属の者を選任すること。ただし，労働安全コンサルタント，労働衛生コンサルタントその他厚生労働大臣が定める者のうちから選任するときは，この限りでない。

② 次に掲げる者は，前項の講習の講習科目（安全衛生推進者に係るものに限る。）のうち厚生労働大臣が定めるものの免除を受けることができる。

1　第5条各号に掲げる者

2　第10条各号に掲げる者

（安全衛生推進者等の氏名の周知）

第12条の４　事業者は，安全衛生推進者等を選任したときは，当該安全衛生推進者等の氏名を作業場の見やすい箇所に掲示する等により関係労働者に周知させなければならない。

（化学物質管理者が管理する事項等）

第12条の５　事業者は，法第57条の３第１項の危険性又は有害性等の調査（主として一般消費者の生活の用に供される製品に係るものを除く。以下「リスクアセスメント」という。）をしなければならない令第18条各号に掲げる物及び法第57条の２第１項に規定する通知対象物（以下「リスクアセスメント対象物」という。）を製造し，又は取り扱う事業場ごとに，化学物質管理者を選任し，その者に当該事業場における次に掲げる化学物質の管理に係る技術的事項を管理させなければならない。ただし，法第57条第１項の規定による表示（表示する事項及び標識に関することに限る。），同条第２項の規定による文書の交付及び法第57条の２第１項の規定による通知（通知する事項に関することに限る。）（以下この条において「表示等」という。）並びに第７号に掲げる事項（表示等に係るものに限る。以下この条において「教育管理」という。）を，当該事業場以外の事業場（以下この項において「他の事業場」という。）において行つている場合においては，表示等及び教育管理に係る技術的事項については，他の事業場において選任した化学物質管理者に管理させなければならない。

1　法第57条第１項の規定による表示，同条第２項の規定による文書及び法第57条の２第１項の規定による通知に関すること。

2　リスクアセスメントの実施に関すること。

3　第577条の２第１項及び第２項の措置その他法第57条の３第２項の措置の内容及びその実施に関すること。

4　リスクアセスメント対象物を原因とする労働災害が発生した場合の対応に関すること。

5　第34条の２の８第１項各号の規定によるリスクアセスメントの結果の記録の作成及び保存並びにその周知に関すること。

　　6　第577条の2第11項の規定による記録の作成及び保存並びにその周知に関すること。

　　7　第1号から第4号までの事項の管理を実施するに当たつての労働者に対する必要な教育に関すること。

②　事業者は，リスクアセスメント対象物の譲渡又は提供を行う事業場（前項のリスクアセスメント対象物を製造し，又は取り扱う事業場を除く。）ごとに，化学物質管理者を選任し，その者に当該事業場における表示等及び教育管理に係る技術的事項を管理させなければならない。ただし，表示等及び教育管理を，当該事業場以外の事業場（以下この項において「他の事業場」という。）において行つている場合においては，表示等及び教育管理に係る技術的事項については，他の事業場において選任した化学物質管理者に管理させなければならない。

③　前二項の規定による化学物質管理者の選任は，次に定めるところにより行わなければならない。

　　1　化学物質管理者を選任すべき事由が発生した日から14日以内に選任すること。

　　2　次に掲げる事業場の区分に応じ，それぞれに掲げる者のうちから選任すること。

　　　イ　リスクアセスメント対象物を製造している事業場　厚生労働大臣が定める化学物質の管理に関する講習を修了した者又はこれと同等以上の能力を有すると認められる者

　　　ロ　イに掲げる事業場以外の事業場　イに定める者のほか，第1項各号の事項を担当するために必要な能力を有すると認められる者

④　事業者は，化学物質管理者を選任したときは，当該化学物質管理者に対し，第1項各号に掲げる事項をなし得る権限を与えなければならない。

⑤　事業者は，化学物質管理者を選任したときは，当該化学物質管理者の氏名を事業場の見やすい箇所に掲示すること等により関係労働者に周知させなければならない。

（保護具着用管理責任者の選任等）

第12条の6　化学物質管理者を選任した事業者は，リスクアセスメントの結果に基づく措置として，労働者に保護具を使用させるときは，保護具着用管理責任者を選任し，次に掲げる事項を管理させなければならない。

　　1　保護具の適正な選択に関すること。

　　2　労働者の保護具の適正な使用に関すること。

　　3　保護具の保守管理に関すること。

②　前項の規定による保護具着用管理責任者の選任は，次に定めるところにより行わなければならない。

　　1　保護具着用管理責任者を選任すべき事由が発生した日から14日以内に選任すること。

　　2　保護具に関する知識及び経験を有すると認められる者のうちから選任すること。

③　事業者は，保護具着用管理責任者を選任したときは，当該保護具着用管理責任者

に対し，第1項に掲げる業務をなし得る権限を与えなければならない。

④ 事業者は，保護具着用管理責任者を選任したときは，当該保護具着用管理責任者の氏名を事業場の見やすい箇所に掲示すること等により関係労働者に周知させなければならない。

（4） 産業医

（産業医等）

第13条 事業者は，政令で定める規模の事業場ごとに，厚生労働省令で定めるところにより，医師のうちから産業医を選任し，その者に労働者の健康管理その他の厚生労働省令で定める事項（以下「労働者の健康管理等」という。）を行わせなければならない。

② 産業医は，労働者の健康管理等を行うのに必要な医学に関する知識について厚生労働省令で定める要件を備えた者でなければならない。

③ 産業医は，労働者の健康管理等を行うのに必要な医学に関する知識に基づいて，誠実にその職務を行わなければならない。

④ 産業医を選任した事業者は，産業医に対し，厚生労働省令で定めるところにより，労働者の労働時間に関する情報その他の産業医が労働者の健康管理等を適切に行うために必要な情報として厚生労働省令で定めるものを提供しなければならない。

⑤ 産業医は，労働者の健康を確保するため必要があると認めるときは，事業者に対し，労働者の健康管理等について必要な勧告をすることができる。この場合において，事業者は，当該勧告を尊重しなければならない。

⑥ 事業者は，前項の勧告を受けたときは，厚生労働省令で定めるところにより，当該勧告の内容その他の厚生労働省令で定める事項を衛生委員会又は安全衛生委員会に報告しなければならない。

第13条の2 事業者は，前条第1項の事業場以外の事業場については，労働者の健康管理等を行うのに必要な医学に関する知識を有する医師その他厚生労働省令で定める者に労働者の健康管理等の全部又は一部を行わせるように努めなければならない。

② 前条第4項の規定は，前項に規定する者に労働者の健康管理等の全部又は一部を行わせる事業者について準用する。この場合において，同条第4項中「提供しなければ」とあるのは，「提供するように努めなければ」と読み替えるも

のとする。

第13条の3　事業者は，産業医又は前条第1項に規定する者による労働者の健康管理等の適切な実施を図るため，産業医又は同項に規定する者が労働者からの健康相談に応じ，適切に対応するために必要な体制の整備その他の必要な措置を講ずるように努めなければならない。

---**施　行　令**---

（産業医を選任すべき事業場）

第5条　法第13条第1項の政令で定める規模の事業場は，常時50人以上の労働者を使用する事業場とする。

---**安　衛　則**---

（産業医の選任等）

第13条　法第13条第1項の規定による産業医の選任は，次に定めるところにより行なわなければならない。

1　産業医を選任すべき事由が発生した日から14日以内に選任すること。

2　次に掲げる者（イ及びロにあつては，事業場の運営について利害関係を有しない者を除く。）以外の者のうちから選任すること。

イ　事業者が法人の場合にあつては当該法人の代表者

ロ　事業者が法人でない場合にあつては事業を営む個人

ハ　事業場においてその事業の実施を統括管理する者

3　常時1,000人以上の労働者を使用する事業場又は次に掲げる業務に常時500人以上の労働者を従事させる事業場にあつては，その事業場に専属の者を選任すること。

（イからニ，へからリ及びルからワ　略）

ホ　異常気圧下における業務

ヌ　深夜業を含む業務

カ　その他厚生労働大臣が定める業務

4　常時3,000人をこえる労働者を使用する事業場にあつては，2人以上の産業医を選任すること。

②　第2条第2項の規定は，産業医について準用する。ただし，学校保健安全法（昭和33年法律第56号）第23条（就学前の子どもに関する教育，保育等の総合的な提供の推進に関する法律（平成18年法律第77号。以下この項及び第44条の2第1項において「認定こども園法」という。）第27条において準用する場合を含む。）の規定により任命し，又は委嘱された学校医で，当該学校（同条において準用する場合にあつては，認定こども園法第2条第7項に規定する幼保連携型認定こども園）におい

て産業医の職務を行うこととされたものについては，この限りでない。

③ 第8条の規定は，産業医について準用する。この場合において，同条中「前条第1項」とあるのは，「第13条第1項」と読み替えるものとする。

④ 事業者は，産業医が辞任したとき又は産業医を解任したときは，遅滞なく，その旨及びその理由を衛生委員会又は安全衛生委員会に報告しなければならない。

（産業医及び産業歯科医の職務等）

第14条 法第13条第1項の厚生労働省令で定める事項は，次に掲げる事項で医学に関する専門的知識を必要とするものとする。

1 健康診断の実施及びその結果に基づく労働者の健康を保持するための措置に関すること。

2 法第66条の8第1項，第66条の8の2第1項及び第66条の8の4第1項に規定する面接指導並びに法第66条の9に規定する必要な措置の実施並びにこれらの結果に基づく労働者の健康を保持するための措置に関すること。

3 法第66条の10第1項に規定する心理的な負担の程度を把握するための検査の実施並びに同条第3項に規定する面接指導の実施及びその結果に基づく労働者の健康を保持するための措置に関すること。

4 作業環境の維持管理に関すること。

5 作業の管理に関すること。

6 前各号に掲げるもののほか，労働者の健康管理に関すること。

7 健康教育，健康相談その他労働者の健康の保持増進を図るための措置に関すること。

8 衛生教育に関すること。

9 労働者の健康障害の原因の調査及び再発防止のための措置に関すること。

② 法第13条第2項の厚生労働省令で定める要件を備えた者は，次のとおりとする。

1 法第13条第1項に規定する労働者の健康管理等（以下「労働者の健康管理等」という。）を行うのに必要な医学に関する知識についての研修であつて厚生労働大臣の指定する者（法人に限る。）が行うものを修了した者

2 産業医の養成等を行うことを目的とする医学の正規の課程を設置している産業医科大学その他の大学であつて厚生労働大臣が指定するものにおいて当該課程を修めて卒業した者であつて，その大学が行う実習を履修したもの

3 労働衛生コンサルタント試験に合格した者で，その試験の区分が保健衛生であるもの

4 学校教育法による大学において労働衛生に関する科目を担当する教授，准教授又は講師（常時勤務する者に限る。）の職にあり，又はあつた者

5 前各号に掲げる者のほか，厚生労働大臣が定める者

③ 産業医は，第1項各号に掲げる事項について，総括安全衛生管理者に対して勧告し，又は衛生管理者に対して指導し，若しくは助言することができる。

④ 事業者は，産業医が法第13条第5項の規定による勧告をしたこと又は前項の規定

による勧告，指導若しくは助言をしたことを理由として，産業医に対し，解任その他不利益な取扱いをしないようにしなければならない。

（第5項・第6項　略）

⑦　産業医は，労働者の健康管理等を行うために必要な医学に関する知識及び能力の維持向上に努めなければならない。

（産業医に対する情報の提供）

第14条の2　法第13条第4項の厚生労働省令で定める情報は，次に掲げる情報とする。

1　法第66条の5第1項，第66条の8第5項（法第66条の8の2第2項又は第66条の8の4第2項において読み替えて準用する場合を含む。）又は第66条の10第6項の規定により既に講じた措置又は講じようとする措置の内容に関する情報（これらの措置を講じない場合にあつては，その旨及びその理由）

2　第52条の2第1項，第52条の7の2第1項又は第52条の7の4第1項の超えた時間が1月当たり80時間を超えた労働者の氏名及び当該労働者に係る当該超えた時間に関する情報

3　前二号に掲げるもののほか，労働者の業務に関する情報であつて産業医が労働者の健康管理等を適切に行うために必要と認めるもの

②　法第13条第4項の規定による情報の提供は，次の各号に掲げる情報の区分に応じ，当該各号に定めるところにより行うものとする。

1　前項第1号に掲げる情報　法第66条の4，第66条の8第4項（法第66条の8の2第2項又は第66条の8の4第2項において準用する場合を含む。）又は第66条の10第5項の規定による医師又は歯科医師からの意見聴取を行つた後，遅滞なく提供すること。

2　前項第2号に掲げる情報　第52条の2第2項（第52条の7の2第2項又は第52条の7の4第2項において準用する場合を含む。）の規定により同号の超えた時間の算定を行つた後，速やかに提供すること。

3　前項第3号に掲げる情報　産業医から当該情報の提供を求められた後，速やかに提供すること。

（産業医による勧告等）

第14条の3　産業医は，法第13条第5項の勧告をしようとするときは，あらかじめ，当該勧告の内容について，事業者の意見を求めるものとする。

②　事業者は，法第13条第5項の勧告を受けたときは，次に掲げる事項を記録し，これを3年間保存しなければならない。

1　当該勧告の内容

2　当該勧告を踏まえて講じた措置の内容（措置を講じない場合にあつては，その旨及びその理由）

③　法第13条第6項の規定による報告は，同条第5項の勧告を受けた後遅滞なく行うものとする。

④ 法第13条第6項の厚生労働省令で定める事項は，次に掲げる事項とする。

  1 当該勧告の内容

  2 当該勧告を踏まえて講じた措置又は講じようとする措置の内容（措置を講じない場合にあつては，その旨及びその理由）

（産業医に対する権限の付与等）

第14条の4 事業者は，産業医に対し，第14条第1項各号に掲げる事項をなし得る権限を与えなければならない。

② 前項の権限には，第14条第1項各号に掲げる事項に係る次に掲げる事項に関する権限が含まれるものとする。

  1 事業者又は総括安全衛生管理者に対して意見を述べること。

  2 第14条第1項各号に掲げる事項を実施するために必要な情報を労働者から収集すること。

  3 労働者の健康を確保するため緊急の必要がある場合において，労働者に対して必要な措置をとるべきことを指示すること。

（産業医の定期巡視）

第15条 産業医は，少なくとも毎月1回（産業医が，事業者から，毎月1回以上，次に掲げる情報の提供を受けている場合であつて，事業者の同意を得ているときは，少なくとも2月に1回）作業場等を巡視し，作業方法又は衛生状態に有害のおそれがあるときは，直ちに，労働者の健康障害を防止するため必要な措置を講じなければならない。

  1 第11条第1項の規定により衛生管理者が行う巡視の結果

  2 前号に掲げるもののほか，労働者の健康障害を防止し，又は労働者の健康を保持するために必要な情報であつて，衛生委員会又は安全衛生委員会における調査審議を経て事業者が産業医に提供することとしたもの

（産業医を選任すべき事業場以外の事業場の労働者の健康管理等）

第15条の2 法第13条の2第1項の厚生労働省令で定める者は，労働者の健康管理等を行うのに必要な知識を有する保健師とする。

② 事業者は，法第13条第1項の事業場以外の事業場について，法第13条の2第1項に規定する者に労働者の健康管理等の全部又は一部を行わせるに当たつては，労働者の健康管理等を行う同項に規定する医師の選任，国が法第19条の3に規定する援助として行う労働者の健康管理等に係る業務についての相談その他の必要な援助の事業の利用等に努めるものとする。

③ 第14条の2第1項の規定は法第13条の2第2項において準用する法第13条第4項の厚生労働省令で定める情報について，第14条の2第2項の規定は法第13条の2第2項において準用する法第13条第4項の規定による情報の提供について，それぞれ準用する。

（5）　作業主任者

（作業主任者）

第14条　事業者は，高圧室内作業その他の労働災害を防止するための管理を必要とする作業で，政令で定めるものについては，都道府県労働局長の免許を受けた者又は都道府県労働局長の登録を受けた者が行う技能講習を修了した者のうちから，厚生労働省令で定めるところにより，当該作業の区分に応じて，作業主任者を選任し，その者に当該作業に従事する労働者の指揮その他の厚生労働省令で定める事項を行わせなければならない。

----施　行　令----

（作業主任者を選任すべき作業）

第6条　法第14条の政令で定める作業は，次のとおりとする。

1　高圧室内作業（潜函工法その他の圧気工法により，大気圧を超える気圧下の作業室又はシヤフトの内部において行う作業に限る。）

（第2号から第4号　略）

5　別表第2〈編注・略〉第1号又は第3号に掲げる放射線業務に係る作業（医療用又は波高値による定格管電圧が1,000キロボルト以上のエツクス線を発生させる装置（同表第2号の装置を除く。以下「エツクス線装置」という。）を使用するものを除く。）

5の2　ガンマ線照射装置を用いて行う透過写真の撮影の作業

（第6号から第17号　略）

18　別表第3〈編注・略〉に掲げる特定化学物質を製造し，又は取り扱う作業（試験研究のため取り扱う作業及び同表第2号3の3，11の2，13の2，15，15の2，18の2から18の4まで，19の2から19の4まで，22の2から22の5まで，23の2，33の2若しくは34の3に掲げる物又は同号37に掲げる物で同号3の3，11の2，13の2，15，15の2，18の2から18の4まで，19の2から19の4まで，22の2から22の5まで，23の2，33の2若しくは34の3に係るものを製造し，又は取り扱う作業で厚生労働省令で定めるものを除く。）

19　別表第4〈編注・略〉第1号から第10号までに掲げる鉛業務（遠隔操作によつて行う隔離室におけるものを除く。）に係る作業

20　別表第5〈編注・略〉第1号から第6号まで又は第8号に掲げる四アルキル鉛等業務（遠隔操作によつて行う隔離室におけるものを除くものとし，同表第6号に掲げる業務にあつては，ドラム缶その他の容器の積卸しの業務に限る。）に係る作業

21　別表第6〈編注・略〉に掲げる酸素欠乏危険場所における作業

22 屋内作業場又はタンク，船倉若しくは坑の内部その他の厚生労働省令で定める
場所において別表第6の2〈編注・略〉に掲げる有機溶剤（当該有機溶剤と当該
有機溶剤以外の物との混合物で，当該有機溶剤を当該混合物の重量の5パーセン
トを超えて含有するものを含む。第21条第10号及び第22条第1項第6号において
同じ。）を製造し，又は取り扱う業務で，厚生労働省令で定めるものに係る作業
23 石綿若しくは石綿をその重量の0.1パーセントを超えて含有する製剤その他の物
（以下「石綿等」という。）を取り扱う作業（試験研究のため取り扱う作業を除く。）
又は石綿等を試験研究のため製造する作業若しくは第16条第1項第4号イからハ
までに掲げる石綿で同号の厚生労働省令で定めるもの若しくはこれらの石綿をそ
の重量の0.1パーセントを超えて含有する製剤その他の物（以下「石綿分析用試料
等」という。）を製造する作業

―安　衛　則―

（作業主任者の選任）
第16条　法第14条の規定による作業主任者の選任は，別表第1の上欄〈編注・左欄〉に
掲げる作業の区分に応じて，同表の中欄に掲げる資格を有する者のうちから行なう
ものとし，その作業主任者の名称は，同表の下欄〈編注・右欄〉に掲げるとおりと
する。
（第2項　略）
（作業主任者の職務の分担）
第17条　事業者は，別表第1の上欄〈編注・左欄〉に掲げる一の作業を同一の場所で
行なう場合において，当該作業に係る作業主任者を2人以上選任したときは，それ
ぞれの作業主任者の職務の分担を定めなければならない。
（作業主任者の氏名等の周知）
第18条　事業者は，作業主任者を選任したときは，当該作業主任者の氏名及びその者
に行なわせる事項を作業場の見やすい箇所に掲示する等により関係労働者に周知さ
せなければならない。
別表第1　（第16条，第17条関係）

作　業　の　区　分	資格を有する者	名　称
令第6条第1号の作業	高圧室内作業主任者免許を受けた者	高圧室内作業主任者
（略）		
令第6条第5号の作業	エックス線作業主任者免許を受けた者	エックス線作業主任者
令第6条第5号の2の作業	ガンマ線透過写真撮影作業主任者免許を受けた者	ガンマ線透過写真撮影作業主任者

（略）		
令第6条第18号の作業のうち，次の二項に掲げる作業以外の作業	特定化学物質及び四アルキル鉛等作業主任者技能講習（講習科目を次項の金属アーク溶接等作業に係るものに限定したもの（以下「金属アーク溶接等作業主任者限定技能講習」という。）を除く。令第6条第20号の作業の項において同じ。）を修了した者	特定化学物質作業主任者
令第6条第18号の作業のうち，金属をアーク溶接する作業，アークを用いて金属を溶断し，又はガウジングする作業その他の溶接ヒュームを製造し，又は取り扱う作業	特定化学物質及び四アルキル鉛等作業主任者技能講習（金属アーク溶接等作業主任者限定技能講習を含む。）を修了した者	金属アーク溶接等作業主任者
令第6条第18号の作業のうち，特別有機溶剤又は令別表第3第2号37に掲げる物で特別有機溶剤に係るものを製造し，又は取り扱う作業	有機溶剤作業主任者技能講習を修了した者	特定化学物質作業主任者（特別有機溶剤等関係）
令第6条第19号の作業	鉛作業主任者技能講習を修了した者	鉛作業主任者
令第6条第20号の作業	特定化学物質及び四アルキル鉛等作業主任者技能講習を修了した者	四アルキル鉛等作業主任者
令第6条第21号の作業のうち，次の項に掲げる作業以外の作業	酸素欠乏危険作業主任者技能講習又は酸素欠乏・硫化水素危険作業主任者技能講習を修了した者	酸素欠乏危険作業主任者
令第6条第21号の作業のうち，令別表第6第3号の3，第9号又は第12号に掲げる酸素欠乏危険場所（同号に掲げる場所にあつては，酸素欠乏症にかかるおそれ及び硫化水素中毒にかかるおそれのある場所として厚生労働大臣が定める場所に限る。）における作業	酸素欠乏・硫化水素危険作業主任者技能講習を修了した者	
令第6条第22号の作業	有機溶剤作業主任者技能講習を修了した者	有機溶剤作業主任者
令第6条第23号の作業	石綿作業主任者技能講習を修了した者	石綿作業主任者

（6）　衛生委員会

（安全委員会）

第17条　（第1項及び第2項　略）

③　安全委員会の議長は，第1号の委員がなるものとする。

④　事業者は，第1号の委員以外の委員の半数については，当該事業場に労働者の過半数で組織する労働組合があるときにおいてはその労働組合，労働者の過半数で組織する労働組合がないときにおいては労働者の過半数を代表する者の推薦に基づき指名しなければならない。

⑤　前二項の規定は，当該事業場の労働者の過半数で組織する労働組合との間における労働協約に別段の定めがあるときは，その限度において適用しない。

（衛生委員会）

第18条　事業者は，政令で定める規模の事業場ごとに，次の事項を調査審議させ，事業者に対し意見を述べさせるため，衛生委員会を設けなければならない。

1　労働者の健康障害を防止するための基本となるべき対策に関すること。

2　労働者の健康の保持増進を図るための基本となるべき対策に関すること。

3　労働災害の原因及び再発防止対策で，衛生に係るものに関すること。

4　前三号に掲げるもののほか，労働者の健康障害の防止及び健康の保持増進に関する重要事項

②　衛生委員会の委員は，次の者をもつて構成する。ただし，第1号の者である委員は，1人とする。

1　総括安全衛生管理者又は総括安全衛生管理者以外の者で当該事業場においてその事業の実施を統括管理するもの若しくはこれに準ずる者のうちから事業者が指名した者

2　衛生管理者のうちから事業者が指名した者

3　産業医のうちから事業者が指名した者

4　当該事業場の労働者で，衛生に関し経験を有するもののうちから事業者が指名した者

③　事業者は，当該事業場の労働者で，作業環境測定を実施している作業環境測定士であるものを衛生委員会の委員として指名することができる。

④　前条第3項から第5項までの規定は，衛生委員会について準用する。この場合において，同条第3項及び第4項中「第1号の委員」とあるのは，「第18条

第2項第1号の者である委員」と読み替えるものとする。

―――施　行　令―――

（衛生委員会を設けるべき事業場）

第9条　法第18条第1項の政令で定める規模の事業場は，常時50人以上の労働者を使用する事業場とする。

―――安　衛　則―――

（衛生委員会の付議事項）

第22条　法第18条第1項第4号の労働者の健康障害の防止及び健康の保持増進に関する重要事項には，次の事項が含まれるものとする。

1　衛生に関する規程の作成に関すること。

2　法第28条の2第1項又は第57条の3第1項及び第2項の危険性又は有害性等の調査及びその結果に基づき講ずる措置のうち，衛生に係るものに関すること。

3　安全衛生に関する計画（衛生に係る部分に限る。）の作成，実施，評価及び改善に関すること。

4　衛生教育の実施計画の作成に関すること。

5　法第57条の4第1項及び第57条の5第1項の規定により行われる有害性の調査並びにその結果に対する対策の樹立に関すること。

6　法第65条第1項又は第5項の規定により行われる作業環境測定の結果及びその結果の評価に基づく対策の樹立に関すること。

7　定期に行われる健康診断，法第66条第4項の規定による指示を受けて行われる臨時の健康診断，法第66条の2の自ら受けた健康診断及び法に基づく他の省令の規定に基づいて行われる医師の診断，診察又は処置の結果並びにその結果に対する対策の樹立に関すること。

8　労働者の健康の保持増進を図るため必要な措置の実施計画の作成に関すること。

9　長時間にわたる労働による労働者の健康障害の防止を図るための対策の樹立に関すること。

10　労働者の精神的健康の保持増進を図るための対策の樹立に関すること。

11　第577条の2第1項，第2項及び第8項の規定により講ずる措置に関すること並びに同条第3項及び第4項の医師又は歯科医師による健康診断の実施に関すること。

12　厚生労働大臣，都道府県労働局長，労働基準監督署長，労働基準監督官又は労働衛生専門官から文書により命令，指示，勧告又は指導を受けた事項のうち，労働者の健康障害の防止に関すること。

（委員会の会議）

第23条　事業者は，安全委員会，衛生委員会又は安全衛生委員会（以下「委員会」という。）を毎月１回以上開催するようにしなければならない。

② 前項に定めるもののほか，委員会の運営について必要な事項は，委員会が定める。

③ 事業者は，委員会の開催の都度，遅滞なく，委員会における議事の概要を次に掲げるいずれかの方法によつて労働者に周知させなければならない。

　１　常時各作業場の見やすい場所に掲示し，又は備え付けること。

　２　書面を労働者に交付すること。

　３　事業者の使用に係る電子計算機に備えられたファイル又は電磁的記録媒体（電磁的記録（電子的方式，磁気的方式その他人の知覚によつては認識することができない方式で作られる記録であつて，電子計算機による情報処理の用に供されるものをいう。以下同じ。）に係る記録媒体をいう。以下同じ。）をもつて調製するファイルに記録し，かつ，各作業場に労働者が当該記録の内容を常時確認できる機器を設置すること。

④ 事業者は，委員会の開催の都度，次に掲げる事項を記録し，これを３年間保存しなければならない。

　１　委員会の意見及び当該意見を踏まえて講じた措置の内容

　２　前号に掲げるもののほか，委員会における議事で重要なもの

⑤ 産業医は，衛生委員会又は安全衛生委員会に対して労働者の健康を確保する観点から必要な調査審議を求めることができる。

（関係労働者の意見の聴取）

第23条の２　委員会を設けている事業者以外の事業者は，安全又は衛生に関する事項について，関係労働者の意見を聴くための機会を設けるようにしなければならない。

（7）　安全衛生委員会

（安全衛生委員会）

第19条　事業者は，第17条及び前条の規定により安全委員会及び衛生委員会を設けなければならないときは，それぞれの委員会の設置に代えて，安全衛生委員会を設置することができる。

② 安全衛生委員会の委員は，次の者をもつて構成する。ただし，第１号の者である委員は，１人とする。

　１　総括安全衛生管理者又は総括安全衛生管理者以外の者で当該事業場においてその事業の実施を統括管理するもの若しくはこれに準ずる者のうちから事業者が指名した者

　　2　安全管理者及び衛生管理者のうちから事業者が指名した者

　　3　産業医のうちから事業者が指名した者

　　4　当該事業場の労働者で，安全に関し経験を有するもののうちから事業者が指名した者

　　5　当該事業場の労働者で，衛生に関し経験を有するもののうちから事業者が指名した者

③　事業者は，当該事業場の労働者で，作業環境測定を実施している作業環境測定士であるものを安全衛生委員会の委員として指名することができる。

④　第17条第3項から第5項までの規定は，安全衛生委員会について準用する。この場合において，同条第3項及び第4項中「第1号の委員」とあるのは，「第19条第2項第1号の者である委員」と読み替えるものとする。

（8）　安全管理者等に対する教育等

（安全管理者等に対する教育等）

第19条の2　事業者は，事業場における安全衛生の水準の向上を図るため，安全管理者，衛生管理者，安全衛生推進者，衛生推進者その他労働災害の防止のための業務に従事する者に対し，これらの者が従事する業務に関する能力の向上を図るための教育，講習等を行い，又はこれらを受ける機会を与えるように努めなければならない。

②　厚生労働大臣は，前項の教育，講習等の適切かつ有効な実施を図るため必要な指針を公表するものとする。

③　厚生労働大臣は，前項の指針に従い，事業者又はその団体に対し，必要な指導等を行うことができる。

------安　衛　則------

第24条　法第19条の2第2項の規定による指針の公表は，当該指針の名称及び趣旨を官報に掲載するとともに，当該指針を厚生労働省労働基準局及び都道府県労働局において閲覧に供することにより行うものとする。

4　第4章　労働者の危険又は健康障害を防止するための措置

（1）　事業者の講ずべき措置等

第22条　事業者は，次の健康障害を防止するため必要な措置を講じなければならない。

　　1　原材料，ガス，蒸気，粉じん，酸素欠乏空気，病原体等による健康障害

　　2　放射線，高温，低温，超音波，騒音，振動，異常気圧等による健康障害

　　3　計器監視，精密工作等の作業による健康障害

　　4　排気，排液又は残さい物による健康障害

第23条　事業者は，労働者を就業させる建設物その他の作業場について，通路，床面，階段等の保全並びに換気，採光，照明，保温，防湿，休養，避難及び清潔に必要な措置その他労働者の健康，風紀及び生命の保持のため必要な措置を講じなければならない。

第24条　事業者は，労働者の作業行動から生ずる労働災害を防止するため必要な措置を講じなければならない。

第25条　事業者は，労働災害発生の急迫した危険があるときは，直ちに作業を中止し，労働者を作業場から退避させる等必要な措置を講じなければならない。

第25条の2　略

第26条　労働者は，事業者が第20条から第25条まで及び前条第1項の規定に基づき講ずる措置に応じて，必要な事項を守らなければならない。

第27条　第20条から第25条まで及び第25条の2第1項の規定により事業者が講ずべき措置及び前条の規定により労働者が守らなければならない事項は，厚生労働省令で定める。

②　前項の厚生労働省令を定めるに当たつては，公害（環境基本法（平成5年法律第91号）第2条第3項に規定する公害をいう。）その他一般公衆の災害で，労働災害と密接に関連するものの防止に関する法令の趣旨に反しないように配慮しなければならない。

（2）　技術上の指針等の公表等

（技術上の指針等の公表等）

第28条　厚生労働大臣は，第20条から第25条まで及び第25条の2第1項の規定により事業者が講ずべき措置の適切かつ有効な実施を図るため必要な業種又は作

業ごとの技術上の指針を公表するものとする。

② 厚生労働大臣は，前項の技術上の指針を定めるに当たつては，中高年齢者に関して，特に配慮するものとする。

③ 厚生労働大臣は，次の化学物質で厚生労働大臣が定めるものを製造し，又は取り扱う事業者が当該化学物質による労働者の健康障害を防止するための指針を公表するものとする。

　　1　第57条の4第4項の規定による勧告又は第57条の5第1項の規定による指示に係る化学物質

　　2　前号に掲げる化学物質以外の化学物質で，がんその他の重度の健康障害を労働者に生ずるおそれのあるもの

④ 厚生労働大臣は，第1項又は前項の規定により，技術上の指針又は労働者の健康障害を防止するための指針を公表した場合において必要があると認めるときは，事業者又はその団体に対し，当該技術上の指針又は労働者の健康障害を防止するための指針に関し必要な指導等を行うことができる。

安　衛　則

第24条の10　第24条の規定は，法第28条第1項又は第3項の規定による技術上の指針又は労働者の健康障害を防止するための指針の公表について準用する。

（3）　事業者の行うべき調査等

（事業者の行うべき調査等）

第28条の2　事業者は，厚生労働省令で定めるところにより，建設物，設備，原材料，ガス，蒸気，粉じん等による，又は作業行動その他業務に起因する危険性又は有害性等（第57条第1項の政令で定める物及び第57条の2第1項に規定する通知対象物による危険性又は有害性等を除く。）を調査し，その結果に基づいて，この法律又はこれに基づく命令の規定による措置を講ずるほか，労働者の危険又は健康障害を防止するため必要な措置を講ずるように努めなければならない。ただし，当該調査のうち，化学物質，化学物質を含有する製剤その他の物で労働者の危険又は健康障害を生ずるおそれのあるものに係るもの以外のものについては，製造業その他厚生労働省令で定める業種に属する事業者に限る。

② 厚生労働大臣は，前条第1項及び第3項に定めるもののほか，前項の措置に

関して，その適切かつ有効な実施を図るため必要な指針を公表するものとする。

③ 厚生労働大臣は，前項の指針に従い，事業者又はその団体に対し，必要な指導，援助等を行うことができる。

―安 衛 則――――――――――――――――――――――――――――

（危険性又は有害性等の調査）

第24条の11 法第28条の２第１項の危険性又は有害性等の調査は，次に掲げる時期に行うものとする。

1 建設物を設置し，移転し，変更し，又は解体するとき。

2 設備，原材料等を新規に採用し，又は変更するとき。

3 作業方法又は作業手順を新規に採用し，又は変更するとき。

4 前三号に掲げるもののほか，建設物，設備，原材料，ガス，蒸気，粉じん等による，又は作業行動その他業務に起因する危険性又は有害性等について変化が生じ，又は生ずるおそれがあるとき。

② 法第28条の２第１項ただし書の厚生労働省令で定める業種は，令第２条第１号に掲げる業種及び同条第２号に掲げる業種（製造業を除く。）とする。

（指針の公表）

第24条の12 第24条の規定は，法第28条の２第２項の規定による指針の公表について準用する。

（機械に関する危険性等の通知）

第24条の13 労働者に危険を及ぼし，又は労働者の健康障害をその使用により生ずるおそれのある機械（以下単に「機械」という。）を譲渡し，又は貸与する者（次項において「機械譲渡者等」という。）は，文書の交付等により当該機械に関する次に掲げる事項を，当該機械の譲渡又は貸与を受ける相手方の事業者（次項において「相手方事業者」という。）に通知するよう努めなければならない。

1 型式，製造番号その他の機械を特定するために必要な事項

2 機械のうち，労働者に危険を及ぼし，又は労働者の健康障害をその使用により生ずるおそれのある箇所に関する事項

3 機械に係る作業のうち，前号の箇所に起因する危険又は健康障害を生ずるおそれのある作業に関する事項

4 前号の作業ごとに生ずるおそれのある危険又は健康障害のうち最も重大なものに関する事項

5 前各号に掲げるもののほか，その他参考となる事項

② 厚生労働大臣は，相手方事業者の法第28条の２第１項の調査及び同項の措置の適切かつ有効な実施を図ることを目的として機械譲渡者等が行う前項の通知を促進するため必要な指針を公表することができる。

（危険有害化学物質等に関する危険性又は有害性等の表示等）

第24条の14　化学物質，化学物質を含有する製剤その他の労働者に対する危険又は健康障害を生ずるおそれのある物で厚生労働大臣が定めるもの（令第18条各号及び令別表第3第1号に掲げる物を除く。次項及び第24条の16において「危険有害化学物質等」という。）を容器に入れ，又は包装して，譲渡し，又は提供する者は，その容器又は包装（容器に入れ，かつ，包装して，譲渡し，又は提供するときにあつては，その容器）に次に掲げるものを表示するように努めなければならない。

1　次に掲げる事項
　　イ　名称
　　ロ　人体に及ぼす作用
　　ハ　貯蔵又は取扱い上の注意
　　ニ　表示をする者の氏名（法人にあつては，その名称），住所及び電話番号
　　ホ　注意喚起語
　　ヘ　安定性及び反応性
2　当該物を取り扱う労働者に注意を喚起するための標章で厚生労働大臣が定めるもの

②　危険有害化学物質等を前項に規定する方法以外の方法により譲渡し，又は提供する者は，同項各号の事項を記載した文書を，譲渡し，又は提供する相手方に交付するよう努めなければならない。

第24条の15　特定危険有害化学物質等（化学物質，化学物質を含有する製剤その他の労働者に対する危険又は健康障害を生ずるおそれのある物で厚生労働大臣が定めるもの（法第57条の2第1項に規定する通知対象物を除く。）をいう。以下この条及び次条において同じ。）を譲渡し，又は提供する者は，特定危険有害化学物質等に関する次に掲げる事項（前条第2項に規定する者にあつては，同条第1項に規定する事項を除く。）を，文書若しくは磁気ディスク，光ディスクその他の記録媒体の交付，ファクシミリ装置を用いた送信若しくは電子メールの送信又は当該事項が記載されたホームページのアドレス（二次元コードその他のこれに代わるものを含む。）及び当該アドレスに係るホームページの閲覧を求める旨の伝達により，譲渡し，又は提供する相手方の事業者に通知し，当該相手方が閲覧できるように努めなければならない。

1　名称
2　成分及びその含有量
3　物理的及び化学的性質
4　人体に及ぼす作用
5　貯蔵又は取扱い上の注意
6　流出その他の事故が発生した場合において講ずべき応急の措置
7　通知を行う者の氏名（法人にあつては，その名称），住所及び電話番号

  8　危険性又は有害性の要約

  9　安定性及び反応性

  10　想定される用途及び当該用途における使用上の注意

  11　適用される法令

  12　その他参考となる事項

② 　特定危険有害化学物質等を譲渡し，又は提供する者は，前項第4号の事項について，直近の確認を行つた日から起算して5年以内ごとに1回，最新の科学的知見に基づき，変更を行う必要性の有無を確認し，変更を行う必要があると認めるときは，当該確認をした日から1年以内に，当該事項に変更を行うように努めなければならない。

③ 　特定危険有害化学物質等を譲渡し，又は提供する者は，第1項の規定により通知した事項に変更を行う必要が生じたときは，文書若しくは磁気ディスク，光ディスクその他の記録媒体の交付，ファクシミリ装置を用いた送信若しくは電子メールの送信又は当該事項が記載されたホームページのアドレス（二次元コードその他のこれに代わるものを含む。）及び当該アドレスに係るホームページの閲覧を求める旨の伝達により，変更後の同項各号の事項を，速やかに，譲渡し，又は提供した相手方の事業者に通知し，当該相手方が閲覧できるように努めなければならない。

第24条の16　厚生労働大臣は，危険有害化学物質等又は特定危険有害化学物質等の譲渡又は提供を受ける相手方の事業者の法第28条の2第1項の調査及び同項の措置の適切かつ有効な実施を図ることを目的として危険有害化学物質等又は特定危険有害化学物質等を譲渡し，又は提供する者が行う前二条の規定による表示又は通知を促進するため必要な指針を公表することができる。

（4）　建築物貸与者の講ずべき措置

（建築物貸与者の講ずべき措置）

第34条　建築物で，政令で定めるものを他の事業者に貸与する者（以下「建築物貸与者」という。）は，当該建築物の貸与を受けた事業者の事業に係る当該建築物による労働災害を防止するため必要な措置を講じなければならない。ただし，当該建築物の全部を一の事業者に貸与するときは，この限りでない。

施 行 令

（法第34条の政令で定める建築物）

第11条　法第34条の政令で定める建築物は，事務所又は工場の用に供される建築物とする。

```
安衛則
```

（貸与建築物の有効維持）

第672条　建築物貸与者は，工場の用に供される建築物で，次の各号のいずれかの装置を設けたものを貸与する場合において，当該建築物の貸与を受けた二以上の事業者が当該装置の全部又は一部を共用することとなるときは，その共用部分の機能を有効に保持するため，点検，補修等の必要な措置を講じなければならない。

1　局所排気装置

2　プッシュプル型換気装置

3　全体換気装置

4　排気処理装置

5　排液処理装置

（貸与建築物の給水設備）

第673条　建築物貸与者は，工場の用に供される建築物で飲用又は食器洗浄用の水を供給する設備を設けたものを貸与するときは，当該設備を，水道法第3条第9項に規定する給水装置又は同法第4条の水質基準に適合する水を供給することができる設備としなければならない。

（貸与建築物の排水設備）

第674条　建築物貸与者は，工場の用に供される建築物で排水に関する設備を設けたものを貸与するときは，当該設備の正常な機能が阻害されることにより汚水の漏水等が生じないよう，補修その他の必要な措置を講じなければならない。

（貸与建築物の清掃等）

第675条　建築物貸与者は，工場の用に供される建築物を貸与するときは，当該建築物の清潔を保持するため，当該建築物の貸与を受けた事業者との協議等により，清掃及びねずみ，昆虫等の防除に係る措置として，次の各号に掲げる措置が講じられるようにしなければならない。

1　日常行う清掃のほか，大掃除を，6月以内ごとに1回，定期に，統一的に行うこと。

2　ねずみ，昆虫等の発生場所，生息場所及び侵入経路並びにねずみ，昆虫等による被害の状況について，6月以内ごとに1回，定期に，統一的に調査を実施し，当該調査の結果に基づき，ねずみ，昆虫等の発生を防止するため必要な措置を講ずること。

3　ねずみ，昆虫等の防除のため殺そ剤又は殺虫剤を使用する場合は，医薬品，医療機器等の品質，有効性及び安全性の確保等に関する法律第14条又は第19条の2の規定による承認を受けた医薬品又は医薬部外品を用いること。

（便宜の供与）

第676条　建築物貸与者は，当該建築物の貸与を受けた事業者から，局所排気装置，騒音防止のための障壁その他労働災害を防止するため必要な設備の設置について，当

該設備の設置に伴う建築物の変更の承認，当該設備の設置の工事に必要な施設の利用等の便宜の供与を求められたときは，これを供与するようにしなければならない。

（貸与建築物の便所）

第677条　建築物貸与者は，貸与する建築物に設ける便所で当該建築物の貸与を受けた二以上の事業者が共用するものについては，第628条第1項各号及び第628条の2に規定する基準に適合するものとするようにしなければならない。この場合において，労働者の数に応じて設けるべき便房等については，当該便所を共用する事業者の労働者数を合算した数に基づいて設けるものとする。

（警報及び標識の統一）

第678条　建築物貸与者は，貸与する建築物において火災の発生，特に有害な化学物質の漏えい等の非常の事態が発生したときに用いる警報を，あらかじめ統一的に定め，これを当該建築物の貸与を受けた事業者に周知させなければならない。

②　建築物貸与者は，工場の用に供される建築物を貸与する場合において，当該建築物の内部に第640条第1項第1号，第3号又は第4号に掲げる事故現場等があるときは，当該事故現場等を表示する標識を統一的に定め，これを当該建築物の貸与を受けた事業者に周知させなければならない。

5　第5章　機械等並びに危険物及び有害物に関する規制

第1節　機械等に関する規制関係

（1）　譲渡等の制限等

（譲渡等の制限等）

第42条　特定機械等以外の機械等で，別表第2に掲げるものその他危険若しくは有害な作業を必要とするもの，危険な場所において使用するもの又は危険若しくは健康障害を防止するため使用するもののうち，政令で定めるものは，厚生労働大臣が定める規格又は安全装置を具備しなければ，譲渡し，貸与し，又は設置してはならない。

別表第2　（第42条関係）

　（第1号から第7号　略）

　8　防じんマスク

　9　防毒マスク

　（第10号から第15号　略）

　16　電動ファン付き呼吸用保護具

第43条の２　厚生労働大臣又は都道府県労働局長は，第42条の機械等を製造し，又は輸入した者が，当該機械等で，次の各号のいずれかに該当するものを譲渡し，又は貸与した場合には，その者に対し，当該機械等の回収又は改善を図ること，当該機械等を使用している者へ厚生労働省令で定める事項を通知することその他当該機械等が使用されることによる労働災害を防止するため必要な措置を講ずることを命ずることができる。

（第１号　略）

　２　第44条の２第３項に規定する型式検定に合格した型式の機械等で，第42条の厚生労働大臣が定める規格又は安全装置（第４号において「規格等」という。）を具備していないもの

　３　第44条の２第６項の規定に違反して，同条第５項の表示が付され，又はこれと紛らわしい表示が付された機械等

　４　第44条の２第１項の機械等以外の機械等で，規格等を具備していないもの

----安　衛　則----

（通知すべき事項）

第27条の２　法第43条の２の厚生労働省令で定める事項は，次のとおりとする。

　１　通知の対象である機械等であることを識別できる事項

　２　機械等が法第43条の２各号のいずれかに該当することを示す事実

（２）　型式検定

（型式検定）

第44条の２　第42条の機械等のうち，別表第４〈編注・略〉に掲げる機械等で政令で定めるものを製造し，又は輸入した者は，厚生労働省令で定めるところにより，厚生労働大臣の登録を受けた者（以下「登録型式検定機関」という。）が行う当該機械等の型式についての検定を受けなければならない。ただし，当該機械等のうち輸入された機械等で，その型式について次項の検定が行われた機械等に該当するものは，この限りでない。

②　前項に定めるもののほか，次に掲げる場合には，外国において同項本文の機械等を製造した者（以下この項及び第44条の４において「外国製造者」という。）は，厚生労働省令で定めるところにより，当該機械等の型式について，自ら登

録型式検定機関が行う検定を受けることができる。

1 当該機械等を本邦に輸出しようとするとき。

2 当該機械等を輸入した者が外国製造者以外の者（以下この号において単に「他の者」という。）である場合において，当該外国製造者が当該他の者について前項の検定が行われることを希望しないとき。

③ 登録型式検定機関は，前二項の検定（以下「型式検定」という。）を受けようとする者から申請があつた場合には，当該申請に係る型式の機械等の構造並びに当該機械等を製造し，及び検査する設備等が厚生労働省令で定める基準に適合していると認めるときでなければ，当該型式を型式検定に合格させてはならない。

④ 登録型式検定機関は，型式検定に合格した型式について，型式検定合格証を申請者に交付する。

⑤ 型式検定を受けた者は，当該型式検定に合格した型式の機械等を本邦において製造し，又は本邦に輸入したときは，当該機械等に，厚生労働省令で定めるところにより，型式検定に合格した型式の機械等である旨の表示を付さなければならない。型式検定に合格した型式の機械等を本邦に輸入した者（当該型式検定を受けた者以外の者に限る。）についても，同様とする。

⑥ 型式検定に合格した型式の機械等以外の機械等には，前項の表示を付し，又はこれと紛らわしい表示を付してはならない。

⑦ 第1項本文の機械等で，第5項の表示が付されていないものは，使用してはならない。

―施 行 令―

（型式検定を受けるべき機械等）

第14条の2 法第44条の2第1項の政令で定める機械等は，次に掲げる機械等（本邦の地域内で使用されないことが明らかな場合を除く。）とする。

（第1号から第4号 略）

5 防じんマスク（ろ過材及び面体を有するものに限る。）

6 防毒マスク（ハロゲンガス用又は有機ガス用のものその他厚生労働省令で定めるものに限る。）

（第7号から第12号 略）

13 防じん機能を有する電動ファン付き呼吸用保護具

14 防毒機能を有する電動ファン付き呼吸用保護具（ハロゲンガス用又は有機ガス用のものその他厚生労働省令で定めるものに限る。）

（3）　型式検定合格証の有効期間等

（型式検定合格証の有効期間等）

第44条の３　型式検定合格証の有効期間（次項の規定により型式検定合格証の有効期間が更新されたときにあつては，当該更新された型式検定合格証の有効期間）は，前条第１項本文の機械等の種類に応じて，厚生労働省令で定める期間とする。

②　型式検定合格証の有効期間の更新を受けようとする者は，厚生労働省令で定めるところにより，型式検定を受けなければならない。

（4）　型式検定合格証の失効

（型式検定合格証の失効）

第44条の４　厚生労働大臣は，次の各号のいずれかに該当する場合には，当該各号の機械等に係る型式検定合格証（第２号にあつては，当該外国製造者が受けた型式検定合格証）の効力を失わせることができる。

1　型式検定に合格した型式の機械等の構造又は当該機械等を製造し，若しくは検査する設備等が第44条の２第３項の厚生労働省令で定める基準に適合していないと認められるとき。

2　型式検定を受けた外国製造者が，当該型式検定に合格した型式の機械等以外の機械等で本邦に輸入されたものに，第44条の２第５項の表示を付し，又はこれと紛らわしい表示を付しているとき。

3　厚生労働大臣が型式検定に合格した型式の機械等の構造並びに当該機械等を製造し，及び検査する設備等に関し労働者の安全と健康を確保するため必要があると認めてその職員をして当該型式検定を受けた外国製造者の事業場又は当該型式検定に係る機械等若しくは設備等の所在すると認める場所において，関係者に質問をさせ，又は当該機械等若しくは設備等その他の物件についての検査をさせようとした場合において，その質問に対して陳述がされず，若しくは虚偽の陳述がされ，又はその検査が拒まれ，妨げられ，若しくは忌避されたとき。

（5） 定期自主検査

（定期自主検査）

第45条　事業者は，ボイラーその他の機械等で，政令で定めるものについて，厚生労働省令で定めるところにより，定期に自主検査を行ない，及びその結果を記録しておかなければならない。

②　事業者は，前項の機械等で政令で定めるものについて同項の規定による自主検査のうち厚生労働省令で定める自主検査（以下「特定自主検査」という。）を行うときは，その使用する労働者で厚生労働省令で定める資格を有するもの又は第54条の3第1項に規定する登録を受け，他人の求めに応じて当該機械等について特定自主検査を行う者（以下「検査業者」という。）に実施させなければならない。

③　厚生労働大臣は，第1項の規定による自主検査の適切かつ有効な実施を図るため必要な自主検査指針を公表するものとする。

④　厚生労働大臣は，前項の自主検査指針を公表した場合において必要があると認めるときは，事業者若しくは検査業者又はこれらの団体に対し，当該自主検査指針に関し必要な指導等を行うことができる。

---施　行　令---

（定期に自主検査を行うべき機械等）

第15条　法第45条第1項の政令で定める機械等は，次のとおりとする。

（第1号から第8号　略）

9　局所排気装置，プッシュプル型換気装置，除じん装置，排ガス処理装置及び排液処理装置で，厚生労働省令で定めるもの

10　特定化学設備（別表第3第2号に掲げる第2類物質のうち厚生労働省令で定めるもの又は同表第3号に掲げる第3類物質を製造し，又は取り扱う設備で，移動式以外のものをいう。）及びその附属設備

11　ガンマ線照射装置で，透過写真の撮影に用いられるもの

（第2項　略）

第2節　危険物及び有害物に関する規制関係

（1）　製造等の禁止

（製造等の禁止）

第55条　黄りんマッチ，ベンジジン，ベンジジンを含有する製剤その他の労働者に重度の健康障害を生ずる物で，政令で定めるものは，製造し，輸入し，譲渡し，提供し，又は使用してはならない。ただし，試験研究のため製造し，輸入し，又は使用する場合で，政令で定める要件に該当するときは，この限りでない。

```
---施 行 令---

（製造等が禁止される有害物等）
第16条　法第55条の政令で定める物は，次のとおりとする。
　1　黄りんマッチ
　2　ベンジジン及びその塩
　3　4-アミノジフエニル及びその塩
　4　石綿（次に掲げる物で厚生労働省令で定めるものを除く。）
　　イ　石綿の分析のための試料の用に供される石綿
　　ロ　石綿の使用状況の調査に関する知識又は技能の習得のための教育の用に供される石綿
　　ハ　イ又はロに掲げる物の原料又は材料として使用される石綿
　5　4-ニトロジフエニル及びその塩
　6　ビス（クロロメチル）エーテル
　7　ベーターナフチルアミン及びその塩
　8　ベンゼンを含有するゴムのりで，その含有するベンゼンの容量が当該ゴムのりの溶剤（希釈剤を含む。）の5パーセントを超えるもの
　9　第2号，第3号若しくは第5号から第7号までに掲げる物をその重量の1パーセントを超えて含有し，又は第4号に掲げる物をその重量の0.1パーセントを超えて含有する製剤その他の物
②　法第55条ただし書の政令で定める要件は，次のとおりとする。
　1　製造，輸入又は使用について，厚生労働省令で定めるところにより，あらかじめ，都道府県労働局長の許可を受けること。この場合において，輸入貿易管理令（昭和24年政令第414号）第9条第1項の規定による輸入割当てを受けるべき物の輸入については，同項の輸入割当てを受けたことを証する書面を提出しなければならない。
　2　厚生労働大臣が定める基準に従つて製造し，又は使用すること。
```

（2） 製造の許可

（製造の許可）

第56条　ジクロルベンジジン，ジクロルベンジジンを含有する製剤その他の労働者に重度の健康障害を生ずるおそれのある物で，政令で定めるものを製造しようとする者は，厚生労働省令で定めるところにより，あらかじめ，厚生労働大臣の許可を受けなければならない。

② 　厚生労働大臣は，前項の許可の申請があつた場合には，その申請を審査し，製造設備，作業方法等が厚生労働大臣の定める基準に適合していると認めるときでなければ，同項の許可をしてはならない。

③ 　第1項の許可を受けた者（以下「製造者」という。）は，その製造設備を，前項の基準に適合するように維持しなければならない。

④ 　製造者は，第2項の基準に適合する作業方法に従つて第1項の物を製造しなければならない。

⑤ 　厚生労働大臣は，製造者の製造設備又は作業方法が第2項の基準に適合していないと認めるときは，当該基準に適合するように製造設備を修理し，改造し，若しくは移転し，又は当該基準に適合する作業方法に従つて第1項の物を製造すべきことを命ずることができる。

⑥ 　厚生労働大臣は，製造者がこの法律若しくはこれに基づく命令の規定又はこれらの規定に基づく処分に違反したときは，第1項の許可を取り消すことができる。

（3） 表示等

（表示等）

第57条　爆発性の物，発火性の物，引火性の物その他の労働者に危険を生ずるおそれのある物若しくはベンゼン，ベンゼンを含有する製剤その他の労働者に健康障害を生ずるおそれのある物で政令で定めるもの又は前条第1項の物を容器に入れ，又は包装して，譲渡し，又は提供する者は，厚生労働省令で定めるところにより，その容器又は包装（容器に入れ，かつ，包装して，譲渡し，又は提供するときにあつては，その容器）に次に掲げるものを表示しなければならない。ただし，その容器又は包装のうち，主として一般消費者の生活の用に供

するためのものについては，この限りでない。

1　次に掲げる事項

イ　名称

ロ　人体に及ぼす作用

ハ　貯蔵又は取扱い上の注意

ニ　イからハまでに掲げるもののほか，厚生労働省令で定める事項

2　当該物を取り扱う労働者に注意を喚起するための標章で厚生労働大臣が定めるもの

②　前項の政令で定める物又は前条第1項の物を前項に規定する方法以外の方法により譲渡し，又は提供する者は，厚生労働省令で定めるところにより，同項各号の事項を記載した文書を，譲渡し，又は提供する相手方に交付しなければならない。

施　行　令

（名称等を表示すべき危険物及び有害物）

第18条　法第57条第1項の政令で定める物は，次のとおりとする。

1　別表第9に掲げる物（アルミニウム，イットリウム，インジウム，カドミウム，銀，クロム，コバルト，すず，タリウム，タングステン，タンタル，銅，鉛，ニッケル，白金，ハフニウム，フェロバナジウム，マンガン，モリブデン又はロジウムにあつては，粉状のものに限る。）

（第2号，第3号　略）

令和5年8月30日政令第265号の改正により，令和7年4月1日より第18条が次のとおりとなる。

（名称等を表示すべき危険物及び有害物）

第18条　法第57条第1項の政令で定める物は，次のとおりとする。

1　別表第9に掲げる物（アルミニウム，イットリウム，インジウム，カドミウム，銀，クロム，コバルト，すず，タリウム，タングステン，タンタル，銅，鉛，ニッケル，ハフニウム，マンガン又はロジウムにあつては，粉状のものに限る。）

（第2号，第3号　略）

（4）　文書の交付等

（文書の交付等）

第57条の2　労働者に危険若しくは健康障害を生ずるおそれのある物で政令で定めるもの又は第56条第1項の物（以下この条及び次条第1項において「通知対

象物」という。）を譲渡し，又は提供する者は，文書の交付その他厚生労働省令で定める方法により通知対象物に関する次の事項（前条第2項に規定する者にあつては，同項に規定する事項を除く。）を，譲渡し，又は提供する相手方に通知しなければならない。ただし，主として一般消費者の生活の用に供される製品として通知対象物を譲渡し，又は提供する場合については，この限りでない。

1　名称

2　成分及びその含有量

3　物理的及び化学的性質

4　人体に及ぼす作用

5　貯蔵又は取扱い上の注意

6　流出その他の事故が発生した場合において講ずべき応急の措置

7　前各号に掲げるもののほか，厚生労働省令で定める事項

②　通知対象物を譲渡し，又は提供する者は，前項の規定により通知した事項に変更を行う必要が生じたときは，文書の交付その他厚生労働省令で定める方法により，変更後の同項各号の事項を，速やかに，譲渡し，又は提供した相手方に通知するよう努めなければならない。

③　前二項に定めるもののほか，前二項の通知に関し必要な事項は，厚生労働省令で定める。

----施　行　令----

（名称等を通知すべき危険物及び有害物）

第18条の2　法第57条の2第1項の政令で定める物は，次のとおりとする。

1　別表第9に掲げる物

2　別表第9に掲げる物を含有する製剤その他の物で，厚生労働省令で定めるもの

3　別表第3第1号1から7までに掲げる物を含有する製剤その他の物（同号8に掲げる物を除く。）で，厚生労働省令で定めるもの

別表第9　名称等を表示し，又は通知すべき危険物及び有害物（第18条，第18条の2関係）

1　アクリルアミド

2　アクリル酸

3　アクリル酸エチル

（第4号から第632号　略）

633　ロテノン

令和５年８月30日政令第265号の改正により，令和７年４月１日より第18条の２が次のとおりとなる。

（名称等を通知すべき危険物及び有害物）

第18条の２　法第57条の２第１項の政令で定める物は，次のとおりとする。

　１　別表第９に掲げる物

　２　特定危険性有害性区分物質のうち，次に掲げる物以外のもので厚生労働省令で定めるもの

　　イ　別表第３第１号１から７までに掲げる物

　　ロ　前号に掲げる物

　　ハ　危険性があるものと区分されていない物であつて，粉じんの吸入によりじん肺その他の呼吸器の健康障害を生ずる有害性のみがあるものと区分されたもの

　３　前二号に掲げる物を含有する製剤その他の物（前二号に掲げる物の含有量が厚生労働大臣の定める基準未満であるものを除く。）

　４　別表第３第１号１から７までに掲げる物を含有する製剤その他の物（同号８に掲げる物を除く。）で，厚生労働省令で定めるもの

別表第９　名称等を表示し，又は通知すべき危険物及び有害物（第18条，第18条の２関係）

１　アリル水銀化合物

２　アルキルアルミニウム化合物

３　アルキル水銀化合物

（第４号から第32号　略）

33　ロジウム及びその化合物

（5）　調査対象物の危険性又は有害性等の調査

（第57条第１項の政令で定める物及び通知対象物について事業者が行うべき調査等）

第57条の３　事業者は，厚生労働省令で定めるところにより，第57条第１項の政令で定める物及び通知対象物による危険性又は有害性等を調査しなければならない。

②　事業者は，前項の調査の結果に基づいて，この法律又はこれに基づく命令の規定による措置を講ずるほか，労働者の危険又は健康障害を防止するため必要な措置を講ずるように努めなければならない。

③　厚生労働大臣は，第28条第１項及び第３項に定めるもののほか，前二項の措置に関して，その適切かつ有効な実施を図るため必要な指針を公表するものとする。

④ 厚生労働大臣は，前項の指針に従い，事業者又はその団体に対し，必要な指導，援助等を行うことができる。

----安 衛 則----

（リスクアセスメントの実施時期等）

第34条の2の7　リスクアセスメントは，次に掲げる時期に行うものとする。

1　リスクアセスメント対象物を原材料等として新規に採用し，又は変更するとき。

2　リスクアセスメント対象物を製造し，又は取り扱う業務に係る作業の方法又は手順を新規に採用し，又は変更するとき。

3　前二号に掲げるもののほか，リスクアセスメント対象物による危険性又は有害性等について変化が生じ，又は生ずるおそれがあるとき。

② リスクアセスメントは，リスクアセスメント対象物を製造し，又は取り扱う業務ごとに，次に掲げるいずれかの方法（リスクアセスメントのうち危険性に係るものにあつては，第1号又は第3号（第1号に係る部分に限る。）に掲げる方法に限る。）により，又はこれらの方法の併用により行わなければならない。

1　当該リスクアセスメント対象物が当該業務に従事する労働者に危険を及ぼし，又は当該リスクアセスメント対象物により当該労働者の健康障害を生ずるおそれの程度及び当該危険又は健康障害の程度を考慮する方法

2　当該業務に従事する労働者が当該リスクアセスメント対象物にさらされる程度及び当該リスクアセスメント対象物の有害性の程度を考慮する方法

3　前二号に掲げる方法に準ずる方法

（リスクアセスメントの結果等の記録及び保存並びに周知）

第34条の2の8　事業者は，リスクアセスメントを行つたときは，次に掲げる事項について，記録を作成し，次にリスクアセスメントを行うまでの期間（リスクアセスメントを行つた日から起算して3年以内に当該リスクアセスメント対象物についてリスクアセスメントを行つたときは，3年間）保存するとともに，当該事項を，リスクアセスメント対象物を製造し，又は取り扱う業務に従事する労働者に周知させなければならない。

1　当該リスクアセスメント対象物の名称

2　当該業務の内容

3　当該リスクアセスメントの結果

4　当該リスクアセスメントの結果に基づき事業者が講ずる労働者の危険又は健康障害を防止するため必要な措置の内容

② 前項の規定による周知は，次に掲げるいずれかの方法により行うものとする。

1　当該リスクアセスメント対象物を製造し，又は取り扱う各作業場の見やすい場所に常時掲示し，又は備えること。

2　書面を，当該リスクアセスメント対象物を製造し，又は取り扱う業務に従事す

る労働者に交付すること。

　　3　事業者の使用に係る電子計算機に備えられたファイル又は電磁的記録媒体をもつて調製するファイルに記録し，かつ，当該リスクアセスメント対象物を製造し，又は取り扱う各作業場に，当該リスクアセスメント対象物を製造し，又は取り扱う業務に従事する労働者が当該記録の内容を常時確認できる機器を設置すること。

（指針の公表）

第34条の2の9　第24条の規定は，法第57条の3第3項の規定による指針の公表について準用する。

（改善の指示等）

第34条の2の10　労働基準監督署長は，化学物質による労働災害が発生した，又はそのおそれがある事業場の事業者に対し，当該事業場において化学物質の管理が適切に行われていない疑いがあると認めるときは，当該事業場における化学物質の管理の状況について改善すべき旨を指示することができる。

②　前項の指示を受けた事業者は，遅滞なく，事業場における化学物質の管理について必要な知識及び技能を有する者として厚生労働大臣が定めるもの（以下この条において「化学物質管理専門家」という。）から，当該事業場における化学物質の管理の状況についての確認及び当該事業場が実施し得る望ましい改善措置に関する助言を受けなければならない。

③　前項の確認及び助言を求められた化学物質管理専門家は，同項の事業者に対し，当該事業場における化学物質の管理の状況についての確認結果及び当該事業場が実施し得る望ましい改善措置に関する助言について，速やかに，書面により通知しなければならない。

④　事業者は，前項の通知を受けた後，1月以内に，当該通知の内容を踏まえた改善措置を実施するための計画を作成するとともに，当該計画作成後，速やかに，当該計画に従い必要な改善措置を実施しなければならない。

⑤　事業者は，前項の計画を作成後，遅滞なく，当該計画の内容について，第3項の通知及び前項の計画の写しを添えて，改善計画報告書（様式第4号）により，所轄労働基準監督署長に報告しなければならない。

⑥　事業者は，第4項の規定に基づき実施した改善措置の記録を作成し，当該記録について，第3項の通知及び第4項の計画とともに3年間保存しなければならない。

（6）　化学物質の有害性の調査

（化学物質の有害性の調査）

第57条の4　化学物質による労働者の健康障害を防止するため，既存の化学物質として政令で定める化学物質（第3項の規定によりその名称が公表された化学

物質を含む。) 以外の化学物質 (以下この条において「新規化学物質」という。)を製造し, 又は輸入しようとする事業者は, あらかじめ, 厚生労働省令で定めるところにより, 厚生労働大臣の定める基準に従つて有害性の調査 (当該新規化学物質が労働者の健康に与える影響についての調査をいう。以下この条において同じ。) を行い, 当該新規化学物質の名称, 有害性の調査の結果その他の事項を厚生労働大臣に届け出なければならない。ただし, 次の各号のいずれかに該当するときその他政令で定める場合は, この限りでない。

1　当該新規化学物質に関し, 厚生労働省令で定めるところにより, 当該新規化学物質について予定されている製造又は取扱いの方法等からみて労働者が当該新規化学物質にさらされるおそれがない旨の厚生労働大臣の確認を受けたとき。

2　当該新規化学物質に関し, 厚生労働省令で定めるところにより, 既に得られている知見等に基づき厚生労働省令で定める有害性がない旨の厚生労働大臣の確認を受けたとき。

3　当該新規化学物質を試験研究のため製造し, 又は輸入しようとするとき。

4　当該新規化学物質が主として一般消費者の生活の用に供される製品 (当該新規化学物質を含有する製品を含む。) として輸入される場合で, 厚生労働省令で定めるとき。

②　有害性の調査を行つた事業者は, その結果に基づいて, 当該新規化学物質による労働者の健康障害を防止するため必要な措置を速やかに講じなければならない。

③　厚生労働大臣は, 第1項の規定による届出があつた場合 (同項第2号の規定による確認をした場合を含む。) には, 厚生労働省令で定めるところにより, 当該新規化学物質の名称を公表するものとする。

④　厚生労働大臣は, 第1項の規定による届出があつた場合には, 厚生労働省令で定めるところにより, 有害性の調査の結果について学識経験者の意見を聴き, 当該届出に係る化学物質による労働者の健康障害を防止するため必要があると認めるときは, 届出をした事業者に対し, 施設又は設備の設置又は整備, 保護具の備付けその他の措置を講ずべきことを勧告することができる。

⑤　前項の規定により有害性の調査の結果について意見を求められた学識経験者は, 当該有害性の調査の結果に関して知り得た秘密を漏らしてはならない。ただし, 労働者の健康障害を防止するためやむを得ないときは, この限りでない。

---施　行　令---

（法第57条の4第1項の政令で定める化学物質）

第18条の3　法第57条の4第1項の政令で定める化学物質は，次のとおりとする。

1　元素

2　天然に産出される化学物質

3　放射性物質

4　附則第9条の2の規定により厚生労働大臣がその名称等を公表した化学物質

（法第57条の4第1項ただし書の政令で定める場合）

第18条の4　法第57条の4第1項ただし書の政令で定める場合は，同項に規定する新規化学物質（以下この条において「新規化学物質」という。）を製造し，又は輸入しようとする事業者が，厚生労働省令で定めるところにより，一の事業場における1年間の製造量又は輸入量（当該新規化学物質を製造し，及び輸入しようとする事業者にあつては，これらを合計した量）が100キログラム以下である旨の厚生労働大臣の確認を受けた場合において，その確認を受けたところに従つて当該新規化学物質を製造し，又は輸入しようとするときとする。

---安　衛　則---

（有害性の調査）

第34条の3　法第57条の4第1項の規定による有害性の調査は，次に定めるところにより行わなければならない。

1　変異原性試験，化学物質のがん原性に関し変異原性試験と同等以上の知見を得ることができる試験又はがん原性試験のうちいずれかの試験を行うこと。

2　組織，設備等に関し有害性の調査を適正に行うため必要な技術的基礎を有すると認められる試験施設等において行うこと。

②　前項第2号の試験施設等が具備すべき組織，設備等に関する基準は，厚生労働大臣が定める。

（新規化学物質の名称，有害性の調査の結果等の届出）

第34条の4　法第57条の4第1項の規定による届出をしようとする者は，様式第4号の3による届書に，当該届出に係る同項に規定する新規化学物質（以下この節において「新規化学物質」という。）について行つた前条第1項に規定する有害性の調査の結果を示す書面，当該有害性の調査が同条第2項の厚生労働大臣が定める基準を具備している試験施設等において行われたことを証する書面及び当該新規化学物質について予定されている製造又は取扱いの方法を記載した書面を添えて，厚生労働大臣に提出しなければならない。

第57条の5　厚生労働大臣は，化学物質で，がんその他の重度の健康障害を労働者に生ずるおそれのあるものについて，当該化学物質による労働者の健康障害を防止するため必要があると認めるときは，厚生労働省令で定めるところにより，当該化学物質を製造し，輸入し，又は使用している事業者その他厚生労働省令で定める事業者に対し，政令で定める有害性の調査（当該化学物質が労働者の健康障害に及ぼす影響についての調査をいう。）を行い，その結果を報告すべきことを指示することができる。

② 前項の規定による指示は，化学物質についての有害性の調査に関する技術水準，調査を実施する機関の整備状況，当該事業者の調査の能力等を総合的に考慮し，厚生労働大臣の定める基準に従つて行うものとする。

③ 厚生労働大臣は，第1項の規定による指示を行おうとするときは，あらかじめ，厚生労働省令で定めるところにより，学識経験者の意見を聴かなければならない。

④ 第1項の規定による有害性の調査を行つた事業者は，その結果に基づいて，当該化学物質による労働者の健康障害を防止するため必要な措置を速やかに講じなければならない。

⑤ 第3項の規定により第1項の規定による指示について意見を求められた学識経験者は，当該指示に関して知り得た秘密を漏らしてはならない。ただし，労働者の健康障害を防止するためやむを得ないときは，この限りでない。

（7） 国の援助等

（国の援助等）

第58条　国は，前二条の規定による有害性の調査の適切な実施に資するため，化学物質について，有害性の調査を実施する施設の整備，資料の提供その他必要な援助に努めるほか，自ら有害性の調査を実施するよう努めるものとする。

6　第6章　労働者の就業に当たっての措置関係

（1）　安全衛生教育

（安全衛生教育）

第59条　事業者は，労働者を雇い入れたときは，当該労働者に対し，厚生労働省令で定めるところにより，その従事する業務に関する安全又は衛生のための教育を行なわなければならない。

②　前項の規定は，労働者の作業内容を変更したときについて準用する。

③　事業者は，危険又は有害な業務で，厚生労働省令で定めるものに労働者をつかせるときは，厚生労働省令で定めるところにより，当該業務に関する安全又は衛生のための特別の教育を行なわなければならない。

安　衛　則

（雇入れ時等の教育）

第35条　事業者は，労働者を雇い入れ，又は労働者の作業内容を変更したときは，当該労働者に対し，遅滞なく，次の事項のうち当該労働者が従事する業務に関する安全又は衛生のため必要な事項について，教育を行わなければならない。

1　機械等，原材料等の危険性又は有害性及びこれらの取扱い方法に関すること。

2　安全装置，有害物抑制装置又は保護具の性能及びこれらの取扱い方法に関すること。

3　作業手順に関すること。

4　作業開始時の点検に関すること。

5　当該業務に関して発生するおそれのある疾病の原因及び予防に関すること。

6　整理，整頓及び清潔の保持に関すること。

7　事故時等における応急措置及び退避に関すること。

8　前各号に掲げるもののほか，当該業務に関する安全又は衛生のために必要な事項

②　事業者は，前項各号に掲げる事項の全部又は一部に関し十分な知識及び技能を有していると認められる労働者については，当該事項についての教育を省略することができる。

（特別教育を必要とする業務）

第36条　法第59条第3項の厚生労働省令で定める危険又は有害な業務は，次のとおりとする。

（第1号から第7号の2　略）

8　チエーンソーを用いて行う立木の伐木，かかり木の処理又は造材の業務

（第9号から第20号　略）

20の2　作業室及び気こう室へ送気するための空気圧縮機を運転する業務

21 高圧室内作業に係る作業室への送気の調節を行うためのバルブ又はコックを操作する業務

22 気こう室への送気又は気こう室からの排気の調整を行うためのバルブ又はコックを操作する業務

23 潜水作業者への送気の調節を行うためのバルブ又はコックを操作する業務

24 再圧室を操作する業務

24の2 高圧室内作業に係る業務

25 令別表第5に掲げる四アルキル鉛等業務

26 令別表第6に掲げる酸素欠乏危険場所における作業に係る業務

（第27号　略）

28 エックス線装置又はガンマ線照射装置を用いて行う透過写真の撮影の業務

28の2 加工施設（核原料物質，核燃料物質及び原子炉の規制に関する法律（昭和32年法律第166号）第13条第2項第2号に規定する加工施設をいう。），再処理施設（同法第44条第2項第2号に規定する再処理施設をいう。）又は使用施設等（同法第52条第2項第10号に規定する使用施設等（核原料物質，核燃料物質及び原子炉の規制に関する法律施行令（昭和32年政令第324号）第41条に規定する核燃料物質の使用施設等に限る。）をいう。）の管理区域（電離放射線障害防止規則（昭和47年労働省令第41号。以下「電離則」という。）第3条第1項に規定する管理区域をいう。次号において同じ。）内において核燃料物質（原子力基本法（昭和30年法律第186号）第3条第2号に規定する核燃料物質をいう。次号において同じ。）若しくは使用済燃料（核原料物質，核燃料物質及び原子炉の規制に関する法律第2条第10項に規定する使用済燃料をいう。次号において同じ。）又はこれらによつて汚染された物（原子核分裂生成物を含む。次号において同じ。）を取り扱う業務

28の3 原子炉施設（核原料物質，核燃料物質及び原子炉の規制に関する法律第23条第2項第5号に規定する試験研究用等原子炉施設及び同法第43条の3の5第2項第5号に規定する発電用原子炉施設をいう。）の管理区域内において，核燃料物質若しくは使用済燃料又はこれらによつて汚染された物を取り扱う業務

28の4 東日本大震災により生じた放射性物質により汚染された土壌等を除染するための業務等に係る電離放射線障害防止規則（平成23年厚生労働省令第152号。以下「除染則」という。）第2条第7項第2号イ又はロに掲げる物その他の事故由来放射性物質（平成23年3月11日に発生した東北地方太平洋沖地震に伴う原子力発電所の事故により当該原子力発電所から放出された放射性物質をいう。）により汚染された物であつて，電離則第2条第2項に規定するものの処分の業務

28の5 電離則第7条の2第3項の特例緊急作業に係る業務

29 粉じん障害防止規則（昭和54年労働省令第18号。以下「粉じん則」という。）第2条第1項第3号の特定粉じん作業（設備による注水又は注油をしながら行う粉じん則第3条各号に掲げる作業に該当するものを除く。）に係る業務

（第30号から第33号　略）

34　ダイオキシン類対策特別措置法施行令（平成11年政令第433号）別表第1第5号に掲げる廃棄物焼却炉を有する廃棄物の焼却施設（第90条第5号の4を除き，以下「廃棄物の焼却施設」という。）においてばいじん及び焼却灰その他の燃え殻を取り扱う業務（第36号に掲げる業務を除く。）

35　廃棄物の焼却施設に設置された廃棄物焼却炉，集じん機等の設備の保守点検等の業務

36　廃棄物の焼却施設に設置された廃棄物焼却炉，集じん機等の設備の解体等の業務及びこれに伴うばいじん及び焼却灰その他の燃え殻を取り扱う業務

37　石綿障害予防規則（平成17年厚生労働省令第21号。以下「石綿則」という。）第4条第1項に掲げる作業に係る業務

38　除染則第2条第7項の除染等業務及び同条第8項の特定線量下業務

（第39号から第41号　略）

第60条　事業者は，その事業場の業種が政令で定めるものに該当するときは，新たに職務につくこととなつた職長その他の作業中の労働者を直接指導又は監督する者（作業主任者を除く。）に対し，次の事項について，厚生労働省令で定めるところにより，安全又は衛生のための教育を行なわなければならない。

1　作業方法の決定及び労働者の配置に関すること。

2　労働者に対する指導又は監督の方法に関すること。

3　前二号に掲げるもののほか，労働災害を防止するため必要な事項で，厚生労働省令で定めるもの

------施　行　令------

（職長等の教育を行うべき業種）

第19条　法第60条の政令で定める業種は，次のとおりとする。

1　建設業

2　製造業。ただし，次に掲げるものを除く。

イ　たばこ製造業

ロ　繊維工業（紡績業及び染色整理業を除く。）

ハ　衣服その他の繊維製品製造業

ニ　紙加工品製造業（セロファン製造業を除く。）

3　電気業

4　ガス業

5　自動車整備業

6　機械修理業

第60条の2　事業者は，前二条に定めるもののほか，その事業場における安全衛生の水準の向上を図るため，危険又は有害な業務に現に就いている者に対し，その従事する業務に関する安全又は衛生のための教育を行うように努めなければならない。

②　厚生労働大臣は，前項の教育の適切かつ有効な実施を図るため必要な指針を公表するものとする。

③　厚生労働大臣は，前項の指針に従い，事業者又はその団体に対し，必要な指導等を行うことができる。

（2）　就業制限

（就業制限）

第61条　事業者は，クレーンの運転その他の業務で，政令で定めるものについては，都道府県労働局長の当該業務に係る免許を受けた者又は都道府県労働局長の登録を受けた者が行う当該業務に係る技能講習を修了した者その他厚生労働省令で定める資格を有する者でなければ，当該業務に就かせてはならない。

②　前項の規定により当該業務につくことができる者以外の者は，当該業務を行なつてはならない。

③　第1項の規定により当該業務につくことができる者は，当該業務に従事するときは，これに係る免許証その他その資格を証する書面を携帯していなければならない。

④　職業能力開発促進法（昭和44年法律第64号）第24条第1項（同法第27条の2第2項において準用する場合を含む。）の認定に係る職業訓練を受ける労働者について必要がある場合においては，その必要の限度で，前三項の規定について，厚生労働省令で別段の定めをすることができる。

----施　行　令----

（就業制限に係る業務）

第20条　法第61条第1項の政令で定める業務は，次のとおりとする。

（第1号から第8号　略）

9　潜水器を用い，かつ，空気圧縮機若しくは手押しポンプによる送気又はボンベからの給気を受けて，水中において行う業務

（第10号から第16号　略）

（3） 中高年齢者等についての配慮

（中高年齢者等についての配慮）

第62条　事業者は，中高年齢者その他労働災害の防止上その就業に当たつて特に
　　　配慮を必要とする者については，これらの者の心身の条件に応じて適正な配置
　　　を行なうように努めなければならない。

（4） 国の援助

（国の援助）

第63条　国は，事業者が行なう安全又は衛生のための教育の効果的実施を図るた
　　　め，指導員の養成及び資質の向上のための措置，教育指導方法の整備及び普及，
　　　教育資料の提供その他必要な施策の充実に努めるものとする。

7　第7章　健康の保持増進関係
（1）　作業環境測定

（作業環境測定）

第65条　事業者は，有害な業務を行う屋内作業場その他の作業場で，政令で定め
　　　るものについて，厚生労働省令で定めるところにより，必要な作業環境測定を
　　　行い，及びその結果を記録しておかなければならない。

②　前項の規定による作業環境測定は，厚生労働大臣の定める作業環境測定基準
　　　に従つて行わなければならない。

③　厚生労働大臣は，第1項の規定による作業環境測定の適切かつ有効な実施を
　　　図るため必要な作業環境測定指針を公表するものとする。

④　厚生労働大臣は，前項の作業環境測定指針を公表した場合において必要があ
　　　ると認めるときは，事業者若しくは作業環境測定機関又はこれらの団体に対
　　　し，当該作業環境測定指針に関し必要な指導等を行うことができる。

⑤　都道府県労働局長は，作業環境の改善により労働者の健康を保持する必要が
　　　あると認めるときは，労働衛生指導医の意見に基づき，厚生労働省令で定める
　　　ところにより，事業者に対し，作業環境測定の実施その他必要な事項を指示す
　　　ることができる。

----施 行 令----

（作業環境測定を行うべき作業場）

第21条　法第65条第1項の政令で定める作業場は，次のとおりとする。

　1　土石，岩石，鉱物，金属又は炭素の粉じんを著しく発散する屋内作業場で，厚生労働省令で定めるもの

　2　暑熱，寒冷又は多湿の屋内作業場で，厚生労働省令で定めるもの

　3　著しい騒音を発する屋内作業場で，厚生労働省令で定めるもの

　4　坑内の作業場で，厚生労働省令で定めるもの

　5　中央管理方式の空気調和設備（空気を浄化し，その温度，湿度及び流量を調節して供給することができる設備をいう。）を設けている建築物の室で，事務所の用に供されるもの

　6　別表第2に掲げる放射線業務を行う作業場で，厚生労働省令で定めるもの

　7　別表第3第1号若しくは第2号に掲げる特定化学物質（同号34の2に掲げる物及び同号37に掲げる物で同号34の2に係るものを除く。）を製造し，若しくは取り扱う屋内作業場（同号3の3，11の2，13の2，15，15の2，18の2から18の4まで，19の2から19の4まで，22の2から22の5まで，23の2，33の2若しくは34の3に掲げる物又は同号37に掲げる物で同号3の3，11の2，13の2，15，15の2，18の2から18の4まで，19の2から19の4まで，22の2から22の5まで，23の2，33の2若しくは34の3に係るものを製造し，又は取り扱う作業で厚生労働省令で定めるものを行うものを除く。），石綿等を取り扱い，若しくは試験研究のため製造する屋内作業場若しくは石綿分析用試料等を製造する屋内作業場又はコークス炉上において若しくはコークス炉に接してコークス製造の作業を行う場合の当該作業場

　8　別表第4第1号から第8号まで，第10号又は第16号に掲げる鉛業務（遠隔操作によつて行う隔離室におけるものを除く。）を行う屋内作業場

　9　別表第6に掲げる酸素欠乏危険場所において作業を行う場合の当該作業場

　10　別表第6の2に掲げる有機溶剤を製造し，又は取り扱う業務で厚生労働省令で定めるものを行う屋内作業場

----安 衛 則----

（作業環境測定の指示）

第42条の3　法第65条第5項の規定による指示は，作業環境測定を実施すべき作業場その他必要な事項を記載した文書により行うものとする。

（2）　作業環境測定の結果の評価等

（作業環境測定の結果の評価等）

第65条の2　事業者は，前条第1項又は第5項の規定による作業環境測定の結果の評価に基づいて，労働者の健康を保持するため必要があると認められるときは，厚生労働省令で定めるところにより，施設又は設備の設置又は整備，健康診断の実施その他の適切な措置を講じなければならない。

②　事業者は，前項の評価を行うに当たつては，厚生労働省令で定めるところにより，厚生労働大臣の定める作業環境評価基準に従つて行わなければならない。

③　事業者は，前項の規定による作業環境測定の結果の評価を行つたときは，厚生労働省令で定めるところにより，その結果を記録しておかなければならない。

（3）　作業の管理

（作業の管理）

第65条の3　事業者は，労働者の健康に配慮して，労働者の従事する作業を適切に管理するように努めなければならない。

（4）　作業時間の制限

（作業時間の制限）

第65条の4　事業者は，潜水業務その他の健康障害を生ずるおそれのある業務で，厚生労働省令で定めるものに従事させる労働者については，厚生労働省令で定める作業時間についての基準に違反して，当該業務に従事させてはならない。

（5）　健康診断

（健康診断）

第66条　事業者は，労働者に対し，厚生労働省令で定めるところにより，医師による健康診断（第66条の10第1項に規定する検査を除く。以下この条及び次条において同じ。）を行わなければならない。

②　事業者は，有害な業務で，政令で定めるものに従事する労働者に対し，厚生

労働省令で定めるところにより，医師による特別の項目についての健康診断を行なわなければならない。有害な業務で，政令で定めるものに従事させたことのある労働者で，現に使用しているものについても，同様とする。

③　事業者は，有害な業務で，政令で定めるものに従事する労働者に対し，厚生労働省令で定めるところにより，歯科医師による健康診断を行なわなければならない。

④　都道府県労働局長は，労働者の健康を保持するため必要があると認めるときは，労働衛生指導医の意見に基づき，厚生労働省令で定めるところにより，事業者に対し，臨時の健康診断の実施その他必要な事項を指示することができる。

⑤　労働者は，前各項の規定により事業者が行なう健康診断を受けなければならない。ただし，事業者の指定した医師又は歯科医師が行なう健康診断を受けることを希望しない場合において，他の医師又は歯科医師の行なうこれらの規定による健康診断に相当する健康診断を受け，その結果を証明する書面を事業者に提出したときは，この限りでない。

　（自発的健康診断の結果の提出）

第66条の2　午後10時から午前5時まで（厚生労働大臣が必要であると認める場合においては，その定める地域又は期間については午後11時から午前6時まで）の間における業務（以下「深夜業」という。）に従事する労働者であつて，その深夜業の回数その他の事項が深夜業に従事する労働者の健康の保持を考慮して厚生労働省令で定める要件に該当するものは，厚生労働省令で定めるところにより，自ら受けた健康診断（前条第5項ただし書の規定による健康診断を除く。）の結果を証明する書面を事業者に提出することができる。

　（健康診断の結果の記録）

第66条の3　事業者は，厚生労働省令で定めるところにより，第66条第1項から第4項まで及び第5項ただし書並びに前条の規定による健康診断の結果を記録しておかなければならない。

　（健康診断の結果についての医師等からの意見聴取）

第66条の4　事業者は，第66条第1項から第4項まで若しくは第5項ただし書又は第66条の2の規定による健康診断の結果（当該健康診断の項目に異常の所見があると診断された労働者に係るものに限る。）に基づき，当該労働者の健康を保持するために必要な措置について，厚生労働省令で定めるところにより，医師又は歯科医師の意見を聴かなければならない。

（健康診断実施後の措置）

第66条の5　事業者は，前条の規定による医師又は歯科医師の意見を勘案し，その必要があると認めるときは，当該労働者の実情を考慮して，就業場所の変更，作業の転換，労働時間の短縮，深夜業の回数の減少等の措置を講ずるほか，作業環境測定の実施，施設又は設備の設置又は整備，当該医師又は歯科医師の意見の衛生委員会若しくは安全衛生委員会又は労働時間等設定改善委員会（労働時間等の設定の改善に関する特別措置法（平成４年法律第90号）第７条に規定する労働時間等設定改善委員会をいう。以下同じ。）への報告その他の適切な措置を講じなければならない。

②　厚生労働大臣は，前項の規定により事業者が講ずべき措置の適切かつ有効な実施を図るため必要な指針を公表するものとする。

③　厚生労働大臣は，前項の指針を公表した場合において必要があると認めるときは，事業者又はその団体に対し，当該指針に関し必要な指導等を行うことができる。

（健康診断の結果の通知）

第66条の6　事業者は，第66条第１項から第４項までの規定により行う健康診断を受けた労働者に対し，厚生労働省令で定めるところにより，当該健康診断の結果を通知しなければならない。

（保健指導等）

第66条の7　事業者は，第66条第１項の規定による健康診断若しくは当該健康診断に係る同条第５項ただし書の規定による健康診断又は第66条の２の規定による健康診断の結果，特に健康の保持に努める必要があると認める労働者に対し，医師又は保健師による保健指導を行うように努めなければならない。

②　労働者は，前条の規定により通知された健康診断の結果及び前項の規定による保健指導を利用して，その健康の保持に努めるものとする。

（面接指導等）

第66条の8　事業者は，その労働時間の状況その他の事項が労働者の健康の保持を考慮して厚生労働省令で定める要件に該当する労働者（次条第１項に規定する者及び第66条の８の４第１項に規定する者を除く。以下この条において同じ。）に対し，厚生労働省令で定めるところにより，医師による面接指導（問診その他の方法により心身の状況を把握し，これに応じて面接により必要な指導を行うことをいう。以下同じ。）を行わなければならない。

②　労働者は，前項の規定により事業者が行う面接指導を受けなければならな

い。ただし，事業者の指定した医師が行う面接指導を受けることを希望しない場合において，他の医師の行う同項の規定による面接指導に相当する面接指導を受け，その結果を証明する書面を事業者に提出したときは，この限りでない。

③ 事業者は，厚生労働省令で定めるところにより，第１項及び前項ただし書の規定による面接指導の結果を記録しておかなければならない。

④ 事業者は，第１項又は第２項ただし書の規定による面接指導の結果に基づき，当該労働者の健康を保持するために必要な措置について，厚生労働省令で定めるところにより，医師の意見を聴かなければならない。

⑤ 事業者は，前項の規定による医師の意見を勘案し，その必要があると認めるときは，当該労働者の実情を考慮して，就業場所の変更，作業の転換，労働時間の短縮，深夜業の回数の減少等の措置を講ずるほか，当該医師の意見の衛生委員会若しくは安全衛生委員会又は労働時間等設定改善委員会への報告その他の適切な措置を講じなければならない。

第66条の8の2 事業者は，その労働時間が労働者の健康の保持を考慮して厚生労働省令で定める時間を超える労働者（労働基準法第36条第11項に規定する業務に従事する者（同法第41条各号に掲げる者及び第66条の8の4第1項に規定する者を除く。）に限る。）に対し，厚生労働省令で定めるところにより，医師による面接指導を行わなければならない。

② 前条第２項から第５項までの規定は，前項の事業者及び労働者について準用する。この場合において，同条第５項中「作業の転換」とあるのは，「職務内容の変更，有給休暇（労働基準法第39条の規定による有給休暇を除く。）の付与」と読み替えるものとする。

第66条の8の3 事業者は，第66条の8第1項又は前条第1項の規定による面接指導を実施するため，厚生労働省令で定める方法により，労働者（次条第1項に規定する者を除く。）の労働時間の状況を把握しなければならない。

第66条の8の4 事業者は，労働基準法第41条の2第1項の規定により労働する労働者であつて，その健康管理時間（同項第3号に規定する健康管理時間をいう。）が当該労働者の健康の保持を考慮して厚生労働省令で定める時間を超えるものに対し，厚生労働省令で定めるところにより，医師による面接指導を行わなければならない。

② 第66条の8第2項から第5項までの規定は，前項の事業者及び労働者について準用する。この場合において，同条第5項中「就業場所の変更，作業の転換，労働時間の短縮，深夜業の回数の減少等」とあるのは，「職務内容の変更，有

給休暇（労働基準法第39条の規定による有給休暇を除く。）の付与，健康管理時間（第66条の８の４第１項に規定する健康管理時間をいう。）が短縮されるための配慮等」と読み替えるものとする。

第66条の９ 事業者は，第66条の８第１項，第66条の８の２第１項又は前条第１項の規定により面接指導を行う労働者以外の労働者であつて健康への配慮が必要なものについては，厚生労働省令で定めるところにより，必要な措置を講ずるように努めなければならない。

- - 施 行 令 - -

（健康診断を行うべき有害な業務）

第22条 法第66条第２項前段の政令で定める有害な業務は，次のとおりとする。

1 第６条第１号に掲げる作業に係る業務及び第20条第９号に掲げる業務

2 別表第２に掲げる放射線業務

3 別表第３第１号若しくは第２号に掲げる特定化学物質（同号５及び31の２に掲げる物並びに同号37に掲げる物で同号５又は31の２に係るものを除く。）を製造し，若しくは取り扱う業務（同号８若しくは32に掲げる物又は同号37に掲げる物で同号８若しくは32に係るものを製造する事業場以外の事業場においてこれらの物を取り扱う業務及び同号３の３，11の２，13の２，15，15の２，18の２から18の４まで，19の２から19の４まで，22の２から22の５まで，23の２，33の２若しくは34の３に掲げる物又は同号37に掲げる物で同号３の３，11の２，13の２，15，15の２，18の２から18の４まで，19の２から19の４まで，22の２から22の５まで，23の２，33の２若しくは34の３に係るものを製造し，又は取り扱う業務で厚生労働省令で定めるものを除く。），第16条第１項各号に掲げる物（同項第４号に掲げる物及び同項第９号に掲げる物で同項第４号に係るものを除く。）を試験研究のため製造し，若しくは使用する業務又は石綿等の取扱い若しくは試験研究のための製造若しくは石綿分析用試料等の製造に伴い石綿の粉じんを発散する場所における業務

4 別表第４に掲げる鉛業務（遠隔操作によつて行う隔離室におけるものを除く。）

5 別表第５に掲げる四アルキル鉛等業務（遠隔操作によつて行う隔離室におけるものを除く。）

6 屋内作業場又はタンク，船倉若しくは坑の内部その他の厚生労働省令で定める場所において別表第６の２に掲げる有機溶剤を製造し，又は取り扱う業務で，厚生労働省令で定めるもの

（第２項，第３項 略）

┌─ 安 衛 則 ─────────────────────────────────

（雇入時の健康診断）

第43条　事業者は，常時使用する労働者を雇い入れるときは，当該労働者に対し，次の項目について医師による健康診断を行わなければならない。ただし，医師による健康診断を受けた後，3月を経過しない者を雇い入れる場合において，その者が当該健康診断の結果を証明する書面を提出したときは，当該健康診断の項目に相当する項目については，この限りでない。

1　既往歴及び業務歴の調査

2　自覚症状及び他覚症状の有無の検査

3　身長，体重，腹囲，視力及び聴力（1,000ヘルツ及び4,000ヘルツの音に係る聴力をいう。次条第1項第3号において同じ。）の検査

4　胸部エックス線検査

5　血圧の測定

6　血色素量及び赤血球数の検査（次条第1項第6号において「貧血検査」という。）

7　血清グルタミックオキサロアセチックトランスアミナーゼ(GOT)，血清グルタミックピルビックトランスアミナーゼ（GPT）及びガンマーグルタミルトランスペプチダーゼ（γ－GTP）の検査（次条第1項第7号において「肝機能検査」という。）

8　低比重リポ蛋白コレステロール（LDL コレステロール），高比重リポ蛋白コレステロール（HDL コレステロール）及び血清トリグリセライドの量の検査（次条第1項第8号において「血中脂質検査」という。）

9　血糖検査

10　尿中の糖及び蛋白の有無の検査（次条第1項第10号において「尿検査」という。）

11　心電図検査

（定期健康診断）

第44条　事業者は，常時使用する労働者（第45条第1項に規定する労働者を除く。）に対し，1年以内ごとに1回，定期に，次の項目について医師による健康診断を行わなければならない。

1　既往歴及び業務歴の調査

2　自覚症状及び他覚症状の有無の検査

3　身長，体重，腹囲，視力及び聴力の検査

4　胸部エックス線検査及び喀痰検査

5　血圧の測定

6　貧血検査

7　肝機能検査

8　血中脂質検査

9　血糖検査

　10　尿検査

　11　心電図検査

②　第1項第3号，第4号，第6号から第9号まで及び第11号に掲げる項目については，厚生労働大臣が定める基準に基づき，医師が必要でないと認めるときは，省略することができる。

③　第1項の健康診断は，前条，第45条の2又は法第66条第2項前段の健康診断を受けた者（前条ただし書に規定する書面を提出した者を含む。）については，当該健康診断の実施の日から1年間に限り，その者が受けた当該健康診断の項目に相当する項目を省略して行うことができる。

④　第1項第3号に掲げる項目（聴力の検査に限る。）は，45歳未満の者（35歳及び40歳の者を除く。）については，同項の規定にかかわらず，医師が適当と認める聴力（1,000ヘルツ又は4,000ヘルツの音に係る聴力を除く。）の検査をもつて代えることができる。

（満15歳以下の者の健康診断の特例）

第44条の2　事業者は，前二条の健康診断を行おうとする日の属する年度（4月1日から翌年3月31日までをいう。以下この条において同じ。）において満15歳以下の年齢に達する者で，当該年度において学校保健安全法第11条又は第13条（認定こども園法第27条において準用する場合を含む。）の規定による健康診断を受けたもの又は受けることが予定されているものについては，前二条の規定にかかわらず，これらの規定による健康診断(学校教育法による中学校若しくはこれに準ずる学校若しくは義務教育学校を卒業した者又は中等教育学校の前期課程を修了した者に係る第43条の健康診断を除く。)を行わないことができる。

②　前二条の健康診断を行おうとする日の属する年度において満15歳以下の年齢に達する者で，前項に規定する者以外のものについては，医師が必要でないと認めるときは，当該健康診断の項目の全部又は一部を省略することができる。

（特定業務従事者の健康診断）

第45条　事業者は，第13条第1項第3号に掲げる業務に常時従事する労働者に対し，当該業務への配置替えの際及び6月以内ごとに1回，定期に，第44条第1項各号に掲げる項目について医師による健康診断を行わなければならない。この場合において，同項第4号の項目については，1年以内ごとに1回，定期に，行えば足りるものとする。

②　前項の健康診断（定期のものに限る。）は，前回の健康診断において第44条第1項第6号から第9号まで及び第11号に掲げる項目について健康診断を受けた者については，前項の規定にかかわらず，医師が必要でないと認めるときは，当該項目の全部又は一部を省略して行うことができる。

③　第44条第2項及び第3項の規定は，第1項の健康診断について準用する。この場合において，同条第3項中「1年間」とあるのは，「6月間」と読み替えるものとする。

④　第1項の健康診断（定期のものに限る。）の項目のうち第44条第1項第3号に掲げる項目（聴力の検査に限る。）は，前回の健康診断において当該項目について健康診断を受けた者又は45歳未満の者（35歳及び40歳の者を除く。）については，第1項の規定にかかわらず，医師が適当と認める聴力（1,000ヘルツ又は4,000ヘルツの音に係る聴力を除く。）の検査をもつて代えることができる。

（海外派遣労働者の健康診断）

第45条の2　事業者は，労働者を本邦外の地域に6月以上派遣しようとするときは，あらかじめ，当該労働者に対し，第44条第1項各号に掲げる項目及び厚生労働大臣が定める項目のうち医師が必要であると認める項目について，医師による健康診断を行わなければならない。

②　事業者は，本邦外の地域に6月以上派遣した労働者を本邦の地域内における業務に就かせるとき（一時的に就かせるときを除く。）は，当該労働者に対し，第44条第1項各号に掲げる項目及び厚生労働大臣が定める項目のうち医師が必要であると認める項目について，医師による健康診断を行わなければならない。

③　第1項の健康診断は，第43条，第44条，前条又は法第66条第2項前段の健康診断を受けた者（第43条第1項ただし書に規定する書面を提出した者を含む。）については，当該健康診断の実施の日から6月間に限り，その者が受けた当該健康診断の項目に相当する項目を省略して行うことができる。

④　第44条第2項の規定は，第1項及び第2項の健康診断について準用する。この場合において，同条第2項中「，第4号，第6号から第9号まで及び第11号」とあるのは，「及び第4号」と読み替えるものとする。

第46条　削除

（給食従業員の検便）

第47条　事業者は，事業に附属する食堂又は炊事場における給食の業務に従事する労働者に対し，その雇入れの際又は当該業務への配置替えの際，検便による健康診断を行なわなければならない。

（歯科医師による健康診断）

第48条　事業者は，令第22条第3項の業務に常時従事する労働者に対し，その雇入れの際，当該業務への配置替えの際及び当該業務についた後6月以内ごとに1回，定期に，歯科医師による健康診断を行なわなければならない。

（健康診断の指示）

第49条　法第66条第4項の規定による指示は，実施すべき健康診断の項目，健康診断を受けるべき労働者の範囲その他必要な事項を記載した文書により行なうものとする。

（労働者の希望する医師等による健康診断の証明）

第50条　法第66条第5項ただし書の書面は，当該労働者の受けた健康診断の項目ごとに，その結果を記載したものでなければならない。

（自発的健康診断）

第50条の2　法第66条の2の厚生労働省令で定める要件は，常時使用され，同条の自ら受けた健康診断を受けた日前6月間を平均して1月当たり4回以上同条の深夜業に従事したこととする。

第50条の3　前条で定める要件に該当する労働者は，第44条第1項各号に掲げる項目の全部又は一部について，自ら受けた医師による健康診断の結果を証明する書面を事業者に提出することができる。ただし，当該健康診断を受けた日から3月を経過したときは，この限りでない。

第50条の4　法第66条の2の書面は，当該労働者の受けた健康診断の項目ごとに，その結果を記載したものでなければならない。

（健康診断結果の記録の作成）

第51条　事業者は，第43条，第44条若しくは第45条から第48条までの健康診断若しくは法第66条第4項の規定による指示を受けて行つた健康診断（同条第5項ただし書の場合において当該労働者が受けた健康診断を含む。次条において「第43条等の健康診断」という。）又は法第66条の2の自ら受けた健康診断の結果に基づき，健康診断個人票（様式第5号）を作成して，これを5年間保存しなければならない。

（健康診断の結果についての医師等からの意見聴取）

第51条の2　第43条等の健康診断の結果に基づく法第66条の4の規定による医師又は歯科医師からの意見聴取は，次に定めるところにより行わなければならない。

　1　第43条等の健康診断が行われた日（法第66条第5項ただし書の場合にあつては，当該労働者が健康診断の結果を証明する書面を事業者に提出した日）から3月以内に行うこと。

　2　聴取した医師又は歯科医師の意見を健康診断個人票に記載すること。

②　法第66条の2の自ら受けた健康診断の結果に基づく法第66条の4の規定による医師からの意見聴取は，次に定めるところにより行わなければならない。

　1　当該健康診断の結果を証明する書面が事業者に提出された日から2月以内に行うこと。

　2　聴取した医師の意見を健康診断個人票に記載すること。

③　事業者は，医師又は歯科医師から，前二項の意見聴取を行う上で必要となる労働者の業務に関する情報を求められたときは，速やかに，これを提供しなければならない。

（指針の公表）

第51条の3　第24条の規定は，法第66条の5第2項の規定による指針の公表について準用する。

（健康診断の結果の通知）

第51条の4　事業者は，法第66条第4項又は第43条，第44条若しくは第45条から第48条までの健康診断を受けた労働者に対し，遅滞なく，当該健康診断の結果を通知し

なければならない。

（健康診断結果報告）

第52条　常時50人以上の労働者を使用する事業者は，第44条又は第45条の健康診断（定期のものに限る。）を行つたときは，遅滞なく，定期健康診断結果報告書（様式第6号）を所轄労働基準監督署長に提出しなければならない。

②　事業者は，第48条の健康診断（定期のものに限る。）を行つたときは，遅滞なく，有害な業務に係る歯科健康診断結果報告書（様式第6号の2）を所轄労働基準監督署長に提出しなければならない。

（面接指導の対象となる労働者の要件等）

第52条の2　法第66条の8第1項の厚生労働省令で定める要件は，休憩時間を除き1週間当たり40時間を超えて労働させた場合におけるその超えた時間が1月当たり80時間を超え，かつ，疲労の蓄積が認められる者であることとする。ただし，次項の期日前1月以内に法第66条の8第1項又は第66条の8の2第1項に規定する面接指導を受けた労働者その他これに類する労働者であつて法第66条の8第1項に規定する面接指導（以下この節において「法第66条の8の面接指導」という。）を受ける必要がないと医師が認めたものを除く。

②　前項の超えた時間の算定は，毎月1回以上，一定の期日を定めて行わなければならない。

③　事業者は，第1項の超えた時間の算定を行つたときは，速やかに，同項の超えた時間が1月当たり80時間を超えた労働者に対し，当該労働者に係る当該超えた時間に関する情報を通知しなければならない。

（面接指導の実施方法等）

第52条の3　法第66条の8の面接指導は，前条第1項の要件に該当する労働者の申出により行うものとする。

②　前項の申出は，前条第2項の期日後，遅滞なく，行うものとする。

③　事業者は，労働者から第1項の申出があつたときは，遅滞なく，法第66条の8の面接指導を行わなければならない。

④　産業医は，前条第1項の要件に該当する労働者に対して，第1項の申出を行うよう勧奨することができる。

（面接指導における確認事項）

第52条の4　医師は，法第66条の8の面接指導を行うに当たつては，前条第1項の申出を行つた労働者に対し，次に掲げる事項について確認を行うものとする。

1　当該労働者の勤務の状況

2　当該労働者の疲労の蓄積の状況

3　前号に掲げるもののほか，当該労働者の心身の状況

（労働者の希望する医師による面接指導の証明）

第52条の5　法第66条の8第2項ただし書の書面は，当該労働者の受けた法第66条の

8の面接指導について，次に掲げる事項を記載したものでなければならない。

1　実施年月日
2　当該労働者の氏名
3　法第66条の8の面接指導を行つた医師の氏名
4　当該労働者の疲労の蓄積の状況
5　前号に掲げるもののほか，当該労働者の心身の状況

（面接指導結果の記録の作成）

第52条の6　事業者は，法第66条の8の面接指導（法第66条の8第2項ただし書の場合において当該労働者が受けたものを含む。次条において同じ。）の結果に基づき，当該法第66条の8の面接指導の結果の記録を作成して，これを5年間保存しなければならない。

②　前項の記録は，前条各号に掲げる事項及び法第66条の8第4項の規定による医師の意見を記載したものでなければならない。

（面接指導の結果についての医師からの意見聴取）

第52条の7　法第66条の8の面接指導の結果に基づく法第66条の8第4項の規定による医師からの意見聴取は，当該法第66条の8の面接指導が行われた後（同条第2項ただし書の場合にあつては，当該労働者が当該法第66条の8の面接指導の結果を証明する書面を事業者に提出した後），遅滞なく行わなければならない。

（法第66条の8の2第1項の厚生労働省令で定める時間等）

第52条の7の2　法第66条の8の2第1項の厚生労働省令で定める時間は，休憩時間を除き1週間当たり40時間を超えて労働させた場合におけるその超えた時間について，1月当たり100時間とする。

②　第52条の2第2項，第52条の3第1項及び第52条の4から前条までの規定は，法第66条の8の2第1項に規定する面接指導について準用する。この場合において，第52条の2第2項中「前項」とあるのは「第52条の7の2第1項」と，第52条の3第1項中「前条第1項の要件に該当する労働者の申出により」とあるのは「前条第2項の期日後，遅滞なく」と，第52条の4中「前条第1項の申出を行つた労働者」とあるのは「労働者」と読み替えるものとする。

（法第66条の8の3の厚生労働省令で定める方法等）

第52条の7の3　法第66条の8の3の厚生労働省令で定める方法は，タイムカードによる記録，パーソナルコンピュータ等の電子計算機の使用時間の記録等の客観的な方法その他の適切な方法とする。

②　事業者は，前項に規定する方法により把握した労働時間の状況の記録を作成し，3年間保存するための必要な措置を講じなければならない。

（法第66条の8の4第1項の厚生労働省令で定める時間等）

第52条の7の4　法第66条の8の4第1項の厚生労働省令で定める時間は，1週間当たりの健康管理時間（労働基準法（昭和22年法律第49号）第41条の2第1項第3号

に規定する健康管理時間をいう。）が40時間を超えた場合におけるその超えた時間について，1月当たり100時間とする。

② 第52条の2第2項，第52条の3第1項及び第52条の4から第52条の7までの規定は，法第66条の8の4第1項に規定する面接指導について準用する。この場合において，第52条の2第2項中「前項」とあるのは「第52条の7の4第1項」と，第52条の3第1項中「前条第1項の要件に該当する労働者の申出により」とあるのは「前条第2項の期日後，遅滞なく，」と，第52条の4中「前条第1項の申出を行つた労働者」とあるのは「労働者」と読み替えるものとする。

（法第66条の9の必要な措置の実施）

第52条の8 法第66条の9の必要な措置は，法第66条の8の面接指導の実施又は法第66条の8の面接指導に準ずる措置（第3項に該当する者にあつては，法第66条の8の4第1項に規定する面接指導の実施）とする。

② 労働基準法（昭和22年法律第49号）第41条の2第1項の規定により労働する労働者以外の労働者に対して行う法第66条の9の必要な措置は，事業場において定められた当該必要な措置の実施に関する基準に該当する者に対して行うものとする。

③ 労働基準法第41条の2第1項の規定により労働する労働者に対して行う法第66条の9の必要な措置は，当該労働者の申出により行うものとする。

附則

（面接指導の対象となる医師の要件等）

第19条 法第66条の8第1項の厚生労働省令で定める要件は，当分の間，第52条の2第1項に定めるもののほか，労働基準法施行規則第69条の2に規定する特定医師であつて，一箇月について労働時間を延長して労働させ，及び休日において労働させる時間が100時間以上となることが見込まれる者(以下「面接指導対象医師」という。)のうち，同令第69条の3第2項第2号に規定する管理者（以下「管理者」という。）が同号に規定する面接指導を行い，かつ，法第66条の8第2項ただし書の書面の提出があつた者以外の者であることとする。

② 面接指導対象医師に該当するかどうかの判断は，毎月1回以上，一定の期日を定めて行わなければならない。

③ 面接指導対象医師について，事業者が管理者に労働基準法施行規則第69条の3第2項第2号に規定する面接指導を行わせる場合においては，第52条の2第3項，第52条の3及び第52条の4の規定は，適用しない。

（面接指導対象医師が受けた面接指導の証明）

第19条の2 面接指導対象医師に対する面接指導に係る法第66条の8第2項ただし書の書面は，第52条の5各号に掲げるもののほか，当該面接指導対象医師の睡眠の状況を記載したものでなければならない。

（面接指導対象医師に対する面接指導結果の記録の作成）

第19条の3 面接指導対象医師に対する法第66条の8第1項に規定する面接指導（同

条第2項ただし書の場合において当該面接指導対象医師が受けたものを含む。）に係る第52条の6第1項の記録についての同条第2項の規定の適用については，「前条各号に掲げる」とあるのは，「附則第19条の2に規定する」とする。

（6） 心理的な負担の程度を把握するための検査等

（心理的な負担の程度を把握するための検査等）

第66条の10 事業者は，労働者に対し，厚生労働省令で定めるところにより，医師，保健師その他の厚生労働省令で定める者（以下この条において「医師等」という。）による心理的な負担の程度を把握するための検査を行わなければならない。

② 事業者は，前項の規定により行う検査を受けた労働者に対し，厚生労働省令で定めるところにより，当該検査を行つた医師等から当該検査の結果が通知されるようにしなければならない。この場合において，当該医師等は，あらかじめ当該検査を受けた労働者の同意を得ないで，当該労働者の検査の結果を事業者に提供してはならない。

③ 事業者は，前項の規定による通知を受けた労働者であつて，心理的な負担の程度が労働者の健康の保持を考慮して厚生労働省令で定める要件に該当するものが医師による面接指導を受けることを希望する旨を申し出たときは，当該申出をした労働者に対し，厚生労働省令で定めるところにより，医師による面接指導を行わなければならない。この場合において，事業者は，労働者が当該申出をしたことを理由として，当該労働者に対し，不利益な取扱いをしてはならない。

④ 事業者は，厚生労働省令で定めるところにより，前項の規定による面接指導の結果を記録しておかなければならない。

⑤ 事業者は，第3項の規定による面接指導の結果に基づき，当該労働者の健康を保持するために必要な措置について，厚生労働省令で定めるところにより，医師の意見を聴かなければならない。

⑥ 事業者は，前項の規定による医師の意見を勘案し，その必要があると認めるときは，当該労働者の実情を考慮して，就業場所の変更，作業の転換，労働時間の短縮，深夜業の回数の減少等の措置を講ずるほか，当該医師の意見の衛生委員会若しくは安全衛生委員会又は労働時間等設定改善委員会への報告その他の適切な措置を講じなければならない。

⑦　厚生労働大臣は，前項の規定により事業者が講ずべき措置の適切かつ有効な実施を図るため必要な指針を公表するものとする。

⑧　厚生労働大臣は，前項の指針を公表した場合において必要があると認めるときは，事業者又はその団体に対し，当該指針に関し必要な指導等を行うことができる。

⑨　国は，心理的な負担の程度が労働者の健康の保持に及ぼす影響に関する医師等に対する研修を実施するよう努めるとともに，第2項の規定により通知された検査の結果を利用する労働者に対する健康相談の実施その他の当該労働者の健康の保持増進を図ることを促進するための措置を講ずるよう努めるものとする。

----安　衛　則----

（心理的な負担の程度を把握するための検査の実施方法）

第52条の9　事業者は，常時使用する労働者に対し，1年以内ごとに1回，定期に，次に掲げる事項について法第66条の10第1項に規定する心理的な負担の程度を把握するための検査（以下この節において「検査」という。）を行わなければならない。

　1　職場における当該労働者の心理的な負担の原因に関する項目

　2　当該労働者の心理的な負担による心身の自覚症状に関する項目

　3　職場における他の労働者による当該労働者への支援に関する項目

（検査の実施者等）

第52条の10　法第66条の10第1項の厚生労働省令で定める者は，次に掲げる者（以下この節において「医師等」という。）とする。

　1　医師

　2　保健師

　3　検査を行うために必要な知識についての研修であつて厚生労働大臣が定めるものを修了した歯科医師，看護師，精神保健福祉士又は公認心理師

②　検査を受ける労働者について解雇，昇進又は異動に関して直接の権限を持つ監督的地位にある者は，検査の実施の事務に従事してはならない。

（検査結果等の記録の作成等）

第52条の11　事業者は，第52条の13第2項に規定する場合を除き，検査を行つた医師等による当該検査の結果の記録の作成の事務及び当該検査の実施の事務に従事した者による当該記録の保存の事務が適切に行われるよう，必要な措置を講じなければならない。

（検査結果の通知）

第52条の12　事業者は，検査を受けた労働者に対し，当該検査を行つた医師等から，遅滞なく，当該検査の結果が通知されるようにしなければならない。

（労働者の同意の取得等）

第52条の13　法第66条の10第２項後段の規定による労働者の同意の取得は，書面又は電磁的記録によらなければならない。

②　事業者は，前項の規定により検査を受けた労働者の同意を得て，当該検査を行つた医師等から当該労働者の検査の結果の提供を受けた場合には，当該検査の結果に基づき，当該検査の結果の記録を作成して，これを５年間保存しなければならない。

（検査結果の集団ごとの分析等）

第52条の14　事業者は，検査を行つた場合は，当該検査を行つた医師等に，当該検査の結果を当該事業場の当該部署に所属する労働者の集団その他の一定規模の集団ごとに集計させ，その結果について分析させるよう努めなければならない。

②　事業者は，前項の分析の結果を勘案し，その必要があると認めるときは，当該集団の労働者の実情を考慮して，当該集団の労働者の心理的な負担を軽減するための適切な措置を講ずるよう努めなければならない。

（面接指導の対象となる労働者の要件）

第52条の15　法第66条の10第３項の厚生労働省令で定める要件は，検査の結果，心理的な負担の程度が高い者であつて，同項に規定する面接指導（以下この節において「面接指導」という。）を受ける必要があると当該検査を行つた医師等が認めたものであることとする。

（面接指導の実施方法等）

第52条の16　法第66条の10第３項の規定による申出（以下この条及び次条において「申出」という。）は，前条の要件に該当する労働者が検査の結果の通知を受けた後，遅滞なく行うものとする。

②　事業者は，前条の要件に該当する労働者から申出があつたときは，遅滞なく，面接指導を行わなければならない。

③　検査を行つた医師等は，前条の要件に該当する労働者に対して，申出を行うよう勧奨することができる。

（面接指導における確認事項）

第52条の17　医師は，面接指導を行うに当たつては，申出を行つた労働者に対し，第52条の９各号に掲げる事項のほか，次に掲げる事項について確認を行うものとする。

　１　当該労働者の勤務の状況

　２　当該労働者の心理的な負担の状況

　３　前号に掲げるもののほか，当該労働者の心身の状況

（面接指導結果の記録の作成）

第52条の18　事業者は，面接指導の結果に基づき，当該面接指導の結果の記録を作成して，これを５年間保存しなければならない。

②　前項の記録は，前条各号に掲げる事項のほか，次に掲げる事項を記載したものでなければならない。

  1　実施年月日

  2　当該労働者の氏名

  3　面接指導を行つた医師の氏名

  4　法第66条の10第５項の規定による医師の意見

（面接指導の結果についての医師からの意見聴取）

第52条の19　面接指導の結果に基づく法第66条の10第５項の規定による医師からの意見聴取は，面接指導が行われた後，遅滞なく行わなければならない。

（指針の公表）

第52条の20　第24条の規定は，法第66条の10第７項の規定による指針の公表について準用する。

（検査及び面接指導結果の報告）

第52条の21　常時50人以上の労働者を使用する事業者は，１年以内ごとに１回，定期に，心理的な負担の程度を把握するための検査結果等報告書（様式第６号の３）を所轄労働基準監督署長に提出しなければならない。

（7）　健康管理手帳

（健康管理手帳）

第67条　都道府県労働局長は，がんその他の重度の健康障害を生ずるおそれのある業務で，政令で定めるものに従事していた者のうち，厚生労働省令で定める要件に該当する者に対し，離職の際に又は離職の後に，当該業務に係る健康管理手帳を交付するものとする。ただし，現に当該業務に係る健康管理手帳を所持している者については，この限りでない。

②　政府は，健康管理手帳を所持している者に対する健康診断に関し，厚生労働省令で定めるところにより，必要な措置を行なう。

③　健康管理手帳の交付を受けた者は，当該健康管理手帳を他人に譲渡し，又は貸与してはならない。

④　健康管理手帳の様式その他健康管理手帳について必要な事項は，厚生労働省令で定める。

---施　行　令---

（健康管理手帳を交付する業務）

第23条　法第67条第１項の政令で定める業務は，次のとおりとする。

  1　ベンジジン及びその塩（これらの物をその重量の１パーセントを超えて含有する製剤その他の物を含む。）を製造し，又は取り扱う業務

2 ベーターナフチルアミン及びその塩（これらの物をその重量の１パーセントを超えて含有する製剤その他の物を含む。）を製造し，又は取り扱う業務

3 粉じん作業（じん肺法（昭和35年法律第30号）第２条第１項第３号に規定する粉じん作業をいう。）に係る業務

4 クロム酸及び重クロム酸並びにこれらの塩（これらの物をその重量の１パーセントを超えて含有する製剤その他の物を含む。）を製造し，又は取り扱う業務（これらの物を鉱石から製造する事業場以外の事業場における業務を除く。）

5 無機砒素化合物（アルシン及び砒化ガリウムを除く。）を製造する工程において粉砕をし，三酸化砒素を製造する工程において焙焼若しくは精製を行い，又は砒素をその重量の３パーセントを超えて含有する鉱石をポット法若しくはグリナワルド法により製錬する業務

6 コークス又は製鉄用発生炉ガスを製造する業務（コークス炉上において若しくはコークス炉に接して又はガス発生炉上において行う業務に限る。）

7 ビス（クロロメチル）エーテル（これをその重量の１パーセントを超えて含有する製剤その他の物を含む。）を製造し，又は取り扱う業務

8 ベリリウム及びその化合物（これらの物をその重量の１パーセントを超えて含有する製剤その他の物（合金にあつては，ベリリウムをその重量の３パーセントを超えて含有するものに限る。）を含む。）を製造し，又は取り扱う業務（これらの物のうち粉状の物以外の物を取り扱う業務を除く。）

9 ベンゾトリクロリドを製造し，又は取り扱う業務（太陽光線により塩素化反応をさせることによりベンゾトリクロリドを製造する事業場における業務に限る。）

10 塩化ビニルを重合する業務又は密閉されていない遠心分離機を用いてポリ塩化ビニル（塩化ビニルの共重合体を含む。）の懸濁液から水を分離する業務

11 石綿等の製造又は取扱いに伴い石綿の粉じんを発散する場所における業務

12 ジアニシジン及びその塩（これらの物をその重量の１パーセントを超えて含有する製剤その他の物を含む。）を製造し，又は取り扱う業務

13 1・2-ジクロロプロパン（これをその重量の１パーセントを超えて含有する製剤その他の物を含む。）を取り扱う業務（厚生労働省令で定める場所における印刷機その他の設備の清掃の業務に限る。）

14 オルトートルイジン（これをその重量の１パーセントを超えて含有する製剤その他の物を含む。）を製造し，又は取り扱う業務

15 3・3′-ジクロロ-4・4′-ジアミノジフェニルメタン（これをその重量の１パーセントを超えて含有する製剤その他の物を含む。）を製造し，又は取り扱う業務

（8）　病者の就業禁止

（病者の就業禁止）

第68条　事業者は，伝染性の疾病その他の疾病で，厚生労働省令で定めるものにかかつた労働者については，厚生労働省令で定めるところにより，その就業を禁止しなければならない。

------安　衛　則------

第61条　事業者は，次の各号のいずれかに該当する者については，その就業を禁止しなければならない。ただし，第1号に掲げる者について伝染予防の措置をした場合は，この限りでない。

1　病毒伝ぱのおそれのある伝染性の疾病にかかつた者

2　心臓，腎臓，肺等の疾病で労働のため病勢が著しく増悪するおそれのあるものにかかつた者

3　前各号に準ずる疾病で厚生労働大臣が定めるものにかかつた者

②　事業者は，前項の規定により，就業を禁止しようとするときは，あらかじめ，産業医その他専門の医師の意見をきかなければならない。

（9）　受動喫煙の防止

（受動喫煙の防止）

第68条の2　事業者は，室内又はこれに準ずる環境における労働者の受動喫煙（健康増進法（平成14年法律第103号）第28条第3号に規定する受動喫煙をいう。第71条第1項において同じ。）を防止するため，当該事業者及び事業場の実情に応じ適切な措置を講ずるよう努めるものとする。

（10）　健康教育等

（健康教育等）

第69条　事業者は，労働者に対する健康教育及び健康相談その他労働者の健康の保持増進を図るため必要な措置を継続的かつ計画的に講ずるように努めなければならない。

②　労働者は，前項の事業者が講ずる措置を利用して，その健康の保持増進に努

めるものとする。

(11) 体育活動等についての便宜供与等

（体育活動等についての便宜供与等）

第70条　事業者は，前条第1項に定めるもののほか，労働者の健康の保持増進を図るため，体育活動，レクリエーションその他の活動についての便宜を供与する等必要な措置を講ずるように努めなければならない。

(12) 健康の保持増進のための指針の公表等

（健康の保持増進のための指針の公表等）

第70条の2　厚生労働大臣は，第69条第1項の事業者が講ずべき健康の保持増進のための措置に関して，その適切かつ有効な実施を図るため必要な指針を公表するものとする。

②　厚生労働大臣は，前項の指針に従い，事業者又はその団体に対し，必要な指導等を行うことができる。

（健康診査等指針との調和）

第70条の3　第66条第1項の厚生労働省令，第66条の5第2項の指針，第66条の6の厚生労働省令及び前条第1項の指針は，健康増進法（平成14年法律第103号）第9条第1項に規定する健康診査等指針と調和が保たれたものでなければならない。

(13) 国の援助

（国の援助）

第71条　国は，労働者の健康の保持増進に関する措置の適切かつ有効な実施を図るため，必要な資料の提供，作業環境測定及び健康診断の実施の促進，受動喫煙の防止のための設備の設置の促進，事業場における健康教育等に関する指導員の確保及び資質の向上の促進その他の必要な援助に努めるものとする。

②　国は，前項の援助を行うに当たつては，中小企業者に対し，特別の配慮をするものとする。

8　第7章の2　快適な職場環境の形成のための措置

（1）　事業者の講ずる措置

（事業者の講ずる措置）

第71条の2　事業者は，事業場における安全衛生の水準の向上を図るため，次の措置を継続的かつ計画的に講ずることにより，快適な職場環境を形成するように努めなければならない。

1　作業環境を快適な状態に維持管理するための措置

2　労働者の従事する作業について，その方法を改善するための措置

3　作業に従事することによる労働者の疲労を回復するための施設又は設備の設置又は整備

4　前三号に掲げるもののほか，快適な職場環境を形成するため必要な措置

（2）　快適な職場環境の形成のための指針の公表等

（快適な職場環境の形成のための指針の公表等）

第71条の3　厚生労働大臣は，前条の事業者が講ずべき快適な職場環境の形成のための措置に関して，その適切かつ有効な実施を図るため必要な指針を公表するものとする。

②　厚生労働大臣は，前項の指針に従い，事業者又はその団体に対し，必要な指導等を行うことができる。

（3）　国の援助

（国の援助）

第71条の4　国は，事業者が講ずる快適な職場環境を形成するための措置の適切かつ有効な実施に資するため，金融上の措置，技術上の助言，資料の提供その他の必要な援助に努めるものとする。

------安　衛　則------

第61条の3　都道府県労働局長は，事業者が快適な職場環境の形成のための措置の実施に関し必要な計画を作成し，提出した場合において，当該計画が法第71条の3の指針に照らして適切なものであると認めるときは，その旨の認定をすることができる。

②　都道府県労働局長は，法第71条の４の援助を行うに当たつては，前項の認定を受けた事業者に対し，特別の配慮をするものとする。

9　第8章　免許等関係
（1）　免許

（免許）

第72条　第12条第１項，第14条又は第61条第１項の免許（以下「免許」という。）は，第75条第１項の免許試験に合格した者その他厚生労働省令で定める資格を有する者に対し，免許証を交付して行う。

②　次の各号のいずれかに該当する者には，免許を与えない。

　１　第74条第２項（第３号を除く。）の規定により免許を取り消され，その取消しの日から起算して１年を経過しない者

　２　前号に掲げる者のほか，免許の種類に応じて，厚生労働省令で定める者

③　第61条第１項の免許については，心身の障害により当該免許に係る業務を適正に行うことができない者として厚生労働省令で定めるものには，同項の免許を与えないことがある。

④　都道府県労働局長は，前項の規定により第61条第１項の免許を与えないこととするときは，あらかじめ，当該免許を申請した者にその旨を通知し，その求めがあつたときは，都道府県労働局長の指定する職員にその意見を聴取させなければならない。

第73条　免許には，有効期間を設けることができる。

②　都道府県労働局長は，免許の有効期間の更新の申請があつた場合には，当該免許を受けた者が厚生労働省令で定める要件に該当するときでなければ，当該免許の有効期間を更新してはならない。

------安　衛　則------

（免許を受けることができる者）

第62条　法第12条第１項，第14条又は第61条第１項の免許（以下「免許」という。）を受けることができる者は，別表第４の上欄〈編注・左欄〉に掲げる免許の種類に応じて，同表の下欄〈編注・右欄〉に掲げる者とする。

（免許の重複取得の禁止）

第64条　免許を現に受けている者は，当該免許と同一の種類の免許を重ねて受けるこ

とができない。（以下　略）

（免許証の再交付又は書替え）

第67条　免許証の交付を受けた者で，当該免許に係る業務に現に就いているもの又は就こうとするものは，これを滅失し，又は損傷したときは，免許証再交付申請書（様式第12号）を免許証の交付を受けた都道府県労働局長又はその者の住所を管轄する都道府県労働局長に提出し，免許証の再交付を受けなければならない。

②　前項に規定する者は，氏名を変更したときは，免許証書替申請書（様式第12号）を免許証の交付を受けた都道府県労働局長又はその者の住所を管轄する都道府県労働局長に提出し，免許証の書替えを受けなければならない。

別表第4（第62条関係）

第一種衛生管理者免許	1　第一種衛生管理者免許試験に合格した者 2　学校教育法による大学又は高等専門学校において，医学に関する課程を修めて卒業した者（大学改革支援・学位授与機構により学士の学位を授与された者（当該課程を修めた者に限る。）又はこれと同等以上の学力を有すると認められる者を含む。） 3　学校教育法による大学において，保健衛生に関する学科を専攻して卒業した者（大学改革支援・学位授与機構により学士の学位を授与された者（当該学科を専攻した者に限る。）若しくはこれと同等以上の学力を有すると認められる者又は当該学科を専攻して専門職大学前期課程を修了した者を含む。）で労働衛生に関する講座又は学科目を修めたもの 4　その他厚生労働大臣が定める者
第二種衛生管理者免許	1　第二種衛生管理者免許試験に合格した者 2　その他厚生労働大臣が定める者
衛生工学衛生管理者免許	1　学校教育法による大学又は高等専門学校において，工学又は理学に関する課程を修めて卒業した者（大学改革支援・学位授与機構により学士の学位を授与された者（当該課程を修めた者に限る。）若しくはこれと同等以上の学力を有すると認められる者又は当該課程を修めて専門職大学前期課程を修了した者を含む。）で，都道府県労働局長の登録を受けた者が行う衛生工学衛生管理者講習を修了したもの 2　その他厚生労働大臣が定める者
高圧室内作業主任者免許	1　高圧室内業務に2年以上従事した者であつて，高圧室内作業主任者免許試験に合格したもの 2　高圧則第47条第2号に掲げる者
（中略）	
エックス線作業主任者免許	1　エックス線作業主任者免許試験に合格した者 2　電離則第48条各号に掲げる者

ガンマ線透過写真撮影作業主任者免許	1 ガンマ線透過写真撮影作業主任者免許試験に合格した者 2 電離則第52条の4各号に掲げる者
（中略）	
潜水士免許	1 潜水士免許試験に合格した者 2 高圧則第52条第2号に掲げる者

（2） 免許の取消し等

（免許の取消し等）

第74条 都道府県労働局長は，免許を受けた者が第72条第2項第2号に該当するに至つたときは，その免許を取り消さなければならない。

② 都道府県労働局長は，免許を受けた者が次の各号のいずれかに該当するに至つたときは，その免許を取り消し，又は期間（第1号，第2号，第4号又は第5号に該当する場合にあつては，6月を超えない範囲内の期間）を定めてその免許の効力を停止することができる。

　1 故意又は重大な過失により，当該免許に係る業務について重大な事故を発生させたとき。

　2 当該免許に係る業務について，この法律又はこれに基づく命令の規定に違反したとき。

　3 当該免許が第61条第1項の免許である場合にあつては，第72条第3項に規定する厚生労働省令で定める者となつたとき。

　4 第110条第1項の条件に違反したとき。

　5 前各号に掲げる場合のほか，免許の種類に応じて，厚生労働省令で定めるとき。

③ 前項第3号に該当し，同項の規定により免許を取り消された者であつても，その者がその取消しの理由となつた事項に該当しなくなつたとき，その他その後の事情により再び免許を与えるのが適当であると認められるに至つたときは，再免許を与えることができる。

（厚生労働省令への委任）

第74条の2 前三条に定めるもののほか，免許証の交付の手続その他免許に関して必要な事項は，厚生労働省令で定める。

```
┌─安　衛　則─────────────────────────────────┐
│                                                      │
│ （免許の取消し等）                                    │
│ 第66条　法第74条第2項第5号の厚生労働省令で定めるときは，次のとおりとする。 │
│                                                      │
│  1　当該免許試験の受験についての不正その他の不正の行為があつたとき。 │
│                                                      │
│  2　免許証を他人に譲渡し，又は貸与したとき。          │
│                                                      │
│  3　免許を受けた者から当該免許の取消しの申請があつたとき。 │
│                                                      │
│ （免許の取消しの申請手続）                            │
│ 第67条の2　免許を受けた者は，当該免許の取消しの申請をしようとするときは，免 │
│   許取消申請書（様式第13号）を免許証の交付を受けた都道府県労働局長又はその者 │
│   の住所を管轄する都道府県労働局長に提出しなければならない。 │
│                                                      │
│ （免許証の返還）                                      │
│ 第68条　法第74条の規定により免許の取消しの処分を受けた者は，遅滞なく，免許の │
│   取消しをした都道府県労働局長に免許証を返還しなければならない。 │
│ ②　前項の規定により免許証の返還を受けた都道府県労働局長は，当該免許証に当該 │
│   取消しに係る免許と異なる種類の免許に係る事項が記載されているときは，当該免 │
│   許証から当該取消しに係る免許に係る事項を抹消して，免許証の再交付を行うもの │
│   とする。                                            │
│                                                      │
└──────────────────────────────────────┘
```

（3）　免許試験

```
┌──────────────────────────────────────┐
│                                                      │
│ （免許試験）                                          │
│ 第75条　免許試験は，厚生労働省令で定める区分ごとに，都道府県労働局長が行 │
│   う。                                                │
│ ②　前項の免許試験（以下「免許試験」という。）は，学科試験及び実技試験又 │
│   はこれらのいずれかによつて行う。                    │
│ ③　都道府県労働局長は，厚生労働省令で定めるところにより，都道府県労働局 │
│   長の登録を受けた者が行う教習を修了した者でその修了した日から起算して1 │
│   年を経過しないものその他厚生労働省令で定める資格を有する者に対し，前項 │
│   の学科試験又は実技試験の全部又は一部を免除することができる。 │
│ ④　前項の教習（以下「教習」という。）は，別表第17に掲げる区分ごとに行う。 │
│ ⑤　免許試験の受験資格，試験科目及び受験手続並びに教習の受講手続その他免 │
│   許試験の実施について必要な事項は，厚生労働省令で定める。 │
│                                                      │
└──────────────────────────────────────┘
```

安 衛 則

（免許試験）

第69条 法第75条第１項の厚生労働省令で定める免許試験の区分は，次のとおりとする。

1 第一種衛生管理者免許試験

1の2 第二種衛生管理者免許試験

2 高圧室内作業主任者免許試験

（第３号から第７号 略）

8 エックス線作業主任者免許試験

8の2 ガンマ線透過写真撮影作業主任者免許試験

（第９号から第15号 略）

16 潜水士免許試験

（受験資格，試験科目等）

第70条 前条第１号，第１号の２，第３号，第４号，第９号及び第10号の免許試験の受験資格及び試験科目並びにこれらの免許試験について法第75条第３項の規定により試験科目の免除を受けることができる者及び免除する試験科目は，別表第５のとおりとする。

（受験手続）

第71条 免許試験を受けようとする者は，免許試験受験申請書（様式第14号）を都道府県労働局長（指定試験機関が行う免許試験を受けようとする者にあつては，指定試験機関）に提出しなければならない。

（合格の通知）

第71条の2 都道府県労働局長又は指定試験機関は，免許試験に合格した者に対し，その旨を書面により通知するものとする。

（免許試験の細目）

第72条 前三条に定めるもののほか，第69条第１号，第１号の２，第３号，第４号，第９号及び第10号に掲げる免許試験の実施について必要な事項は，厚生労働大臣が定める。

別表第５ （第70条関係）

1 第一種衛生管理者免許試験

受験資格	試験科目	試験科目の免除を受けることができる者	免除する試験科目
1 学校教育法による大学又は高等専門学校を卒業した者で，その後１年以上労働衛生の実務に従事した経験を有するもの 2 学校教育法による高等学校又は中等教育学校を卒業した者で，その後	学科試験 イ 労働衛生 ロ 労働生理 ハ 関係法令	1 受験資格の欄第３号に掲げる者 2 第２種衛生管理者免許を受けた	労働生理

3年以上労働衛生の実務に従事した経験を有するもの 3 船員法（昭和22年法律第100号）第82条の2第3項の衛生管理者適任証書の交付を受けた者で，その後1年以上労働衛生の実務に従事した経験を有するもの 4 その他厚生労働大臣が定める者		者	

1の2　第二種衛生管理者免許試験

受験資格	試験科目	試験科目の免除を受けることができる者	免除する試験科目
1 学校教育法による大学又は高等専門学校を卒業した者で，その後1年以上労働衛生の実務に従事した経験を有するもの 2 学校教育法による高等学校又は中等教育学校を卒業した者で，その後3年以上労働衛生の実務に従事した経験を有するもの 3 船員法第82条の2第3項の衛生管理者適任証書の交付を受けた者で，その後1年以上労働衛生の実務に従事した経験を有するもの 4 その他厚生労働大臣が定める者	学科試験 イ 労働衛生 ロ 労働生理 ハ 関係法令	受験資格の欄第3号に掲げる者	労働生理

（第2号から第5号　略）

（4）　指定試験機関の指定

（指定試験機関の指定）

第75条の2　厚生労働大臣は，厚生労働省令で定めるところにより，厚生労働大臣の指定する者（以下「指定試験機関」という。）に前条第1項の規定により都道府県労働局長が行う免許試験の実施に関する事務（以下「試験事務」という。）の全部又は一部を行わせることができる。

②　前項の規定による指定（以下第75条の12までにおいて「指定」という。）は，試験事務を行おうとする者の申請により行う。

③　都道府県労働局長は，第1項の規定により指定試験機関が試験事務の全部又は一部を行うこととされたときは，当該試験事務の全部又は一部を行わないものとする。

（5）　技能講習

（技能講習）

第76条　第14条又は第61条第1項の技能講習（以下「技能講習」という。）は，別表第18〈編注・略〉に掲げる区分ごとに，学科講習又は実技講習によつて行う。

②　技能講習を行なつた者は，当該技能講習を修了した者に対し，厚生労働省令で定めるところにより，技能講習修了証を交付しなければならない。

③　技能講習の受講資格及び受講手続その他技能講習の実施について必要な事項は，厚生労働省令で定める。

10　第9章　事業場の安全又は衛生に関する改善措置等
第1節　特別安全衛生改善計画及び安全衛生改善計画
（1）　特別安全衛生改善計画及び安全衛生改善計画

（特別安全衛生改善計画）

第78条　厚生労働大臣は，重大な労働災害として厚生労働省令で定めるもの（以下この条において「重大な労働災害」という。）が発生した場合において，重大な労働災害の再発を防止するため必要がある場合として厚生労働省令で定める場合に該当すると認めるときは，厚生労働省令で定めるところにより，事業者に対し，その事業場の安全又は衛生に関する改善計画（以下「特別安全衛生改善計画」という。）を作成し，これを厚生労働大臣に提出すべきことを指示することができる。

②　事業者は，特別安全衛生改善計画を作成しようとする場合には，当該事業場に労働者の過半数で組織する労働組合があるときにおいてはその労働組合，労働者の過半数で組織する労働組合がないときにおいては労働者の過半数を代表する者の意見を聴かなければならない。

③　第1項の事業者及びその労働者は，特別安全衛生改善計画を守らなければならない。

④　厚生労働大臣は，特別安全衛生改善計画が重大な労働災害の再発の防止を図る上で適切でないと認めるときは，厚生労働省令で定めるところにより，事業者に対し，当該特別安全衛生改善計画を変更すべきことを指示することができる。

⑤　厚生労働大臣は，第1項若しくは前項の規定による指示を受けた事業者がその指示に従わなかつた場合又は特別安全衛生改善計画を作成した事業者が当該特別安全衛生改善計画を守つていないと認める場合において，重大な労働災害が再発するおそれがあると認めるときは，当該事業者に対し，重大な労働災害の再発の防止に関し必要な措置をとるべきことを勧告することができる。

⑥　厚生労働大臣は，前項の規定による勧告を受けた事業者がこれに従わなかつたときは，その旨を公表することができる。

（安全衛生改善計画）

第79条　都道府県労働局長は，事業場の施設その他の事項について，労働災害の防止を図るため総合的な改善措置を講ずる必要があると認めるとき（前条第1項の規定により厚生労働大臣が同項の厚生労働省令で定める場合に該当すると認めるときを除く。）は，厚生労働省令で定めるところにより，事業者に対し，当該事業場の安全又は衛生に関する改善計画（以下「安全衛生改善計画」という。）を作成すべきことを指示することができる。

②　前条第2項及び第3項の規定は，安全衛生改善計画について準用する。この場合において，同項中「第1項」とあるのは，「次条第1項」と読み替えるものとする。

安　衛　則

（特別安全衛生改善計画の作成の指示等）

第84条　法第78条第1項の厚生労働省令で定める重大な労働災害は，労働災害のうち，次の各号のいずれかに該当するものとする。

　1　労働者が死亡したもの

　2　労働者が負傷し，又は疾病にかかつたことにより，労働者災害補償保険法施行規則（昭和30年労働省令第22号）別表第1第1級の項から第7級の項までの身体障害欄に掲げる障害のいずれかに該当する障害が生じたもの又は生じるおそれのあるもの

②　法第78条第1項の厚生労働省令で定める場合は，次の各号のいずれにも該当する場合とする。

　1　前項の重大な労働災害（以下この条において「重大な労働災害」という。）を

発生させた事業者が，当該重大な労働災害を発生させた日から起算して3年以内に，当該重大な労働災害が発生した事業場以外の事業場において，当該重大な労働災害と再発を防止するための措置が同様である重大な労働災害を発生させた場合

　2　前号の事業者が発生させた重大な労働災害及び当該重大な労働災害と再発を防止するための措置が同様である重大な労働災害が，いずれも当該事業者が法，じん肺法若しくは作業環境測定法（昭和50年法律第28号）若しくはこれらに基づく命令の規定又は労働基準法第36条第6項第1号，第62条第1項若しくは第2項，第63条，第64条の2若しくは第64条の3第1項若しくは第2項若しくはこれらの規定に基づく命令の規定に違反して発生させたものである場合

③　法第78条第1項の規定による指示は，厚生労働大臣が，特別安全衛生改善計画作成指示書（様式第19号）により行うものとする。

④　法第78条第1項の規定により特別安全衛生改善計画（同項に規定する特別安全衛生改善計画をいう。以下この条及び次条において同じ。）の作成を指示された事業者は，特別安全衛生改善計画作成指示書に記載された提出期限までに次に掲げる事項を記載した特別安全衛生改善計画を作成し，厚生労働大臣に提出しなければならない。

　1　氏名又は名称及び住所並びに法人にあつては，その代表者の氏名

　2　計画の対象とする事業場

　3　計画の期間及び実施体制

　4　当該事業者が発生させた重大な労働災害及び当該重大な労働災害と再発を防止するための措置が同様である重大な労働災害の再発を防止するための措置

　5　前各号に掲げるもののほか，前号の重大な労働災害の再発を防止するため必要な事項

⑤　特別安全衛生改善計画には，法第78条第2項に規定する意見が記載された書類を添付しなければならない。

（特別安全衛生改善計画の変更の指示等）

第84条の2　法第78条第4項の規定による変更の指示は，厚生労働大臣が，特別安全衛生改善計画変更指示書（様式第19号の2）により行うものとする。

②　法第78条第4項の規定により特別安全衛生改善計画の変更を指示された事業者は，特別安全衛生改善計画変更指示書に記載された提出期限までに特別安全衛生改善計画を変更し，特別安全衛生改善計画変更届（様式第19号の3）により，これを厚生労働大臣に提出しなければならない。

（安全衛生改善計画の作成の指示）

第84条の3　法第79条第1項の規定による指示は，所轄都道府県労働局長が，安全衛生改善計画作成指示書（様式第19号の4）により行うものとする。

（2） 安全衛生診断

（安全衛生診断）

第80条　厚生労働大臣は，第78条第1項又は第4項の規定による指示をした場合において，専門的な助言を必要とすると認めるときは，当該事業者に対し，労働安全コンサルタント又は労働衛生コンサルタントによる安全又は衛生に係る診断を受け，かつ，特別安全衛生改善計画の作成又は変更について，これらの者の意見を聴くべきことを勧奨することができる。

② 　前項の規定は，都道府県労働局長が前条第1項の規定による指示をした場合について準用する。この場合において，前項中「作成又は変更」とあるのは，「作成」と読み替えるものとする。

第2節　労働安全コンサルタント及び労働衛生コンサルタント業務

（業務）

第81条　（第1項　略）

② 　労働衛生コンサルタントは，労働衛生コンサルタントの名称を用いて，他人の求めに応じ報酬を得て，労働者の衛生の水準の向上を図るため，事業場の衛生についての診断及びこれに基づく指導を行なうことを業とする。

（登録）

第84条　労働安全コンサルタント試験又は労働衛生コンサルタント試験に合格した者は，厚生労働省に備える労働安全コンサルタント名簿又は労働衛生コンサルタント名簿に，氏名，事務所の所在地その他厚生労働省令で定める事項の登録を受けて，労働安全コンサルタント又は労働衛生コンサルタントとなることができる。

（第2項　略）

（登録の取消し）

第85条　（第1項　略）

② 　厚生労働大臣は，コンサルタントが第86条の規定に違反したときは，その登録を取り消すことができる。

（義務）

第86条　（第1項　略）

②　コンサルタントは，その業務に関して知り得た秘密を漏らし，又は盗用してはならない。コンサルタントでなくなつた後においても，同様とする。

11　第10章　監督等関係

（1）　計画の届出等

（計画の届出等）

第88条　事業者は，機械等で，危険若しくは有害な作業を必要とするもの，危険な場所において使用するもの又は危険若しくは健康障害を防止するため使用するもののうち，厚生労働省令で定めるものを設置し，若しくは移転し，又はこれらの主要構造部分を変更しようとするときは，その計画を当該工事の開始の日の30日前までに，厚生労働省令で定めるところにより，労働基準監督署長に届け出なければならない。ただし，第28条の2第1項に規定する措置その他の厚生労働省令で定める措置を講じているものとして，厚生労働省令で定めるところにより労働基準監督署長が認定した事業者については，この限りでない。

（第2項から第5項　略）

⑥　労働基準監督署長は第1項又は第3項の規定による届出があつた場合において，厚生労働大臣は第2項の規定による届出があつた場合において，それぞれ当該届出に係る事項がこの法律又はこれに基づく命令の規定に違反すると認めるときは，当該届出をした事業者に対し，その届出に係る工事若しくは仕事の開始を差し止め，又は当該計画を変更すべきことを命ずることができる。

（第7項　略）

（2）　都道府県労働局長の審査等

（都道府県労働局長の審査等）

第89条の2　都道府県労働局長は，第88条第1項又は第3項の規定による届出があつた計画のうち，前条第1項の高度の技術的検討を要するものに準ずるものとして当該計画に係る建設物若しくは機械等又は仕事の規模その他の事項を勘案して厚生労働省令で定めるものについて審査をすることができる。ただし，当該計画のうち，当該審査と同等の技術的検討を行つたと認められるものとして厚生労働省令で定めるものについては，当該審査を行わないものとする。

② 前条第2項から第5項までの規定は，前項の審査について準用する。

（3） 労働基準監督署長及び労働基準監督官

（労働基準監督署長及び労働基準監督官）

第90条　労働基準監督署長及び労働基準監督官は，厚生労働省令で定めるところにより，この法律の施行に関する事務をつかさどる。

----- 安　衛　則 -----
（労働基準監督署長及び労働基準監督官）

第95条　労働基準監督署長は，都道府県労働局長の指揮監督を受けて，法に基づく省令に定めるもののほか，法の施行に関する事務をつかさどる。

② 労働基準監督官は，上司の命を受けて，法に基づく立入検査，司法警察員の職務その他の法の施行に関する事務をつかさどる。

③ 法第91条第3項の証票は，労働基準法施行規則様式第18号によるものとする。

（4） 労働基準監督官の権限

（労働基準監督官の権限）

第91条　労働基準監督官は，この法律を施行するため必要があると認めるときは，事業場に立ち入り，関係者に質問し，帳簿，書類その他の物件を検査し，若しくは作業環境測定を行い，又は検査に必要な限度において無償で製品，原材料若しくは器具を収去することができる。

② 医師である労働基準監督官は，第68条の疾病にかかつた疑いのある労働者の検診を行なうことができる。

③ 前二項の場合において，労働基準監督官は，その身分を示す証票を携帯し，関係者に提示しなければならない。

④ 第1項の規定による立入検査の権限は，犯罪捜査のために認められたものと解釈してはならない。

第92条　労働基準監督官は，この法律の規定に違反する罪について，刑事訴訟法（昭和23年法律第131号）の規定による司法警察員の職務を行なう。

（5） 産業安全専門官及び労働衛生専門官

（産業安全専門官及び労働衛生専門官）

第93条 厚生労働省，都道府県労働局及び労働基準監督署に，産業安全専門官及び労働衛生専門官を置く。

（第2項　略）

③　労働衛生専門官は，第56条第1項の許可，第57条の3第4項の規定による勧告，第57条の4第1項の規定による指示，第65条の規定による作業環境測定についての専門技術的事項，特別安全衛生改善計画，安全衛生改善計画及び届出に関する事務並びに労働災害の原因の調査その他特に専門的知識を必要とする事務で，衛生に係るものをつかさどるほか，事業者，労働者その他の関係者に対し，労働者の健康障害を防止するため必要な事項及び労働者の健康の保持増進を図るため必要な事項について指導及び援助を行う。

④　前三項に定めるもののほか，産業安全専門官及び労働衛生専門官について必要な事項は，厚生労働省令で定める。

（6） 産業安全専門官及び労働衛生専門官の権限

（産業安全専門官及び労働衛生専門官の権限）

第94条 産業安全専門官又は労働衛生専門官は，前条第2項又は第3項の規定による事務を行うため必要があると認めるときは，事業場に立ち入り，関係者に質問し，帳簿，書類その他の物件を検査し，若しくは作業環境測定を行い，又は検査に必要な限度において無償で製品，原材料若しくは器具を収去することができる。

②　第91条第3項及び第4項の規定は，前項の規定による立入検査について準用する。

（7） 労働者の申告

（労働者の申告）

第97条 労働者は，事業場にこの法律又はこれに基づく命令の規定に違反する事実があるときは，その事実を都道府県労働局長，労働基準監督署長又は労働基

準監督官に申告して是正のため適当な措置をとるように求めることができる。

②　事業者は，前項の申告をしたことを理由として，労働者に対し，解雇その他不利益な取扱いをしてはならない。

（8）　使用停止命令等

（使用停止命令等）

第98条　都道府県労働局長又は労働基準監督署長は，第20条から第25条まで，第25条の２第１項，第30条の３第１項若しくは第４項，第31条第１項，第31条の２，第33条第１項又は第34条の規定に違反する事実があるときは，その違反した事業者，注文者，機械等貸与者又は建築物貸与者に対し，作業の全部又は一部の停止，建設物等の全部又は一部の使用の停止又は変更その他労働災害を防止するため必要な事項を命ずることができる。

②　都道府県労働局長又は労働基準監督署長は，前項の規定により命じた事項について必要な事項を労働者，請負人又は建築物の貸与を受けている者に命ずることができる。

③　労働基準監督官は，前二項の場合において，労働者に急迫した危険があるときは，これらの項の都道府県労働局長又は労働基準監督署長の権限を即時に行うことができる。

④　都道府県労働局長又は労働基準監督署長は，請負契約によつて行われる仕事について第１項の規定による命令をした場合において，必要があると認めるときは，当該仕事の注文者（当該仕事が数次の請負契約によつて行われるときは，当該注文者の請負契約の先次のすべての請負契約の当事者である注文者を含み，当該命令を受けた注文者を除く。）に対し，当該違反する事実に関して，労働災害を防止するため必要な事項について勧告又は要請を行うことができる。

第99条　都道府県労働局長又は労働基準監督署長は，前条第１項の場合以外の場合において，労働災害発生の急迫した危険があり，かつ，緊急の必要があるときは，必要な限度において，事業者に対し，作業の全部又は一部の一時停止，建設物等の全部又は一部の使用の一時停止その他当該労働災害を防止するため必要な応急の措置を講ずることを命ずることができる。

②　都道府県労働局長又は労働基準監督署長は，前項の規定により命じた事項について必要な事項を労働者に命ずることができる。

（9）　報告等

> **（報告等）**
>
> **第100条**　厚生労働大臣，都道府県労働局長又は労働基準監督署長は，この法律を施行するため必要があると認めるときは，厚生労働省令で定めるところにより，事業者，労働者，機械等貸与者，建築物貸与者又はコンサルタントに対し，必要な事項を報告させ，又は出頭を命ずることができる。
>
> ②　厚生労働大臣，都道府県労働局長又は労働基準監督署長は，この法律を施行するため必要があると認めるときは，厚生労働省令で定めるところにより，登録製造時等検査機関等に対し，必要な事項を報告させることができる。
>
> ③　労働基準監督官は，この法律を施行するため必要があると認めるときは，事業者又は労働者に対し，必要な事項を報告させ，又は出頭を命ずることができる。

----- 安　衛　則 -----

（有害物ばく露作業報告）

第95条の6　事業者は，労働者に健康障害を生ずるおそれのある物で厚生労働大臣が定めるものを製造し，又は取り扱う作業場において，労働者を当該物のガス，蒸気又は粉じんにばく露するおそれのある作業に従事させたときは，厚生労働大臣の定めるところにより，当該物のばく露の防止に関し必要な事項について，様式第21号の7による報告書を所轄労働基準監督署長に提出しなければならない。

（労働者死傷病報告）

第97条　事業者は，労働者が労働災害その他就業中又は事業場内若しくはその附属建設物内における負傷，窒息又は急性中毒により死亡し，又は休業したときは，遅滞なく，様式第23号による報告書を所轄労働基準監督署長に提出しなければならない。

②　前項の場合において，休業の日数が4日に満たないときは，事業者は，同項の規定にかかわらず，1月から3月まで，4月から6月まで，7月から9月まで及び10月から12月までの期間における当該事実について，様式第24号による報告書をそれぞれの期間における最後の月の翌月末日までに，所轄労働基準監督署長に提出しなければならない。

（疾病の報告）

第97条の2　事業者は，化学物質又は化学物質を含有する製剤を製造し，又は取り扱う業務を行う事業場において，1年以内に2人以上の労働者が同種のがんに罹患したことを把握したときは，当該罹患が業務に起因するかどうかについて，遅滞なく，医師の意見を聴かなければならない。

②　事業者は，前項の医師が，同項の罹患が業務に起因するものと疑われると判断し

たときは，遅滞なく，次に掲げる事項について，所轄都道府県労働局長に報告しなければならない。

1　がんに罹患した労働者が当該事業場で従事した業務において製造し，又は取り扱つた化学物質の名称（化学物質を含有する製剤にあつては，当該製剤が含有する化学物質の名称）

2　がんに罹患した労働者が当該事業場において従事していた業務の内容及び当該業務に従事していた期間

3　がんに罹患した労働者の年齢及び性別

（報告）

第98条　厚生労働大臣，都道府県労働局長又は労働基準監督署長は，法第100条第1項の規定により，事業者，労働者，機械等貸与者又は建築物貸与者に対し，必要な事項を報告させ，又は出頭を命ずるときは，次の事項を通知するものとする。

1　報告をさせ，又は出頭を命ずる理由

2　出頭を命ずる場合には，聴取しようとする事項

（様式の任意性）

第100条　法に基づく省令に定める様式（様式第3号，様式第6号，様式第11号，様式第12号，様式第21号の2の2，様式第21号の7，様式第23号，有機溶剤中毒予防規則（昭和47年労働省令第36号。以下「有機則」という。）様式第3号の2，鉛中毒予防規則（昭和47年労働省令第37号。以下「鉛則」という。）様式第3号，四アルキル鉛中毒予防規則（昭和47年労働省令第38号。以下「四アルキル則」という。）様式第3号，特化則様式第3号，高気圧作業安全衛生規則（昭和47年労働省令第40号。以下「高圧則」という。）様式第2号，電離則様式第2号，石綿則様式第3号及び除染則様式第3号を除く。）は，必要な事項の最少限度を記載すべきことを定めるものであつて，これと異なる様式を用いることを妨げるものではない。

12　第11章　雑則関係

（1）　法令等の周知

（法令等の周知）

第101条　事業者は，この法律及びこれに基づく命令の要旨を常時各作業場の見やすい場所に掲示し，又は備え付けることその他の厚生労働省令で定める方法により，労働者に周知させなければならない。

②　産業医を選任した事業者は，その事業場における産業医の業務の内容その他の産業医の業務に関する事項で厚生労働省令で定めるものを，常時各作業場の見やすい場所に掲示し，又は備え付けることその他の厚生労働省令で定める方

法により，労働者に周知させなければならない。

③　前項の規定は，第13条の２第１項に規定する者に労働者の健康管理等の全部又は一部を行わせる事業者について準用する。この場合において，前項中「周知させなければ」とあるのは，「周知させるように努めなければ」と読み替えるものとする。

④　事業者は，第57条の２第１項又は第２項の規定により通知された事項を，化学物質，化学物質を含有する製剤その他の物で当該通知された事項に係るものを取り扱う各作業場の見やすい場所に常時掲示し，又は備え付けることその他の厚生労働省令で定める方法により，当該物を取り扱う労働者に周知させなければならない。

安　衛　則

（法令等の周知の方法等）

第98条の２　法第101条第１項及び第２項（同条第３項において準用する場合を含む。次項において同じ。）の厚生労働省令で定める方法は，第23条第３項各号に掲げる方法とする。

②　法第101条第２項の厚生労働省令で定める事項は，次のとおりとする。

　１　事業場における産業医（法第101条第３項において準用する場合にあつては，法第13条の２第１項に規定する者。以下この項において同じ。）の業務の具体的な内容

　２　産業医に対する健康相談の申出の方法

　３　産業医による労働者の心身の状態に関する情報の取扱いの方法

③　法第101条第４項の厚生労働省令で定める方法は，次に掲げる方法とする。

　１　通知された事項に係る物を取り扱う各作業場の見やすい場所に常時掲示し，又は備え付けること。

　２　書面を，通知された事項に係る物を取り扱う労働者に交付すること。

　３　事業者の使用に係る電子計算機に備えられたファイル又は電磁的記録媒体をもつて調製するファイルに記録し，かつ，通知された事項に係る物を取り扱う各作業場に当該物を取り扱う労働者が当該記録の内容を常時確認できる機器を設置すること。

（2）　書類の保存等

（書類の保存等）

第103条　事業者は，厚生労働省令で定めるところにより，この法律又はこれに

基づく命令の規定に基づいて作成した書類（次項及び第3項の帳簿を除く。）を，保存しなければならない。

（第2項及び第3項　略）

（3）　健康診断に関する秘密の保持

（心身の状態に関する情報の取扱い）

第104条　事業者は，この法律又はこれに基づく命令の規定による措置の実施に関し，労働者の心身の状態に関する情報を収集し，保管し，又は使用するに当たつては，労働者の健康の確保に必要な範囲内で労働者の心身の状態に関する情報を収集し，並びに当該収集の目的の範囲内でこれを保管し，及び使用しなければならない。ただし，本人の同意がある場合その他正当な事由がある場合は，この限りでない。

②　事業者は，労働者の心身の状態に関する情報を適正に管理するために必要な措置を講じなければならない。

③　厚生労働大臣は，前二項の規定により事業者が講ずべき措置の適切かつ有効な実施を図るため必要な指針を公表するものとする。

④　厚生労働大臣は，前項の指針を公表した場合において必要があると認めるときは，事業者又はその団体に対し，当該指針に関し必要な指導等を行うことができる。

（健康診断等に関する秘密の保持）

第105条　第65条の2第1項及び第66条第1項から第4項までの規定による健康診断，第66条の8第1項，第66条の8の2第1項及び第66条の8の4第1項の規定による面接指導，第66条の10第1項の規定による検査又は同条第3項の規定による面接指導の実施の事務に従事した者は，その実施に関して知り得た労働者の秘密を漏らしてはならない。

（4）　審査請求

（審査請求）

第111条　第38条の検査，性能検査，個別検定又は型式検定の結果についての処分については，審査請求をすることができない。

②　指定試験機関が行う試験事務に係る処分若しくはその不作為，指定コンサル

タント試験機関が行うコンサルタント試験事務に係る処分若しくはその不作為又は指定登録機関が行う登録事務に係る処分若しくはその不作為については，厚生労働大臣に対し，審査請求をすることができる。

この場合において，厚生労働大臣は，行政不服審査法（平成26年法律第68号）第25条第2項及び第3項，第46条第1項及び第2項，第47条並びに第49条第3項の規定の適用については，指定試験機関，指定コンサルタント試験機関又は指定登録機関の上級行政庁とみなす。

（5） 手数料

（手数料）

第112条 次の者は，政令で定めるところにより，手数料を国（指定試験機関が行う免許試験を受けようとする者にあつては指定試験機関，指定コンサルタント試験機関が行う労働安全コンサルタント試験又は労働衛生コンサルタント試験を受けようとする者にあつては指定コンサルタント試験機関，指定登録機関が行う登録を受けようとする者にあつては指定登録機関）に納付しなければならない。

1 免許を受けようとする者

1の2 第14条，第61条第1項又は第75条第3項の登録の更新を受けようとする者

2 技能講習（登録教習機関が行うものを除く。）を受けようとする者

（第3号から第6号 略）

7 個別検定（登録個別検定機関が行うものを除く。）を受けようとする者

7の2 型式検定（登録型式検定機関が行うものを除く。）を受けようとする者

8 第56条第1項の許可を受けようとする者

9 第72条第1項の免許証の再交付又は書替えを受けようとする者

10 免許の有効期間の更新を受けようとする者

11 免許試験を受けようとする者

12 労働安全コンサルタント試験又は労働衛生コンサルタント試験を受けようとする者

13 第84条第1項の登録を受けようとする者

② 前項の規定により指定試験機関，指定コンサルタント試験機関又は指定登録

機関に納められた手数料は，それぞれ，指定試験機関，指定コンサルタント試験機関又は指定登録機関の収入とする。

（6） 公示

（公示）

第112条の2 厚生労働大臣は，次の場合には，厚生労働省令で定めるところにより，その旨を官報で告示しなければならない。

（第1号及び第3号から第10号 略）

2 第44条の4の規定により型式検定合格証の効力を失わせたとき。

（第2項 略）

13 第12章 罰則

第122条 法人の代表者又は法人若しくは人の代理人，使用人その他の従業者が，その法人又は人の業務に関して，第116条，第117条，第119条又は第120条の違反行為をしたときは，行為者を罰するほか，その法人又は人に対しても，各本条の罰金刑を科する。

③　衛生管理者規程

（昭和47.9.30労働省告示第94号）

（最終改正：平成26.3.31厚生労働省告示第165号）

労働安全衛生規則（昭和47年労働省令第32号）第10条第3号，第72条，別表第4及び別表第5第1号の規定に基づき，衛生管理者規程を次のように定め，昭和47年10月1日から適用する。

（衛生管理者の資格）

第1条　労働安全衛生規則（以下「安衛則」という。）第10条第4号の厚生労働大臣が定める者は，次のとおりとする。

　1　教育職員免許法（昭和24年法律第147号）第4条の規定に基づく保健体育若しくは保健の教科についての中学校教諭免許状若しくは高等学校教諭免許状又は養護教諭免許状を有する者で，学校教育法（昭和22年法律第26号）第1条の学校に在職するもの（常時勤務に服する者に限る。）

　2　学校教育法による大学又は高等専門学校において保健体育に関する科目を担当する教授，准教授又は講師（常時勤務に服する者に限る。）

（第一種衛生管理者免許を受けることができる者）

第2条　安衛則別表第4第一種衛生管理者免許の項第4号の厚生労働大臣が定める者は，次のとおりとする。

　1　保健師助産師看護師法（昭和23年法律第203号）第7条の規定により保健師免許を受けた者（同法第51条第3項の規定により当該免許を受けた者を除く。）

　2　医師法（昭和23年法律第201号）第11条第2号及び第3号に掲げる者

　3　歯科医師法（昭和23年法律第202号）第11条各号に掲げる者

　4　薬剤師法（昭和35年法律第146号）第2条の規定により薬剤師の免許を受けた者

　5　前各号に掲げる者と同等以上の能力を有すると認められる者

（衛生工学衛生管理者に係る講習）

第3条　安衛則別表第4衛生工学衛生管理者免許の項第1号の都道府県労働局長の登録を受けた者が行う衛生工学衛生管理者講習は，次の各号に定めるところにより行われる講習とする。

　1　次の表の上欄〈編注・左欄〉に掲げる講習科目に応じ，それぞれ同表の中欄に掲げる範囲について同表の下欄〈編注・右欄〉に掲げる講習時間以上行われるものであること。

講習科目	範　　　囲	講習時間
労働基準法	労働基準法（昭和22年法律第49号）及びこれに基づく命令中の関係条項	2時間
労働安全衛生法（関係法令を含む。）	労働安全衛生法（昭和47年法律第57号），作業環境測定法（昭和50年法律第28号）及びじん肺法（昭和35年法律第30号）並びにこれらに基づく命令中の関係条項	6時間
労働衛生工学に関する知識	作業環境に関する基礎知識　作業環境改善の具体的進め方　局所排気装置，全体換気装置，廃液処理装置その他の設備に関する基礎知識　作業環境測定の方法及びその評価　保護具に関する基礎知識及びその保守管理　事業場における安全衛生の水準の向上を図ることを目的として事業者が一連の過程を定めて行う自主的活動（危険性又は有害性等の調査及びその結果に基づき講ずる措置を含む。）	14時間
職業性疾病の管理に関する知識	職業性疾病に関する基礎知識　職業性疾病の発生事例及びその対策　健康管理の進め方　職業性疾病に関する教育の方法	6時間
労働生理に関する知識	人体の組織及び機能　疲労及びその予防　職業適性	2時間

2　前号に定めるもののほか，修了試験の実施その他必要な事項について，厚生労働省労働基準局長の定めるところにより行われるものであること。

（衛生工学衛生管理者免許を受けることができる者）

第4条　安衛則別表第4衛生工学衛生管理者免許の項第2号の厚生労働大臣が定める者は，次の各号に掲げる者で，労働安全衛生法及びこれに基づく命令に係る登録及び指定に関する省令（昭和47年労働省令第44号）第1条の2第1項の規定により都道府県労働局長の登録を受けた者が行う衛生工学衛生管理者講習を修了したものとする。

1　労働安全衛生法第83条第1項の労働衛生コンサルタント試験に合格した者

2　安衛則別表第4第一種衛生管理者免許の項第1号及び第3号に掲げる者

3　作業環境測定法第5条に規定する作業環境測定士となる資格を有する者

（講習科目の受講の一部免除）

第4条の2　次の表の上欄〈編注・左欄〉に掲げる者は，第3条第1号に規定する講習科目のうち，それぞれ同表の下欄〈編注・右欄〉に掲げるものについて受講の免除を受けることができる。

受講の免除を受けることができる者	講　習　科　目
前条第1号に掲げる者で，その試験の区分が保健衛生であるもの	労働安全衛生法（関係法令を含む。） 職業性疾病の管理に関する知識 労働生理に関する知識
前条第1号に掲げる者で，その試験の区分が労働衛生工学であるもの	労働安全衛生法（関係法令を含む。） 労働衛生工学に関する知識
前条第2号に掲げる者	労働基準法 労働安全衛生法（関係法令を含む。） 労働生理に関する知識
前条第3号に掲げる者	労働安全衛生法（関係法令を含む。） 労働衛生工学に関する知識

（免許試験の受験資格）

第5条　安衛則別表第5第1号の表受験資格の欄第4号及び同表第1号の2の表受験資格の欄第4号の厚生労働大臣が定める者は，次のとおりとする。

1　職業能力開発促進法施行規則（昭和44年労働省令第24号）第9条に定める専門課程又は同令第36条の2第2項に定める特定専門課程の高度職業訓練のうち同令別表第6に定めるところにより行われるもの（職業能力開発促進法施行規則等の一部を改正する省令（平成5年労働省令第1号。以下「平成5年改正省令」という。）による改正前の職業能力開発促進法施行規則（以下「旧能開法規則」という。）別表第3の2に定めるところにより行われる専門課程の養成訓練並びに職業訓練法施行規則及び雇用保険法施行規則の一部を改正する省令（昭和60年労働省令第23号）による改正前の職業訓練法施行規則（以下「訓練法規則」という。）別表第1の専門訓練課程及び職業訓練法の一部を改正する法律（昭和53年法律第40号）による改正前の職業訓練法（以下「旧訓練法」という。）第9条第1項の特別高等訓練課程の養成訓練を含む。）を修了した者で，その後1年以上労働衛生の実務に従事した経験を有するもの

2　職業能力開発促進法施行規則第9条に定める応用課程の高度職業訓練のうち同令別表第7に定めるところにより行われるものを修了した者で，その後1年以上労働衛生の実務に従事した経験を有するもの

3　職業能力開発促進法施行規則第9条に定める普通課程の普通職業訓練のうち同令別表第2に定めるところにより行われるもの（旧能開法規則別表第3に定めるところにより行われる普通課程の養成訓練並びに訓練法規則別表第1の普通訓練

課程及び旧訓練法第9条第1項の高等訓練課程の養成訓練を含む。）を修了した者で，その後3年以上労働衛生の実務に従事した経験を有するもの

4　職業訓練法施行規則の一部を改正する省令（昭和53年労働省令第37号）附則第2条第1項に規定する専修訓練課程の普通職業訓練（平成5年改正省令による改正前の同項に規定する専修訓練課程及び旧訓練法第9条第1項の専修訓練課程の養成訓練を含む。）を修了した者で，その後4年以上労働衛生の実務に従事した経験を有するもの

5　10年以上労働衛生の実務に従事した経験を有する者

6　前各号に掲げる者と同等以上の能力を有すると認められる者

（第一種衛生管理者免許試験）

第6条　第一種衛生管理者免許試験（以下この条において「免許試験」という。）は，次の表の上欄〈編注・左欄〉に掲げる科目に応じ，それぞれ同表の下欄〈編注・右欄〉に掲げる範囲について筆記試験によつて行う。

試験科目	範　　　　囲
労働衛生	衛生管理体制　作業環境要素　職業性疾病　作業環境管理　作業管理　健康管理　メンタルヘルス対策　健康の保持増進対策　労働衛生教育　労働衛生管理統計　救急処置　事業場における安全衛生の水準の向上を図ることを目的として事業者が一連の過程を定めて行う自主的活動（危険性又は有害性等の調査及びその結果に基づき講ずる措置を含む。）
労働生理	人体の組織及び機能　環境条件による人体の機能の変化　労働による人体の機能の変化　疲労及びその予防　職業適性
関係法令	労働基準法，労働安全衛生法，作業環境測定法及びじん肺法並びにこれらに基づく命令中の関係条項

②　免許試験の試験時間は，全科目を通じて3時間とする。

③　前二項に定めるもののほか，免許試験の実施について必要な事項は，厚生労働省労働基準局長の定めるところによる。

（第二種衛生管理者免許試験）

第7条　第二種衛生管理者免許試験は，次の表の上欄〈編注・左欄〉に掲げる科目に応じ，それぞれ同表の下欄〈編注・右欄〉に掲げる範囲について筆記試験によつて行う。

試験科目	範　　　囲
労働衛生	衛生管理体制　作業環境要素（有害業務に係るものを除く。）　作業環境管理（有害業務に係るものを除く。）　作業管理（有害業務に係るものを除く。）　健康管理（有害業務に係るものを除く。）　メンタルヘルス対策　健康の保持増進対策　労働衛生教育　労働衛生管理統計　救急処置　有害業務に係る労働衛生概論　事業場における安全衛生の水準の向上を図ることを目的として事業者が一連の過程を定めて行う自主的活動
労働生理	人体の組織及び機能　環境条件による人体の機能の変化　労働による人体の機能の変化　疲労及びその予防　職業適性
関係法令	労働基準法及び労働安全衛生法並びにこれらに基づく命令中の関係条項（有害業務に係るものを除く。）

②　前条第2項及び第3項の規定は，前項の免許試験について準用する。

（第二種衛生管理者免許を受けた者に関する特例）

第8条　第二種衛生管理者免許を受けた者に対する第一種衛生管理者免許試験は，第6条の規定にかかわらず，次の表の上欄〈編注・左欄〉に掲げる科目に応じ，それぞれ同表の下欄〈編注・右欄〉に掲げる範囲について筆記試験によつて行う。

試験科目	範　　　囲
労働衛生	作業環境要素（有害業務に係るものに限る。）　職業性疾病　作業環境管理（有害業務に係るものに限る。）　作業管理（有害業務に係るものに限る。）　健康管理（有害業務に係るものに限る。）
関係法令	労働基準法及び労働安全衛生法並びにこれらに基づく命令中の関係条項（有害業務に係るものに限る。）　作業環境測定法及びじん肺法並びにこれらに基づく命令中の関係条項

②　前項の免許試験は，全科目を通じて2時間とする。

③　第6条第3項の規定は，第1項の免許試験について準用する。

　　　前　文（昭和60・9・30労働省告示第62号）抄

昭和60年10月1日から適用する。

（中略）

　　　附　則（昭和63・9・1労働省告示第74号）

この告示は，昭和64年10月1日から適用する。ただし，第1条の改正規定は，昭和64年4月1日から適用する。

（中略）

　　前　文（平成23・9・30厚生労働省告示第387号）抄

平成23年10月1日から適用する。

　　附　則（平成25・1・9厚生労働省告示第1号）抄

（適用期日）

第1条　この告示は，平成25年4月1日から適用する。

　　前　文（平成26・3・31厚生労働省告示第165号）抄

平成26年4月1日から適用する。

2　労働安全衛生法関係厚生労働省令

①　労働安全衛生規則（第3編）

（昭和47.9.30労働省令第32号）

（最終改正：令和5.12.27厚生労働省令第165号）

　この規則のうち第3編は，主に法第22条～第27条に基づき，有害な作業環境，保護具等，その他について一般的な衛生基準を規定しており，その構成は，次のとおりである。

　第3編　衛生基準

　第1章　有害な作業環境（第576条—第592条）

　第1章の2　廃棄物の焼却施設に係る作業（第592条の2—第592条の8）

　第2章　保護具等（第593条—第599条）

　第3章　気積及び換気（第600条—第603条）

　第4章　採光及び照明（第604条・第605条）

　第5章　温度及び湿度（第606条—第612条）

　第6章　休養（第613条—第618条）

　第7章　清潔（第619条—第628条の2）

　第8章　食堂及び炊事場（第629条—第632条）

　第9章　救急用具（第633条・第634条）

1　第3章　気積及び換気関係

　屋内作業場等における気積及び換気について定められており，その概要は次のとおりである。

　（1）　気積（第600条）

　労働者を常時就業させる屋内作業場の気積を，設備の占める容積及び床面から4メートルを超える高さにある空間を除き，労働者1人について，10立方メートル以上としなければならない。

　（2）　換気（第601条）

　換気が十分行われる性能を有する設備を設けたとき以外は，労働者を常時就業させる屋内作業場においては，窓その他の開口部の直接外気に向かって開放することができる部分の面積が，常時床面積の20分の1以上になるようにしなければならない。な

お，屋内作業場の気温が10度以下であるときは，換気に際し，労働者を毎秒１メートル以上の気流にさらしてはならない。

（3）　坑内の通気設備（第602条）

自然換気により衛生上必要な分量の空気が供給される坑内の作業場以外の坑内の作業場においては，衛生上必要な分量の空気を坑内に送給するために，通気設備を設けなければならない。

（4）　坑内の通気量の測定（第603条）

通気設備の設けられている坑内の作業場については，半月以内ごとに１回，定期的に通気量の測定を実施し，所定事項について記録し，これを３年間保存しなければならない。

２　第４章　採光及び照明関係

作業面の照度，まぶしくない採光について定められており，その概要は次のとおりである。

（1）　照度（第604条）

感光材料を取り扱う作業場，坑内の作業場，その他特殊な作業を行う作業場以外の作業場については，労働者を常時就業させる場所の作業面の照度を右の表の基準に適合させなければならない。

作業の区分	基　準
精密な作業	300ルクス以上
普通の作業	150ルクス以上
粗な作業	70ルクス以上

（2）　採光及び照明（第605条）

採光及び照明については，明暗の対照が著しくなく，かつ，まぶしさを生じさせない方法によらなければならない。また，労働者を常時就業させる場所の照明設備については，６月以内ごとに１回，定期的に点検しなければならない。

３　第６章　休養関係

事業場の休憩設備などについて定められており，その概要は次のとおりである。

（1）　休憩設備（第613条）

すべての事業場には労働者が有効に利用することができる休憩の設備を設けるように努めなければならない。

（2）　有害作業場の休憩設備（第614条）

坑内等特殊な作業場で設置できないやむを得ない事由がある場合以外は，著しく暑熱，寒冷又は多湿の作業場，有害なガス，蒸気または粉じんを発散する作業場等においては，作業場外に休憩の設備を設けなければならない。

（3）　立業のためのいす（第615条）

　持続的立業に従事する労働者が就業中しばしばすわることのできる機会のあるときは，いすを備えなければならない。

（4）　睡眠及び仮眠の設備（第616条）

　夜間に労働者に睡眠を与える必要があるとき，又は労働者が就業の途中に仮眠することのできる機会があるときは，寝具，かやその他必要な用品を備え，疾病感染を予防する措置を講じた適当な睡眠又は仮眠の場所を，男性用と女性用に区別して設けなければならない。

（5）　発汗作業に関する措置（第617条）

　多量の発汗を伴う作業場においては，労働者に与えるために，塩及び飲料水を備えなければならない。

（6）　休養室等（第618条）

　常時50人以上又は常時女性30人以上の労働者を使用するときは，労働者がが床することのできる休養室又は休養所を，男性用と女性用に区別して設けなければならない。

4　第7章　清潔関係

事業場の清潔保持について定められており，その概要は次のとおりである。

（1）　清掃等の実施（第619条）

①　日常行う清掃のほか，大掃除を，6月以内ごとに1回，定期に，統一的に行うこと。

②　ねずみ，昆虫等の発生場所，生息場所及び侵入経路並びにねずみ，昆虫等による被害の状況について，6月以内ごとに1回，定期に，統一的に調査を実施し，当該調査の結果に基づき，ねずみ，昆虫等の発生を防止するため必要な措置を講ずること。

③　ねずみ，昆虫等の防除のため殺そ剤又は殺虫剤を使用する場合は，医薬品，医療機器等の品質，有効性及び安全性の確保等に関する法律第14条又は第19条の2の規定による承認を受けた医薬品または医薬部外品を用いること。

（2）　労働者の清潔保持義務（第620条）

　労働者は，作業場の清潔に注意し，廃棄物を定められた場所以外の場所にすてないようにしなければならない。

（3）　汚染床等の洗浄（第622条）

　有害物，腐敗しやすい物又は悪臭のある物による汚染のおそれがある床及び周壁

を，必要に応じ，洗浄しなければならない。

（4） 床の構造等（第623条）

（3）の床及び周壁並びに水その他の液体を多量に使用することにより湿潤のおそれがある作業場の床及び周壁を，不浸透性の材料で塗装し，排水に便利な構造としなければならない。

（5） 汚物の処理（第624条）

汚物を，一定の場所において露出しないように処理しなければならない。また，病原体による汚染のおそれがある床，周壁，容器等を，必要に応じ，消毒しなければならない。

（6） 洗浄設備等（第625条）

身体又は被服を汚染するおそれのある業務に労働者を従事させるときは，必要な用具を備えた洗眼，洗身，若しくはうがいの設備，更衣設備，又は洗たくのための設備を設けなければならない。

（7） 被服の乾燥設備（第626条）

労働者の被服が著しく湿潤する作業場においては，被服の乾燥設備を設けなければならない。

（8） 給水（第627条）

労働者の飲用に供する水その他の飲料を，十分供給するようにするとともに，飲用水，食器の洗浄水は，規定の水質基準を保たなければならない。また，有害物，汚水等によって水が汚染されないように，適当な汚染防止の措置を講じなければならない。

（9） 便所（第628条）

坑内等特殊な作業場で設置できないやむを得ない事由がある場合で，適当な数の便所又は便器を備えたとき以外は，次に定めるところにより便所を設けるとともに，便所及び便器を清潔に保ち，汚物を適当に処理しなければならない。

① 男性用と女性用に区別すること。

② 男性用大便所の便房の数は，次の表の左欄に掲げる同時に就業する男性労働者の数に応じて，同表の右欄に掲げる数以上とすること。

同時に就業する男性労働者の数	便房の数
60人以内	1
60人超	1に，同時に就業する男性労働者の数が60人を超える60人又はその端数を増すごとに1を加えた数

③ 男性用小便所の箇所数は，次の表の左欄に掲げる同時に就業する男性労働者の

数に応じて，同表の右欄に掲げる数以上とすること。

同時に就業する男性労働者の数	箇所数
30人以内	1
30人超	1に，同時に就業する男性労働者の数が30人を超える30人又はその端数を増すごとに1を加えた数

④　女性用便所の便房の数は，次の表の左欄に掲げる同時に就業する女性労働者の数に応じて，同表の右欄に掲げる数以上とすること。

同時に就業する女性労働者の数	便房の数
20人以内	1
20人超	1に，同時に就業する女性労働者の数が20人を超える20人又はその端数を増すごとに1を加えた数

⑤　便池は，汚物が土中に浸透しない構造とすること。

⑥　流出する清浄な水を十分に供給する手洗い設備を設けること。

(10)　独立個室型の便所※の特例（第628条の2）

（9）の①から④にかかわらず，同時に就業する労働者の数が常時10人以内である場合は，独立個室型の便所を設けることで足りるものとする。

独立個室型の便所を設ける場合（上記により独立個室型の便所を設ける場合を除く。）は，次に定めるところにより便所を設けなければならない。便池は，汚物が土中に浸透しない構造とし，流出する清浄な水を十分に供給する手洗い設備を設けること。

※　「独立個室型の便所」とは，男性用と女性用に区別しない四方を壁等で囲まれた1個の便房により構成される便所をいう。

①　独立個室型の便所を除き，男性用と女性用に区別すること。

②　男性用大便所の便房の数は，次の表の左欄に掲げる同時に就業する男性労働者の数に応じて，同表の右欄に掲げる数以上とすること。

同時に就業する男性労働者の数	便房の数
設ける独立個室型の便所の数に10を乗じて得た数以下	1
設ける独立個室型の便所の数に10を乗じて得た数を超える数	1に，設ける独立個室型の便所の数に10を乗じて得た数を同時に就業する男性労働者の数から減じて得た数が60人を超える60人又はその端数を増すごとに1を加えた数

③　男性用小便所の箇所数は，次の表の左欄に掲げる同時に就業する男性労働者の数に応じて，同表の右欄に掲げる数以上とすること。

同時に就業する男性労働者の数	箇所数
設ける独立個室型の便所の数に10を乗じて得た数以下	1
設ける独立個室型の便所の数に10を乗じて得た数を超える数	1に，設ける独立個室型の便所の数に10を乗じて得た数を同時に就業する男性労働者の数から減じて得た数が30人を超える30人又はその端数を増すごとに1を加えた数

④ 女性用便所の便房の数は，次の表の左欄に掲げる同時に就業する女性労働者の数に応じて，同表の右欄に掲げる数以上とすること。

同時に就業する女性労働者の数	便房の数
設ける独立個室型の便所の数に10を乗じて得た数以下	1
設ける独立個室型の便所の数に10を乗じて得た数を超える数	1に，設ける独立個室型の便所の数に10を乗じて得た数を同時に就業する女性労働者の数から減じて得た数が20人を超える20人又はその端数を増すごとに1を加えた数

5　第8章　食堂及び炊事場関係

食堂及び炊事場を設ける場合について定められており，その概要は次のとおりである。

（1）　食堂（第629条）

3の（2）の有害な作業場においては，作業場外に適当な食事の設備を設けなければならない。

（2）　食堂及び炊事場（第630条）

事業場に附属する食堂又は炊事場については，次に定めるところによらなければならない。

① 食堂と炊事場とは区別して設け，採光及び換気が十分であって，そうじに便利な構造とすること。
② 食堂の床面積は，食事の際の1人について，1平方メートル以上とすること。
③ 食堂には，食卓及び労働者が食事をするためのいす（坐食の場合を除く）を設けること。
④ 便所及び廃物だめから適当な距離にある場所に設けること。
⑤ 食器，食品材料等の消毒の設備を設けること。

⑥　食器，食品材料及び調味料の保存のために適切な設備を設けること。

⑦　はえ，その他のこん虫，ねずみ，犬，猫等の害を防ぐための設備を設けること。

⑧　飲用及び洗浄のために，清浄な水を十分に備えること。

⑨　炊事場の床は，不浸透性の材料で造り，洗浄及び排水に便利な構造とすること。

⑩　汚水及び廃物は，炊事場外において露出しないように処理し，沈でん槽を設けて排出する等有害とならないようにすること。

⑪　炊事従業員専用の休憩室及び便所を設けること。

⑫　炊事従業員には，炊事に不適当な伝染性の疾病にかかっている者を従事させないこと。

⑬　炊事従業員には，炊事専用の清潔な作業衣を使用させること。

⑭　炊事場には，炊事従業員以外の者をみだりに出入りさせないこと。

⑮　炊事場には，炊事場専用の履物を備え，土足のまま立ち入らせないこと。

（3）　栄養の確保及び向上（第631条）

給食を行うときは，給食に関し，栄養の確保及び向上に必要な措置を講ずるように努めなければならない。

（4）　栄養士（第632条）

1回100食以上又は1日250食以上の給食を行うときは，栄養士を置くように努めなければならない。また，栄養士が，食品材料の調査，栄養指導等を衛生管理者及び給食関係者と協力して行うようにさせなければならない。

6　第9章　救急用具関係

救急用具等の備付けについて定められており，その概要は次のとおりである。

（1）　救急用具（第633条）

負傷者の手当に必要な清潔に保った救急用具及び材料を備え，その備付け場所及び使用方法を周知させなければならない。

（2）　救急用具の内容（第634条）

令和3年12月の改正により削除。

2 事務所衛生基準規則

（昭和47.9.30労働省令第43号）
（最終改正：令和4.3.1厚生労働省令第29号）

建築技術の著しい進歩等によって，建築物の大型化や気密化が進められるとともに，その数は増加の一途をたどっている。

以前は建築物内の衛生環境については，労働安全衛生規則において，工事現場，事務所などの別を問わず一括してその基準が定められていたが，これでは事務所における衛生の確保が十分でないことから，事務所の衛生状態の改善を図るためこの規則が制定されたものである。

令和3年12月には，社会状況の変化に合わせて照度の基準，便所の設備等の項目が改正された。

この規則の構成は，次のとおりである。また，この中に規制されている事務所の衛生基準を次ページ以下の表に示す。

第1章　総則（第1条）
第2章　事務室の環境管理（第2条—第12条）
第3章　清潔（第13条—第18条）
第4章　休養（第19条—第22条）
第5章　救急用具（第23条）
附　則

1　第1章　総則関係
（1）　適用（第1条）

この規則は，事務所（建築物又はその一部で，タイプライターその他の事務用機器を使用して行う作業を含む事務作業に従事する労働者が主として使用するもの）について適用し，事務所における衛生基準については，これに附属する食堂及び炊事場を除き労働安全衛生規則第3編の規定は，適用しない。

2　第2章　事務室の環境管理関係

事務室の空気，照明及び騒音について環境条件，関係設備の維持管理などが定められており，その概要は次のとおりである。

（1）　気積（第2条）

室の容積（気積）は，設備の占める容積及び床面から4メートルを超える高さにあ

事務所の衛生基準一覧

項　目			事務所則	基　準	備　考
事務室の環境の管理	空気環境	気積	2	10m³/人以上とすること	定員により計算すること
		窓その他の開口部	3①	最大開放部分の面積が床面積の20分の1以上とすること	20分の1未満のとき換気設備を設けること
		室内空気の環境基準 一酸化炭素	3②	50ppm 以下とすること	検知管等により測定すること
		室内空気の環境基準 二酸化炭素		5,000ppm 以下　〃	〃
		温度 10℃以下のとき	4①	暖房等の措置を行うこと	
		温度 冷房実施のとき	4②	外気温より著しく低くしないこと	
		空気調和設備または機械換気設備 浮遊粉じん（約10マイクロメートル以下）	5①	0.15mg/m³以下とすること	デジタル粉じん計，ろ紙じんあい計等により測定すること
		空気調和設備または機械換気設備 一酸化炭素		10ppm 以下　〃	検知管等により測定すること
		空気調和設備または機械換気設備 二酸化炭素		1,000ppm 以下　〃	
		空気調和設備または機械換気設備 ホルムアルデヒド		0.1mg/m³以下	2・4-ジニトロフェニルヒドラジン捕集─高速液体クロマトグラフ法，4-アミノ-3-ヒドラジノ-5-メルカプト－1・2・4－トリアゾール法により測定すること
		空気調和設備または機械換気設備 気流	5②	0.5m/s 以下　〃	0.2m/s 以上の測定可能な風速計により測定すること
		空気調和設備 室温	5③	18℃以上28℃以下となるように努めること	0.5度目盛の温度計により測定すること
		空気調和設備 相対湿度		40%以上70%以下　〃	0.5度目盛の乾湿球の湿度計（アウグスト乾湿計，アスマン通風乾湿計）
		作業環境測定（中央管理方式の空気調和設備を設けている場合）	7	室温，外気温，相対湿度，一酸化炭素，二酸化炭素について2月以内ごとに1回，定期に行うこと ただし，室温および湿度については，1年間，基準を満たし，かつ，今後1年間もその状況が継続すると見込まれる場合は，春（3～5月）または秋（9～11月），夏（6～8月），冬（12～2月）の年3回の測定とすることができる	測定結果を記録し，3年間保存すること
		ホルムアルデヒド	7の2	室の建築，大規模の修繕，大規模の模様替を行った場合は，当該室の使用を開始した日以後最初に到来する6月から9月までの期間に1回，測定すること	2・4-ジニトロフェニルヒドラジン捕集-高速液体クロマトグラフ法，4-アミノ-3-ヒドラジノ-5-メルカプト-1・2・4-トリアゾール法により測定すること
	燃焼器具	室又は箇所の換気	6①	排気筒，換気扇，その他の換気設備を設けること	
		器具の点検	6②	異常の有無の点検を毎日行うこと	
		室又は箇所の空気の環境基準 一酸化炭素	6③	50ppm 以下とすること	検知管等により測定すること
		室又は箇所の空気の環境基準 二酸化炭素		5,000ppm 以下　〃	〃
	空気調和設備	冷却塔 水質	9の2	水道法第4条に規定する水質基準に適合させること	
		冷却塔 点検		使用開始時，使用を開始した後，1月以内ごとに1回，定期に行うこと	冷却水についても同様に点検を行うこと 点検の結果，必要に応じて清掃，換水を行うこと （1月を超える期間使用しない冷却塔に係る当該使用しない期間は該当しない。）
		冷却塔 清掃		1年以内ごとに1回，定期に行うこと	冷却水の水管についても同様に清掃を行うこと

項　　　　目			事務所則	基　　　　準	備　　　　考
事務室の環境管理	空気調和設備	加湿装置	水質	9の2	水道法第4条に規定する水質基準に適合させるための措置をとること	
			点検		使用開始時，使用を開始した後，1月以内ごとに1回，定期に行うこと	点検の結果，必要に応じて清掃を行うこと（1月を超える期間使用しない加湿装置に係る当該使用しない期間は，該当しない。）
			清掃		1年以内ごとに1回，定期に行うこと	
		空気調和設備の排水受け	点検		使用開始時，使用を開始した後，1月以内ごとに1回，定期に行うこと	点検の結果，必要に応じて清掃を行うこと（1月を超える期間使用しない排水受けに係る当該使用しない期間は，該当しない。）
	機械による換気のための設備の点検			9	初めて使用するとき，分解して改造，修理したときおよび2月以内ごとに1回定期的に行うこと	結果を記録し，3年間保存すること
	採光・照明	照度	一般的な事務作業	10	300ルクス以上	
			付随的な事務作業		150ルクス以上	
		採光・照明の方法			①明暗の対照を少なくすること（局所照明と全般照明を併用）	局所照明に対する全般照明の比は約10分の1以上が望ましい
					②まぶしさをなくすこと	光源と眼とを結ぶ線と視線とがなす角度は30度以上が望ましい
		照明設備の点検			6月以内ごとに1回，定期に行うこと	
	騒音等の伝ぱの防止	タイプライター等の事務用機器を，5台以上集中して作業を行わせる場合		12	①作業室を専用室とすること	
					②専用室はしゃ音及び吸音の機能をもつ天井および隔壁とすること	
清潔	給水	水質基準		13	水道法第4条に規定する水質基準に適合すること	地方公共団体等の行う検査によること
		給水せんにおける水に含まれる残留塩素	通常		遊離残留塩素の場合0.1ppm以上とすること	
					結合残留塩素の場合0.4ppm　〃	
			汚染等の場合		遊離残留塩素の場合0.2ppm　〃	
					結合残留塩素の場合1.5ppm　〃	
	排水設備			14	汚水の漏出防止のための補修およびそうじを行うこと	
	清掃等の実施	大掃除		15	6月以内ごとに1回，定期に，統一的に行うこと	
		ねずみ、昆虫等	発生場所，生息場所，侵入経路，被害の状況の調査		6月以内ごとに1回，定期に，統一的に行うこと	調査の結果に基づいて，ねずみ，昆虫等の発生を防止するため必要な措置を講じること
			殺そ剤，殺虫剤		医薬品，医療機器等の品質，有効性及び安全性の確保等に関する法律の承認を受けた医薬品または医薬部外品を用いること	
	廃棄物			16	労働者は，廃棄物を一定の場所に棄てること	
	便所	区別		17	男性用と女性用に分けること	同時に就業する労働者の数が常時10人以内の場合は，特例として男女の区別のない独立個室型の便所でも可
		男性用大便所			同時に就業する男性労働者の数が60人以内の場合，1個以上とすること 60人を超える60人又はその端数を増すごとに1を加えた数	独立個室型の便所を設ける場合は，算定基準とする労働者数について，独立個室型1個につき，男女それぞれ10人ずつを減じることができる
		男性用小便所			同時に就業する男性労働者の数が30人以内の場合，1個以上とすること 30人を超える30人又はその端数を増すごとに1を加えた数	

		項　　　目	事務所則	基　　　準	備　　　考
清潔	便所	女性用便所	17	同時に就業する女性労働者の数が20人以内の場合，1個以上とすること　20人を超える20人又はその端数を増すごとに1を加えた数	
		便池		汚物が土中に浸透しない構造とすること	
		手洗い設備		流出する清浄な水を十分に供給すること	
		独立個室型の便所	17の2	四方を壁等で囲まれた1個の便房により構成される便所であること	男性用・女性用便所の設置基準に反映できること
	洗面		18	洗面設備を設けること	
	被服汚染の作業			更衣設備を設けること	
	被服湿潤の作業			被服の乾燥設備を設けること	
休養	休憩		19	休憩の設備を設けるよう努めること	
	夜間の睡眠，仮眠		20	睡眠または仮眠の設備を設けること	男性用，女性用に区別すること　寝具等必要な用品を備え，かつ，疾病感染を予防する措置を講ずること
	50人以上又は女性30人以上		21	が床することのできる休養室または休養所を設けるこ	男性用，女性用に区別すること
	持続的立業		22	いすを備え付けること	
救急用具の備え付け			23	負傷者の手当に必要な用具，材料を備えること	備え付け場所および使用方法を周知すること　救急用具等を常時清潔に保つこと

る空間を除き，労働者1人当たり，10立方メートル以上としなければならない。

（2）　換気（第3条）

換気が十分に行われる性能を有する設備を設けた場合を除き，窓その他外気に向かって直接開放することのできる開口部の面積を床面積の20分の1以上としなければならない。また，室内の一酸化炭素及び二酸化炭素の含有率はそれぞれ100万分の50以下及び100万分の5,000以下としなければならない。

（3）　温度（第4条）

室の気温が10度以下の場合は，暖房等を行い，また冷房する場合は，電子計算機等を設置している室において作業者に保温のための衣類を着用させた場合を除いて，外気温より著しく低くしてはならない。

（4）　空気調和設備等による調整（第5条）

空気調和設備等による調整については，次のとおり定められている。

① 事業者は，空気調和設備（空気を浄化し，その温度，湿度及び流量を調節して供給することができる設備をいう。以下同じ。）又は機械換気設備（空気を浄化し，その流量を調節して供給することができる設備をいう。以下同じ。）を設けている場合は，室に供給される空気が，次の各号に適合するように，当該設備を調整しなければならない。

1）浮遊粉じん量（1気圧，温度25度とした場合の当該空気1立方メートル中に

含まれる浮遊粉じんの重量をいう。以下同じ。）が，0.15ミリグラム以下であること。

2）当該空気中に占める一酸化炭素及び二酸化炭素の含有率が，それぞれ100万分の10以下（外気が汚染されているために，一酸化炭素の含有率が100万分の10以下の空気を供給することが困難な場合は，100万分の20以下）及び100万分の1,000以下であること。

3）ホルムアルデヒドの量（1気圧，温度25度とした場合の当該空気1立方メートル中に含まれるホルムアルデヒドの重量をいう。以下同じ。）が，0.1ミリグラム以下であること。

② 事業者は，前項の設備により室に流入する空気が，特定の労働者に直接，継続して及ばないようにし，かつ，室の気流を0.5メートル毎秒以下としなければならない。

③ 事業者は，空気調和設備を設けている場合は，室の気温が18度以上28度以下及び相対湿度が40パーセント以上70パーセント以下になるように努めなければならない。

（5） 燃焼器具（第6条）

湯沸器，石油ストーブ，ガスこんろ等の燃焼器具を使用する室又は箇所には，排気筒，換気扇等の設備を設け，毎日，異常の有無を点検しなければならない。

（6） 作業環境測定（第7条）

中央管理方式の空気調和設備を設けている建築物内の事務室については，2月以内ごとに1回定期的に，所定の測定器を使用して一酸化炭素及び二酸化炭素の含有率，室温及び外気温，相対湿度について測定し，所定の事項について記録し，これを3年間保存しなければならない。ただし，測定を行おうとする日の属する前年1年間において，当該室の気温が17度以上28度以下，相対湿度が40パーセント以上70パーセント以下である状況が継続し，かつ，測定を行おうとする日の属する1年間においても，当該状況が継続しないおそれがない場合は，室温及び外気温，相対湿度については，3～5月（又は9～11月），6～8月，12～2月の期間ごとに1回の測定で可。

（7） ホルムアルデヒドの測定時期（第7条の2）

室の建築，大規模の修繕，大規模の模様替を行ったとき（以下「建築等」）は，当該建築等を完了し，当該室の使用を開始した日以後最初に到来する6月から9月までの期間に1回，測定すること。

（8） 測定方法（第8条）

第2章（第7条を除く。）で規定されている浮遊粉じん，一酸化炭素，二酸化炭素，

気温，相対湿度，気流及びホルムアルデヒドの量の測定方法については，測定器，測定時期及び測定位置が規定されている。

（9） 点検等（第9条，第9条の2）

機械による換気のための設備について，はじめて使用するとき，分解して改造又は修理を行ったとき，及び2月以内ごとに1回，定期に，異常の有無を点検し，その結果を記録して，これを3年間保存しなければならない。空気調和設備を設けている場合は，病原体によって室の内部の空気が汚染されることを防止するため，次の措置を講じなければならない。

① 冷却塔及び加湿装置に供給する水を水道法第4条に規定する水質基準に適合させるため必要な措置

② 冷却塔及び冷却水，加湿装置及び空気調和設備内の排水受けについて，使用開始時，使用開始後1月以内ごとに1回，定期に点検し，必要に応じ，清掃，換水等を行うこと。（1月を超える期間使用しない場合は，当該使用しない期間は該当しない。）

③ 冷却塔，冷却水の水管及び加湿装置の清掃を1年以内ごとに1回，定期に行うこと。

(10) 照度等（第10条）

作業面の照度は次表のとおりとし，採光及び照明は明暗の対照が著しくなく，かつ，まぶしさを生じさせない方法によらなければならない。また，照明設備は6月以内ごとに定期点検しなければならない。

作業の区分	基準
一般的な事務作業	300ルクス以上
付随的な事務作業	150ルクス以上

(11) 騒音及び振動の防止（第11条・第12条）

室内の労働者に有害な影響を及ぼすおそれのある騒音又は振動については，隔壁を設ける等その伝ぱを防止するため必要な措置を講ずるようにしなければならない。

タイプライター等を5台以上集中して使用する場合は，遮音及び吸音の機能をもつ天井及び壁で区画された専用の作業室を設けなければならない。

3　第3章　清潔関係（第13条—第18条）

飲用水その他飲料の供給，給水の水質基準及び管理方法，排水の管理方法，定期的な大掃除及びねずみ，こん虫等の防除，便所の設置基準，洗面設備，更衣設備，被服

乾燥設備の設置等について定めている。

4 第4章 休養関係（第19条—第22条）

休憩の設備，労働者に睡眠又は仮眠を与える必要がある場合等の睡眠又は仮眠の設備，病弱者等に使用させる休養室等の設置及び立業に従事する労働者のためのいすの備付けについて定めている。

5 第5章 救急用具関係（第23条）

負傷者の手当に必要な救急用具を備え付ける等の措置をすることが定められている。

付　　　　　録

1　安全衛生管理組織

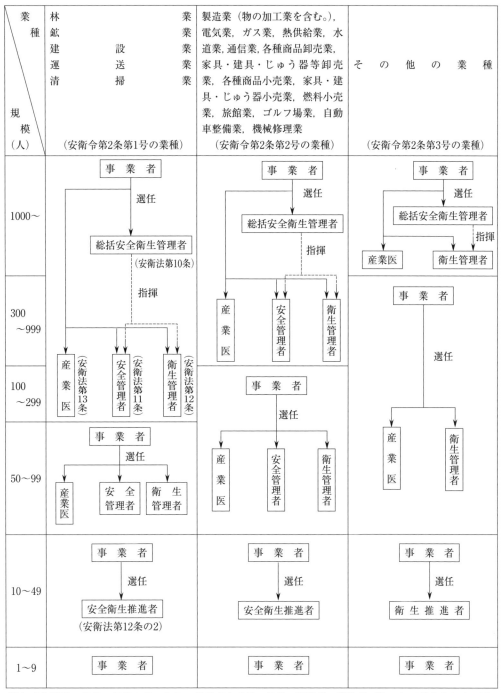

規 模（人）／業 種	林　　　　　業 鉱　　　　　業 建　　設　　業 運　　送　　業 清　　掃　　業　（安衛令第2条第1号の業種）	製造業（物の加工業を含む。），電気業，ガス業，熱供給業，水道業，通信業，各種商品卸売業，家具・建具・じゅう器等卸売業，各種商品小売業，家具・建具・じゅう器小売業，燃料小売業，旅館業，ゴルフ場業，自動車整備業，機械修理業（安衛令第2条第2号の業種）	そ　の　他　の　業　種（安衛令第2条第3号の業種）
1000〜	事業者 →選任→ 総括安全衛生管理者（安衛法第10条）→指揮→ 産業医（安衛法第13条），安全管理者（安衛法第11条），衛生管理者（安衛法第12条）	事業者 →選任→ 総括安全衛生管理者 →指揮→ 産業医，安全管理者，衛生管理者	事業者 →選任→ 総括安全衛生管理者 →指揮→ 産業医，衛生管理者
300〜999			事業者 →選任→ 産業医，衛生管理者
100〜299		事業者 →選任→ 産業医，安全管理者，衛生管理者	
50〜99	事業者 →選任→ 産業医，安全管理者，衛生管理者		
10〜49	事業者 →選任→ 安全衛生推進者（安衛法第12条の2）	事業者 →選任→ 安全衛生推進者	事業者 →選任→ 衛生推進者
1〜9	事業者	事業者	事業者

（注）安衛則第7条第1項第3号により，農林畜水産業，鉱業，建設業，製造業（物の加工業を含む。），電気業，ガス業，水道業，熱供給業，運送業，自動車整備業，機械修理業，医療業及び清掃業については，第二種衛生管理者免許を有する者を衛生管理者として選任することはできない。

2　衛生管理者等の選任・設置数

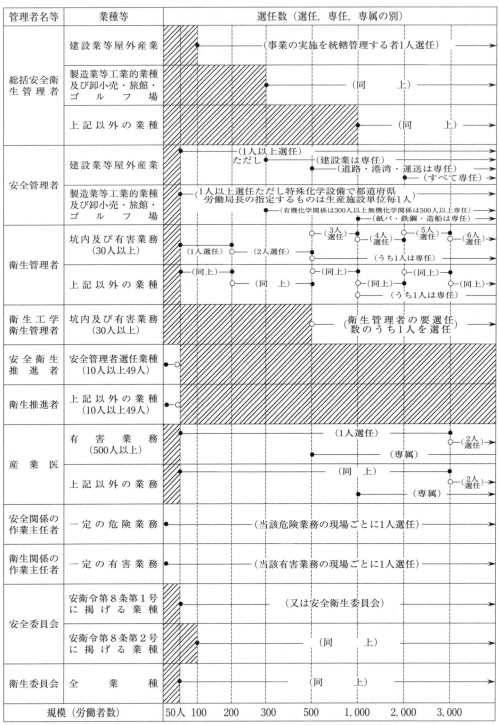

管理者名等	業種等	選任数（選任，専任，専属の別）
総括安全衛生管理者	建設業等屋外産業	（事業の実施を統轄管理する者1人選任）
	製造業等工業的業種及び卸小売・旅館・ゴルフ場	（同　　　上）
	上記以外の業種	（同　　　上）
安全管理者	建設業等屋外産業	（1人以上選任）ただし（建設業は専任）（道路・港湾・運送は専任）（すべて専任）
	製造業等工業的業種及び卸小売・旅館・ゴルフ場	（1人以上選任ただし特殊化学設備で都道府県労働局長の指定するものは生産施設単位毎1人）（有機化学関係は300人以上無機化学関係は500人以上専任）（紙パ・鉄鋼・造船は専任）
衛生管理者	坑内及び有害業務（30人以上）	（1人選任）（2人選任）（3人選任）（4人選任）（5人選任）（6人選任）（うち1人は専任）
	上記以外の業種	（同上）（同　上）（同上）（同上）（同上）（同上）（うち1人は専任）
衛生工学衛生管理者	坑内及び有害業務（30人以上）	（衛生管理者の要選任数のうち1人を選任）
安全衛生推進者	安全管理者選任業種（10人以上49人）	
衛生推進者	上記以外の業種（10人以上49人）	
産業医	有害業務（500人以上）	（1人選任）（2人選任）（専属）
	上記以外の業務	（同　上）（2人選任）（専属）
安全関係の作業主任者	一定の危険業務	（当該危険業務の現場ごとに1人選任）
衛生関係の作業主任者	一定の有害業務	（当該有害業務の現場ごとに1人選任）
安全委員会	安衛令第8条第1号に掲げる業種	（又は安全衛生委員会）
	安衛令第8条第2号に掲げる業種	（同　　　上）
衛生委員会	全業種	（同　　　上）
規模（労働者数）		50人　100　200　300　500　1,000　2,000　3,000

（注）　①　▨：選任又は設置を要しないところ
　　　②　産業医以外は専属のものから選任
　　　③　○　●　{以上，以下／こえる，未満}　含まれない　含まれる
　　　④　製造業，建設業，鉱業等一定の業種に該当する事業場にあっては，衛生管理者は第一種衛生管理者でなければならない。

3　労働衛生関係届出・申請等

〈労働安全衛生規則関係〉

報告・届出・申請の種類	どのようなときに必要か	提出期限	提出先	備考
総括安全衛生管理者選任報告（様式第3号）	令第2条に該当する事業場で総括安全衛生管理者を選任したとき（令第2条に該当した日から14日以内に選任する）。	選任後遅滞なく	所轄労働基準監督署長（以下「所轄署長」という。）	安衛則2
衛生管理者選任報告（様式第3号）	令第4条に該当する事業場で衛生管理者を選任したとき（令第4条に該当した日から14日以内に選任する）。	選任後遅滞なく	所轄署長	安衛則7
産業医選任報告（様式第3号）	令第5条に該当する事業者で産業医を選任したとき（令第5条に該当した日から14日以内に選任する）。	選任後遅滞なく	所轄署長	安衛則13
定期健康診断結果報告書（様式第6号）	常時50人以上の労働者を使用する事業者が定期健康診断を実施したとき。	実施後遅滞なく	所轄署長	安衛則52
心理的な負担の程度を把握するための検査結果等報告書（様式第6号の3）	常時50人以上の労働者を使用する事業者が，1年以内ごと1回，定期に，心理的な負担の程度を把握するための検査等を実施したとき。	事業年度の終了後など事業場ごとに設定	所轄署長	安衛則52の21
免許・免許証再交付・免許証書替・免許更新申請書（様式第12号）	①免許を受けようとするとき，②免許証所持者が免許証を滅失し，若しくは損傷したとき，又は氏名を変更するとき。	①免許試験合格者は合格後遅滞なく，その他の者はその時点，②その時点	①免許試験合格者は指定試験機関の事務所の所在地を管轄する都道府県労働局長，その他の者は，住所地を管轄する都道府県労働局長，②免許証の交付を受けた都道府県労働局長又は住所地を管轄する都道府県労働局長	安衛則66の3・67
各種免許試験受験申請書（様式第14号）	各種免許試験（安衛則第69条）を受けようとするとき。		都道府県労働局長又は指定試験機関	安衛則71
建設物，機械等設置・移転・変更届（様式第20号）	事務所則第5条の空気調和設備又は機械換気設備で中央管理方式のものを設置し，移転し，変更しようとするとき。	工事を開始する日の30日前までに	所轄署長	安衛則86
労働者死傷病報告（様式第23号）	労働者が労働災害その他就業中，又は事業場内，附属建設物内で負傷，窒息又は急性中毒により死亡し，又は休業（4日以上）したとき。	死亡，休業したとき遅滞なく	所轄署長	安衛則97
労働者死傷病報告（様式第24号）	上記の場合で，休業日数が4日未満のとき。	1～3月分は4月末日4～6月分は7月末日7～9月分は10月末日10～12月分は翌年1月末日まで	所轄署長	安衛則97

令：労働安全衛生法施行令　安衛則：労働安全衛生規則　事務所則：事務所衛生基準規則

4　指導勧奨に基づく特殊健康診断（抄）

〈行政指導により実施が勧奨されている特殊健康診断〉

対　　象	検　査　項　目		通　　達
	第1次健康診断	第2次健康診断	
紫外線，赤外線にさらされる業務	眼の障害		昭31.5.28 基発第308号
著しい騒音を発生する屋内作業場などにおける騒音作業	①雇入時等健康診断 　(イ)既往歴・業務歴の調査 　(ロ)自他覚症状の有無の検査 　(ハ)オージオメータによる選別聴力検査 　(ニ)その他医師が必要と認める検査 ②定期健康診断 　(イ)既往歴・業務歴の調査 　(ロ)自他覚症状の有無の検査 　(ハ)オージオメータによる選別聴力検査	①オージオメータによる気導純音聴力検査 ②その他医師が必要とする検査	令5.4.20 基発0420第2号
キーパンチャーの業務	①配置前の健康診断 　キーパンチャーについては，配置前に性向検査，上肢，せき柱の形態及び機能検査，指機能検査，視機能検査，聴力検査等を行なう必要があること。 ②定期の健康診断 　定期の健康診断の際には，配置前の検査の結果の推移を観察することが必要であること。		昭39.9.22 基発第1106号
地下駐車場における業務（排気ガス）	作業中，排気ガスによると思われる頭痛，めまい，はき気等の症状を訴える者については，すみやかに医師による診断を受けさせること 　この場合，医師に作業環境の実態及び本人の職業歴，既往症等をできる限り詳細に伝えること		昭46.3.18 基発第223号
重量物取扱い作業，介護・看護作業等腰部に著しい負担のかかる作業	①配置前の健康診断 　配置前の労働者の健康状態を把握し，その後の健康管理の基礎資料とするため，配置前の健康診断の項目は，次のとおりとすること。 　(イ)既往歴（腰痛に関する病歴及びその経過）及び業務歴の調査 　(ロ)自覚症状（腰痛，下肢痛，下肢筋力減退，知覚障害等）の有無の検査 　(ハ)脊柱の検査：姿勢異常，脊柱の変形，脊柱の可動性及び疼痛，腰背筋の緊張及び圧痛，脊椎棘突起の圧痛等の検査 　(ニ)神経学的検査：神経伸展試験，深部腱反射，知覚検査，筋萎縮等の検査 　(ホ)脊柱機能検査：クラウス・ウェーバーテスト又はその変法（腹筋力，背筋力等の機能のテスト） 　なお，医師が必要と認める者については，画像診断と運動機能テスト等を行うこと。 ②定期健康診断 　(イ)定期に行う腰痛の健康診断の項目は，次のとおりとすること。 　　a　既往歴（腰痛に関する病歴及びその経過）及び業務歴の調査 　　b　自覚症状（腰痛，下肢痛，下肢筋力減退，知覚障害等）の有無の検査 　(ロ)(イ)の健康診断の結果，医師が必要と認める者については，次の項目についての健康診断を追加して行うこと。 　　a　脊柱の検査：姿勢異常，脊柱の変形，脊柱の可動性及び疼痛，腰背筋の緊張及び圧痛，脊椎棘突起の圧痛等の検査 　　b　神経学的検査：神経伸展試験，深部腱反射，知覚検査，徒手筋力テスト，筋萎縮等の検査		平25.6.18 基発0618 第1号 改正 令2.8.28 基発0828 第1号

対　　　象	検　査　項　目		通　　　達
	第１次健康診断	第２次健康診断	
	なお，医師が必要と認める者については，画像診断と運動機能テスト等を行うこと。		
金銭登録の業務	①業務歴，既往歴等の調査 ②問診 　肩こり，背痛，腕痛，頸部の張り，手のしびれ，手指の痛み，手の脱力感等の継続する自覚症状の有無 ③視診，触診 　(イ)せき柱の変形と可動性の異常の有無，棘突起の圧痛・叩打痛の有無 　(ロ)指，手，腕の運動機能の異常及び運動痛の有無 　(ハ)筋，腱，関節（頸，肩，背，手，指等）の圧痛，硬結及び腫張の有無 　(ニ)腕神経そうの圧痛及び上肢末梢循環障害の有無 　(ホ)上肢の知覚異常，筋，腱反射の異常の有無 ④握力の測定 ⑤視機能検査 注：1. 上記の健康診断の結果医師が必要と認める者については，必要な検査を追加して行うこと。 　　2. 雇入れの際，当該業務への配置替えの際及びその後６月以内ごとに１回，定期に，医師による健康診断を行うこと。		昭48. 3. 30 基発第188号 改正 昭48. 12. 22 基発第717号
情報機器作業	①配置前健康診断 　新たに情報機器作業を行うこととなった作業者（再配置の者を含む。）の配置前の健康状態を把握し，その後の健康管理を適正に進めるため，次の項目について必要な調査又は検査を実施すること。 　(イ)業務歴の調査 　(ロ)既往歴の調査 　(ハ)自覚症状の有無の調査 　　a 眼疲労を主とする視器に関する症状 　　b 上肢，頸肩腕部及び腰背部を主とする筋骨格系の症状 　　c ストレスに関する症状 　(ニ)眼科学的検査 　　a 視力検査 　　　(a)遠見視力の検査 　　　(b)近見視力の検査 　　b 屈折検査 　　c 自覚症状により目の疲労を訴える者に対しては，眼位検査，調節機能検査 　(ホ)筋骨格系に関する検査 　　a 上肢の運動機能，圧痛点等の検査 　　b その他医師が必要と認める検査 ②定期健康診断 　情報機器作業を行う作業者の配置後の健康状態を定期的に把握し，継続的な健康管理を適正に進めるため，１年以内ごとに１回，定期に，次の項目について必要な調査又は検査を実施すること。 　(イ)業務歴の調査 　(ロ)既往歴の調査 　(ハ)自覚症状の有無の調査 　　a 眼疲労を主とする視器に関する症状 　　b 上肢，頸肩腕部及び腰背部を主とする筋骨格系の症状 　　c ストレスに関する症状 　(ニ)眼科学的検査 　　a 視力検査 　　　(a)遠見視力の検査 　　　(b)近見視力の検査 　　　(c)40歳以上の者に対しては，調節機能検査及び医師の判断により眼位検査。ただし，(ハ)自覚症状の有無の調査において特に異常が認められず，(ニ) a (a)遠見視力又は(ニ) a (b)近見視力がいずれも，片眼視力（裸眼又は矯正）で両眼とも0.5以上が保持されている者については，省略して差し支えない。 　　b その他医師が必要と認める検査		令1. 7. 12 基発 第0712第3号 改正 令3. 12. 1 基発1201 第7号

	㈱筋骨格系に関する検査 　　a 上肢の運動機能，圧痛点等の検査 　　b その他医師が必要と認める検査	
レーザー機器を取り扱う業務 又はレーザー光線にさらされ るおそれのある業務	雇入れ又は配置替えの際に視力検査に併せて前眼部（角膜，水晶体） 検査を行うこと。	昭61.1.27 基発第39号 平17.3.25 基発第325002号

5　派遣中の労働者に関する派遣元・派遣先の責任分担

（「労働者派遣事業関係業務取扱要領（令和5年4月）」より）

〈労働基準法〉

派　　　遣　　　元	派　　　遣　　　先
均等待遇	均等待遇
男女同一賃金の原則	
強制労働の禁止	強制労働の禁止
	公民権行使の保障
労働契約	
賃金	
1か月単位の変形労働時間制，フレックスタイム制，1年単位の変形労働時間制の協定の締結・届出，時間外・休日労働の協定の締結・届出，事業場外労働に関する協定の締結・届出，専門業務型裁量労働制に関する協定の締結・届出	労働時間，休憩，休日
時間外・休日，深夜の割増賃金	
年次有給休暇	
最低年齢	
年少者の証明書	
	労働時間及び休日（年少者）
	深夜業（年少者）
	危険有害業務の就業制限（年少者及び妊産婦等）
	坑内労働の禁止（年少者）
	坑内業務の就業制限（妊産婦等）
帰郷旅費（年少者）	
産前産後の休業	
	産前産後の時間外，休日，深夜業
	育児時間
	生理日の就業が著しく困難な女性に対する措置
徒弟の弊害の排除	徒弟の弊害の排除
職業訓練に関する特例	
災害補償	
就業規則	
寄宿舎	
申告を理由とする不利益取扱禁止	申告を理由とする不利益取扱禁止
国の援助義務	国の援助義務
法令規則の周知義務	法令規則の周知義務（就業規則を除く）
労働者名簿	
賃金台帳	
記録の保存	記録の保存
報告の義務	報告の義務

〈労働安全衛生法〉

派　　　遣　　　元	派　　　遣　　　先
職場における安全衛生を確保する事業者の責務	職場における安全衛生を確保する事業者の責務
事業者等の実施する労働災害の防止に関する措置に協力する労働者の責務	事業者等の実施する労働災害の防止に関する措置に協力する労働者の責務
労働災害防止計画の実施に係る厚生労働大臣の勧告等	労働災害防止計画の実施に係る厚生労働大臣の勧告等

派　遣　元	派　遣　先
総括安全衛生管理者の選任等	総括安全衛生管理者の選任等
	安全管理者の選任等
衛生管理者の選任等	衛生管理者の選任等
安全衛生推進者の選任等	安全衛生推進者の選任等
産業医の選任等	産業医の選任等
	作業主任者の選任等
	統括安全衛生責任者の選任等
	元方安全衛生管理者の選任等
	店社安全衛生管理者の選任等
	安全委員会
衛生委員会	衛生委員会
安全管理者等に対する教育等	安全管理者等に対する教育等
	労働者の危険又は健康障害を防止するための措置
	事業者の講ずべき措置
	労働者の遵守すべき事項
	事業者の行うべき調査等
	元方事業者の講ずべき措置
	特定元方事業者の講ずべき措置
	定期自主検査
	化学物質の有害性の調査
安全衛生教育（雇入れ時，作業内容変更時）	安全衛生教育（作業内容変更時，危険有害業務就業時）
	職長教育
危険有害業務従事者に対する教育	危険有害業務従事者に対する教育
	就業制限
中高年齢者等についての配慮	中高年齢者等についての配慮
事業者が行う安全衛生教育に対する国の援助	事業者が行う安全衛生教育に対する国の援助
	作業環境測定
	作業環境測定の結果の評価等
	作業の管理
	作業時間の制限
健康診断（一般健康診断等，当該健康診断結果についての意見聴取）	健康診断（有害な業務に係る健康診断等，当該健康診断結果についての意見聴取）
健康診断（健康診断実施後の作業転換等の措置）	健康診断（健康診断実施後の作業転換等の措置）
健康診断の結果通知	
医師等による保健指導	
	労働時間の状況の把握
医師による面接指導等	
心理的な負担の程度を把握するための検査等（検査の実施，結果の通知，医師による面接指導，当該検査結果の意見聴取，作業転換等の措置）	
	病者の就業禁止
	受動喫煙の防止
健康教育等	健康教育等
体育活動等についての便宜供与等	体育活動等についての便宜供与等
	快適な職場環境の形成のための措置
	安全衛生改善計画等
	機械等の設置，移転に係る計画の届出，審査等
申告を理由とする不利益取扱禁止	申告を理由とする不利益取扱禁止
	使用停止命令等
報告等	報告等
法令の周知	法令の周知
書類の保存等	書類の保存等
事業者が行う安全衛生施設の整備等に対する国の援助	事業者が行う安全衛生施設の整備等に対する国の援助
疫学的調査等	疫学的調査等

〈雇用の分野における男女の均等な機会及び待遇の確保等に関する法律〉

派　　遣　　元	派　　遣　　先
妊娠・出産等を理由とする解雇その他不利益取扱いの禁止	妊娠・出産等を理由とする不利益取扱いの禁止
職場における性的な言動に起因する問題に関する雇用管理上の措置	職場における性的な言動に起因する問題に関する雇用管理上及び指揮命令上の措置
職場における性的な言動に起因する問題に関する事業主の責務	職場における性的な言動に起因する問題に関する事業主の責務
職場における妊娠，出産等に関する言動に起因する問題に関する雇用管理上の措置	職場における妊娠，出産等に関する言動に起因する問題に関する雇用管理上及び指揮命令上の措置
職場における妊娠，出産等に関する言動に起因する問題に関する事業主の責務	職場における妊娠，出産等に関する言動に起因する問題に関する事業主の責務
妊娠中及び出産後の健康管理に関する措置	妊娠中及び出産後の健康管理に関する措置

〈育児休業，介護休業等育児又は家族介護を行う労働者の福祉に関する法律〉

派　　遣　　元	派　　遣　　先
育児休業（出生時育児休業含む），介護休業，子の看護休暇，介護休暇，所定外労働の制限，時間外労働の制限，深夜業の制限，本人又は配偶者の妊娠・出産等の申出，出生時育児休業期間中の就業可能日等の申出を行わなかったこと等，所定労働時間の短縮措置等を理由とする解雇その他不利益取扱いの禁止	育児休業（出生時育児休業含む），介護休業，子の看護休暇，介護休暇，所定外労働の制限，時間外労働の制限，深夜業の制限，本人又は配偶者の妊娠・出産等の申出，出生時育児休業期間中の就業可能日等の申出を行わなかったこと等，所定労働時間の短縮措置等を理由とする不利益取扱いの禁止
職場における育児休業，介護休業等に関する言動に起因する問題に関する雇用管理上の措置	職場における育児休業，介護休業等に関する言動に起因する問題に関する雇用管理上及び指揮命令上の措置
職場における育児休業，介護休業等に関する言動に起因する問題に関する事業主の責務	職場における育児休業，介護休業等に関する言動に起因する問題に関する事業主の責務

〈労働施策総合推進法〉

派　　遣　　元	派　　遣　　先
職場における優越的な関係を背景とした言動に起因する問題に関する雇用管理上の措置	職場における優越的な関係を背景とした言動に起因する問題に関する雇用管理上及び指揮命令上の措置
職場における優越的な関係を背景とした言動に起因する問題に関する事業主の責務	職場における優越的な関係を背景とした言動に起因する問題に関する事業主の責務

Ⅱ　労働基準法

労働基準法

（昭和22.4.7法律第49号）

（最終改正：令和4.6.17法律第68号）

1 制定の趣旨及び改正の経緯

　日本国憲法では，第27条第2項において「賃金，就業時間，休息その他の勤労条件に関する基準は，法律でこれを定める」と，さらに，第25条第1項において，「すべて国民は，健康で文化的な最低限度の生活を営む権利を有する」と規定しているが，契約自由の原則の中で，経済的弱者である労働者が，低賃金，長時間労働という劣悪な労働条件を甘受する結果となることなく，労働者に健康で文化的な生活を保障するため，国家が労働条件の基準を定めて，使用者が労働条件をそれ以下に引き下げないように規制を加えることとし，昭和22年，労働基準法が制定された。

　その後，昭和34年の最低賃金法の制定，昭和47年の労働安全衛生法の制定に伴い，それぞれ関係の規定が削除された。また，昭和62年には，法定労働時間の短縮，フレックスタイム制等の導入，年次有給休暇制度の改善等を内容とする改正が行われ，昭和63年から施行された。平成9年の男女雇用機会均等法の改正に伴い，満18歳以上の女性の時間外・休日労働，深夜業の規制の規定が削除された。

　平成10年には，労働契約期間の上限の延長，主要な労働条件について書面による明示，1か月単位の変形労働時間制・1年単位の変形労働時間制の要件変更，年次有給休暇の付与日数の引上げ，新たな裁量労働制の創設等を内容とする改正が行われた。

　平成15年には，労働契約期間の上限の延長，解雇に係る規定の整備（平成19年12月改正で「労働契約法」へ移設）及び裁量労働制の見直しを中心とする改正が行われた。

　平成20年には，時間外労働の法定割増賃金率の引き上げ，割増賃金の支払いに代えて有給の休暇を付与，年次有給休暇を時間単位で取得等の改正が行われた。

　また，「働き方改革を推進するための関係法律の整備に関する法律」（平成30年法律第71号）の公布により労働基準法が改正された（平成30年7月6日）。これにより，時間外労働の罰則付き上限規制，フレックスタイム制の清算期間見直し，年次有給休暇の確実付与等を内容とする改正が行われた（平成31年4月1日施行）。

　令和2年には，賃金請求権の消滅時効期間や，賃金台帳などの記録の保存期間，解雇予告手当などの付加金の請求期間を，それぞれ5年に延長する改正が行われた（令和2年4月1日施行，経過措置あり）。

2 労働基準法の概要

1 第1章 総則関係

(1) 労働条件の原則

（労働条件の原則）

第1条　労働条件は，労働者が人たるに値する生活を営むための必要を充たすべきものでなければならない。

②　この法律で定める労働条件の基準は最低のものであるから，労働関係の当事者は，この基準を理由として労働条件を低下させてはならないことはもとより，その向上を図るように努めなければならない。

---

(2) 労働条件の決定

（労働条件の決定）

第2条　労働条件は，労働者と使用者が，対等の立場において決定すべきものである。

②　労働者及び使用者は，労働協約，就業規則及び労働契約を遵守し，誠実に各々その義務を履行しなければならない。

---

(3) 均等待遇

（均等待遇）

第3条　使用者は，労働者の国籍，信条又は社会的身分を理由として，賃金，労働時間その他の労働条件について，差別的取扱をしてはならない。

---

(4) 男女同一賃金の原則

（男女同一賃金の原則）

第4条　使用者は，労働者が女性であることを理由として，賃金について，男性と差別的取扱をしてはならない。

---

(5) 強制労働の禁止

（強制労働の禁止）

第5条　使用者は，暴行，脅迫，監禁その他精神又は身体の自由を不当に拘束する手段によつて，労働者の意思に反して労働を強制してはならない。

（6） 中間搾取の排除

（中間搾取の排除）

第6条 何人も，法律に基いて許される場合の外，業として他人の就業に介入して利益を得てはならない。

（7） 公民権行使の保障

（公民権行使の保障）

第7条 使用者は，労働者が労働時間中に，選挙権その他公民としての権利を行使し，又は公の職務を執行するために必要な時間を請求した場合においては，拒んではならない。但し，権利の行使又は公の職務の執行に妨げがない限り，請求された時刻を変更することができる。

第8条 削除

（8） 労働者の定義

（定義）

第9条 この法律で「労働者」とは，職業の種類を問わず，事業又は事務所（以下「事業」という。）に使用される者で，賃金を支払われる者をいう。

（9） 使用者の定義

第10条 この法律で使用者とは，事業主又は事業の経営担当者その他その事業の労働者に関する事項について，事業主のために行為をするすべての者をいう。

（10） 賃金の定義

第11条 この法律で賃金とは，賃金，給料，手当，賞与その他名称の如何を問わず，労働の対償として使用者が労働者に支払うすべてのものをいう。

(11) 平均賃金

第12条　この法律で平均賃金とは，これを算定すべき事由の発生した日以前3箇月間にその労働者に対し支払われた賃金の総額を，その期間の総日数で除した金額をいう。ただし，その金額は，次の各号の1によつて計算した金額を下つてはならない。

1　賃金が，労働した日若しくは時間によつて算定され，又は出来高払制その他の請負制によつて定められた場合においては，賃金の総額をその期間中に労働した日数で除した金額の100分の60

2　賃金の一部が，月，週その他一定の期間によつて定められた場合においては，その部分の総額をその期間の総日数で除した金額と前号の金額の合算額

②　前項の期間は，賃金締切日がある場合においては，直前の賃金締切日から起算する。

③　前二項に規定する期間中に，次の各号のいずれかに該当する期間がある場合においては，その日数及びその期間中の賃金は，前二項の期間及び賃金の総額から控除する。

1　業務上負傷し，又は疾病にかかり療養のために休業した期間

2　産前産後の女性が第65条の規定によつて休業した期間

3　使用者の責めに帰すべき事由によつて休業した期間

4　育児休業，介護休業等育児又は家族介護を行う労働者の福祉に関する法律（平成3年法律第76号）第2条第1号に規定する育児休業又は同条第2号に規定する介護休業（同法第61条第3項（同条第6項において準用する場合を含む。）に規定する介護をするための休業を含む。第39条第10項において同じ。）をした期間

5　試みの使用期間

④　第1項の賃金の総額には，臨時に支払われた賃金及び3箇月を超える期間ごとに支われる賃金並びに通貨以外のもので支払われた賃金で一定の範囲に属しないものは算入しない。

⑤　賃金が通貨以外のもので支払われる場合，第1項の賃金の総額に算入すべきものの範囲及び評価に関し必要な事項は，厚生労働省令で定める。

⑥　雇入後3箇月に満たない者については，第1項の期間は，雇入後の期間とする。

⑦　日日雇い入れられる者については，その従事する事業又は職業について，厚生労働大臣の定める金額を平均賃金とする。

⑧　第1項乃至第6項によつて算定し得ない場合の平均賃金は，厚生労働大臣の定めるところによる。

2 第2章 労働契約関係

(1) 本法違反の契約

（この法律違反の契約）

第13条　この法律で定める基準に達しない労働条件を定める労働契約は，その部分については無効とする。この場合において，無効となつた部分は，この法律で定める基準による。

---

(2) 契約期間等

（契約期間等）

第14条　労働契約は，期間の定めのないものを除き，一定の事業の完了に必要な期間を定めるもののほかは，3年（次の各号のいずれかに該当する労働契約にあつては，5年）を超える期間について締結してはならない。

1　専門的な知識，技術又は経験（以下この号及び第41条の2第1項第1号において「専門的知識等」という。）であつて高度のものとして厚生労働大臣が定める基準に該当する専門的知識等を有する労働者（当該高度の専門的知識等を必要とする業務に就く者に限る。）との間に締結される労働契約

2　満60歳以上の労働者との間に締結される労働契約（前号に掲げる労働契約を除く。）

②　厚生労働大臣は，期間の定めのある労働契約の締結時及び当該労働契約の期間の満了時において労働者と使用者との間に紛争が生ずることを未然に防止するため，使用者が講ずべき労働契約の期間の満了に係る通知に関する事項その他必要な事項についての基準を定めることができる。

③　行政官庁は，前項の基準に関し，期間の定めのある労働契約を締結する使用者に対し，必要な助言及び指導を行うことができる。

---

(3) 労働条件の明示

（労働条件の明示）

第15条　使用者は，労働契約の締結に際し，労働者に対して賃金，労働時間その他の労働条件を明示しなければならない。この場合において，賃金及び労働時間に関する事項その他の厚生労働省令で定める事項については，厚生労働省令で定める方法により明示しなければならない。

②　前項の規定によつて明示された労働条件が事実と相違する場合においては，労働者は，即時に労働契約を解除することができる。

③　前項の場合，就業のために住居を変更した労働者が，契約解除の日から14日以内

に帰郷する場合においては，使用者は，必要な旅費を負担しなければならない。

----- 労　基　則 -----

〔労働条件〕

第5条　使用者が法第15条第1項前段の規定により労働者に対して明示しなければならない労働条件は，次に掲げるものとする。ただし，第1号の2に掲げる事項については期間の定めのある労働契約（以下この条において「有期労働契約」という。）であつて当該労働契約の期間の満了後に当該労働契約を更新する場合があるものの締結の場合に限り，第4号の2から第11号までに掲げる事項については使用者がこれらに関する定めをしない場合においては，この限りでない。

1　労働契約の期間に関する事項

1の2　有期労働契約を更新する場合の基準に関する事項（通算契約期間（労働契約法（平成19年法律第128号）第18条第1項に規定する通算契約期間をいう。）又は有期労働契約の更新回数に上限の定めがある場合には当該上限を含む。）

1の3　就業の場所及び従事すべき業務に関する事項（就業の場所及び従事すべき業務の変更の範囲を含む）

2　始業及び終業の時刻，所定労働時間を超える労働の有無，休憩時間，休日，休暇並びに労働者を二組以上に分けて就業させる場合における就業時転換に関する事項

3　賃金（退職手当及び第5号に規定する賃金を除く。以下この号において同じ。）の決定，計算及び支払の方法，賃金の締切り及び支払の時期並びに昇給に関する事項

4　退職に関する事項（解雇の事由を含む。）

4の2　退職手当の定めが適用される労働者の範囲，退職手当の決定，計算及び支払の方法並びに退職手当の支払の時期に関する事項

5　臨時に支払われる賃金（退職手当を除く。），賞与及び第8条各号に掲げる賃金並びに最低賃金額に関する事項

6　労働者に負担させるべき食費，作業用品その他に関する事項

7　安全及び衛生に関する事項

8　職業訓練に関する事項

9　災害補償及び業務外の傷病扶助に関する事項

10　表彰及び制裁に関する事項

11　休職に関する事項

②　使用者は，法第15条第1項前段の規定により労働者に対して明示しなければならない労働条件を事実と異なるものとしてはならない。

③　法第15条第1項後段の厚生労働省令で定める事項は，第1項第1号から第4号までに掲げる事項（昇給に関する事項を除く。）とする。

④　法第15条第1項後段の厚生労働省令で定める方法は，労働者に対する前項に規定する事項が明らかとなる書面の交付とする。ただし，当該労働者が同項に規定する事項が明らかとなる次のいずれかの方法によることを希望した場合には，当該方法とすることができる。

1　ファクシミリを利用してする送信の方法

2　電子メールその他のその受信をする者を特定して情報を伝達するために用いられる電気通信（電気通信事業法（昭和59年法律第86号）第2条第1号に規定する電気通信をいう。以下この号において「電子メール等」という。）の送信の方法（当該労働者が当該電子メール等の記録を出力することにより書面を作成することができるものに限る。）

⑤　その契約期間内に労働者が労働契約法第18条第1項の適用を受ける期間の定めのない労働契約の締結の申込み（以下「労働契約法第18条第1項の無期転換申込み」という。）をすることができることとなる有期労働契約の締結の場合においては，使用者が法第15条第1項前段の規定により労働者に対して明示しなければならない労働条件は，第1項に規定するもののほか，労働契約法第18条第1項の無期転換申込みに関する事項並びに当該申込みに係る期間の定めのない労働契約の内容である労働条件のうち第1項第1号及び第1号の3から第11号までに掲げる事項とする。ただし，当該申込みに係る期間の定めのない労働契約の内容である労働条件のうち同項第4号の2から第11号までに掲げる事項については，使用者がこれらに関する定めをしない場合においては，この限りでない。

⑥　その契約期間内に労働者が労働契約法第18条第1項の無期転換申込みをすることができることとなる有期労働契約の締結の場合においては，法第15条第1項後段の厚生労働省令で定める事項は，第3項に規定するもののほか，労働契約法第18条第1項の無期転換申込みに関する事項並びに当該申込みに係る期間の定めのない労働契約の内容である労働条件のうち第1項第1号及び第1号の3から第4号までに掲げる事項（昇給に関する事項を除く。）とする。

（4）　賠償予定の禁止

（賠償予定の禁止）

第16条　使用者は，労働契約の不履行について違約金を定め，又は損害賠償額を予定する契約をしてはならない。

（5）　前借金相殺の禁止

（前借金相殺の禁止）

第17条　使用者は，前借金その他労働することを条件とする前貸の債権と賃金を相殺してはならない。

（6）　強制貯金

（強制貯金）

第18条　使用者は，労働契約に附随して貯蓄の契約をさせ，又は貯蓄金を管理する契約をしてはならない。

②　使用者は，労働者の貯蓄金をその委託を受けて管理しようとする場合においては，当該事業場に，労働者の過半数で組織する労働組合があるときはその労働組合，労働者の過半数で組織する労働組合がないときは労働者の過半数を代表する者との書面による協定をし，これを行政官庁に届け出なければならない。

③　使用者は，労働者の貯蓄金をその委託を受けて管理する場合においては，貯蓄金の管理に関する規程を定め，これを労働者に周知させるため作業場に備え付ける等の措置をとらなければならない。

④　使用者は，労働者の貯蓄金をその委託を受けて管理する場合において，貯蓄金の管理が労働者の預金の受入であるときは，利子をつけなければならない。この場合において，その利子が，金融機関の受け入れる預金の利率を考慮して厚生労働省令で定める利率による利子を下るときは，その厚生労働省令で定める利率による利子をつけたものとみなす。

⑤　使用者は，労働者の貯蓄金をその委託を受けて管理する場合において，労働者がその返還を請求したときは，遅滞なく，これを返還しなければならない。

⑥　使用者が前項の規定に違反した場合において，当該貯蓄金の管理を継続することが労働者の利益を著しく害すると認められるときは，行政官庁は，使用者に対して，その必要な限度の範囲内で，当該貯蓄金の管理を中止すべきことを命ずることができる。

⑦　前項の規定により貯蓄金の管理を中止すべきことを命ぜられた使用者は，遅滞なく，その管理に係る貯蓄金を労働者に返還しなければならない。

（7）　解雇制限

（解雇制限）

第19条　使用者は，労働者が業務上負傷し，又は疾病にかかり療養のために休業する

期間及びその後30日間並びに産前産後の女性が第65条の規定によつて休業する期間及びその後30日間は，解雇してはならない。ただし，使用者が第81条の規定によつて打切補償を支払う場合又は天災事変その他やむを得ない事由のために事業の継続が不可能となつた場合においては，この限りでない。

② 前項但書後段の場合においては，その事由について行政官庁の認定を受けなければならない。

（8） 解雇の予告

（解雇の予告）

第20条 使用者は，労働者を解雇しようとする場合においては，少くとも30日前にその予告をしなければならない。30日前に予告をしない使用者は，30日分以上の平均賃金を支払わなければならない。但し，天災事変その他やむを得ない事由のために事業の継続が不可能となつた場合又は労働者の責に帰すべき事由に基いて解雇する場合においては，この限りでない。

② 前項の予告の日数は，1日について平均賃金を支払つた場合においては，その日数を短縮することができる。

③ 前条第2項の規定は，第1項但書の場合にこれを準用する。

（9） 解雇予告の特例

第21条 前条の規定は，左〈編注・下〉の各号の1に該当する労働者については適用しない。但し，第1号に該当する者が1箇月を超えて引き続き使用されるに至つた場合，第2号若しくは第3号に該当する者が所定の期間を超えて引き続き使用されるに至つた場合又は第4号に該当する者が14日を超えて引き続き使用されるに至つた場合においては，この限りでない。

1 日日雇い入れられる者

2 2箇月以内の期間を定めて使用される者

3 季節的業務に4箇月以内の期間を定めて使用される者

4 試の使用期間中の者

（10） 退職時等の証明

（退職時等の証明）

第22条 労働者が，退職の場合において，使用期間，業務の種類，その事業における地位，賃金又は退職の事由（退職の事由が解雇の場合にあつては，その理由を含む。）について証明書を請求した場合においては，使用者は，遅滞なくこれを交付しなけ

ればならない。

② 労働者が，第20条第1項の解雇の予告がされた日から退職の日までの間において，当該解雇の理由について証明書を請求した場合においては，使用者は，遅滞なくこれを交付しなければならない。ただし，解雇の予告がされた日以後に労働者が当該解雇以外の事由により退職した場合においては，使用者は，当該退職の日以後，これを交付することを要しない。

③ 前二項の証明書には，労働者の請求しない事項を記入してはならない。

④ 使用者は，あらかじめ第三者と謀り，労働者の就業を妨げることを目的として，労働者の国籍，信条，社会的身分若しくは労働組合運動に関する通信をし，又は第1項及び第2項の証明書に秘密の記号を記入してはならない。

(11) 金品の返還

（金品の返還）

第23条　使用者は，労働者の死亡又は退職の場合において，権利者の請求があつた場合においては，7日以内に賃金を支払い，積立金，保証金，貯蓄金その他名称の如何を問わず，労働者の権利に属する金品を返還しなければならない。

② 前項の賃金又は金品に関して争がある場合においては，使用者は，異議のない部分を，同項の期間中に支払い，又は返還しなければならない。

3　第3章　賃金関係

(1) 賃金の支払

（賃金の支払）

第24条　賃金は，通貨で，直接労働者に，その全額を支払わなければならない。ただし，法令若しくは労働協約に別段の定めがある場合又は厚生労働省令で定める賃金について確実な支払の方法で厚生労働省令で定めるものによる場合においては，通貨以外のもので支払い，また，法令に別段の定めがある場合又は当該事業場の労働者の過半数で組織する労働組合があるときはその労働組合，労働者の過半数で組織する労働組合がないときは労働者の過半数を代表する者との書面による協定がある場合においては，賃金の一部を控除して支払うことができる。

② 賃金は，毎月1回以上，一定の期日を定めて支払わなければならない。ただし，臨時に支払われる賃金，賞与その他これに準ずるもので厚生労働省令で定める賃金（第89条において「臨時の賃金等」という。）については，この限りでない。

（2）　非常時払

（非常時払）
第25条　使用者は，労働者が出産，疾病，災害その他厚生労働省令で定める非常の場合の費用に充てるために請求する場合においては，支払期日前であつても，既往の労働に対する賃金を支払わなければならない。

―――労　基　則―――

〔非常時払〕
第9条　法第25条に規定する非常の場合は，次に掲げるものとする。
1　労働者の収入によつて生計を維持する者が出産し，疾病にかかり，又は災害をうけた場合
2　労働者又はその収入によつて生計を維持する者が結婚し，又は死亡した場合
3　労働者又はその収入によつて生計を維持する者がやむを得ない事由により1週間以上にわたつて帰郷する場合

（3）　休業手当

（休業手当）
第26条　使用者の責に帰すべき事由による休業の場合においては，使用者は，休業期間中当該労働者に，その平均賃金の100分の60以上の手当を支払わなければならない。

（4）　出来高払制の保障給

（出来高払制の保障給）
第27条　出来高払制その他の請負制で使用する労働者については，使用者は，労働時間に応じ一定額の賃金の保障をしなければならない。

（5）　最低賃金

（最低賃金）
第28条　賃金の最低基準に関しては，最低賃金法（昭和34年法律第137号）の定めるところによる。
第29条から第31条まで　削除

4　第4章　労働時間，休憩，休日及び年次有給休暇関係

（1）　労働時間

（労働時間）

第32条　使用者は，労働者に，休憩時間を除き1週間について40時間を超えて，労働させてはならない。

②　使用者は，1週間の各日については，労働者に，休憩時間を除き1日について8時間を超えて，労働させてはならない。

（2）　1箇月単位の変形労働時間制

第32条の2　使用者は，当該事業場に，労働者の過半数で組織する労働組合がある場合においてはその労働組合，労働者の過半数で組織する労働組合がない場合においては労働者の過半数を代表する者との書面による協定により，又は就業規則その他これに準ずるものにより，1箇月以内の一定の期間を平均し1週間当たりの労働時間が前条第1項の労働時間を超えない定めをしたときは，同条の規定にかかわらず，その定めにより，特定された週において同項の労働時間又は特定された日において同条第2項の労働時間を超えて，労働させることができる。

②　使用者は，厚生労働省令で定めるところにより，前項の協定を行政官庁に届け出なければならない。

（3）　フレックスタイム制

第32条の3　使用者は，就業規則その他これに準ずるものにより，その労働者に係る始業及び終業の時刻をその労働者の決定に委ねることとした労働者については，当該事業場の労働者の過半数で組織する労働組合がある場合においてはその労働組合，労働者の過半数で組織する労働組合がない場合においては労働者の過半数を代表する者との書面による協定により，次に掲げる事項を定めたときは，その協定で第2号の清算期間として定められた期間を平均し1週間当たりの労働時間が第32条第1項の労働時間を超えない範囲内において，同条の規定にかかわらず，1週間において同項の労働時間又は1日において同条第2項の労働時間を超えて，労働させることができる。

1　この項の規定による労働時間により労働させることができることとされる労働者の範囲

2　清算期間（その期間を平均し1週間当たりの労働時間が第32条第1項の労働時間を超えない範囲内において労働させる期間をいい，3箇月以内の期間に限るものとする。以下この条及び次条において同じ。）

　　3　清算期間における総労働時間

　　4　その他厚生労働省令で定める事項

②　清算期間が１箇月を超えるものである場合における前項の規定の適用については，同項各号列記以外の部分中「労働時間を超えない」とあるのは「労働時間を超えず，かつ，当該清算期間をその開始の日以後１箇月ごとに区分した各期間（最後に１箇月未満の期間を生じたときは，当該期間。以下この項において同じ。）ごとに当該各期間を平均し１週間当たりの労働時間が50時間を超えない」と，「同項」とあるのは「同条第１項」とする。

③　１週間の所定労働日数が５日の労働者について第１項の規定により労働させる場合における同項の規定の適用については，同項各号列記以外の部分（前項の規定により読み替えて適用する場合を含む。）中「第32条第１項の労働時間」とあるのは「第32条第１項の労働時間（当該事業場の労働者の過半数で組織する労働組合がある場合においてはその労働組合，労働者の過半数で組織する労働組合がない場合においては労働者の過半数を代表する者との書面による協定により，労働時間の限度について，当該清算期間における所定労働日数を同条第２項の労働時間に乗じて得た時間とする旨を定めたときは，当該清算期間における日数を７で除して得た数をもつてその時間を除して得た時間）」と，「同項」とあるのは「同条第一項」とする。

④　前条第２項の規定は，第１項各号に掲げる事項を定めた協定について準用する。ただし，清算期間が１箇月以内のものであるときは，この限りでない。

第32条の３の２　使用者が，清算期間が１箇月を超えるものであるときの当該清算期間中の前条第１項の規定により労働させた期間が当該清算期間より短い労働者について，当該労働させた期間を平均し１週間当たり40時間を超えて労働させた場合においては，その超えた時間（第33条又は第36条第１項の規定により延長し，又は休日に労働させた時間を除く。）の労働については，第37条の規定の例により割増賃金を支払わなければならない。

------労　基　則------

〔フレックスタイム制の労使協定で定める事項〕

第12条の３　法第32条の３第１項（同条第２項及び第３項の規定により読み替えて適用する場合を含む。以下この条において同じ。）第４号の厚生労働省令で定める事項は，次に掲げるものとする。

　　1　標準となる１日の労働時間

　　2　労働者が労働しなければならない時間帯を定める場合には，その時間帯の開始及び終了の時刻

　　3　労働者がその選択により労働することができる時間帯に制限を設ける場合には，その時間帯の開始及び終了の時刻

　　4　法第32条の３第１項第２号の清算期間が１箇月を超えるものである場合にあつ

ては，同項の協定（労働協約による場合を除き，労使委員会の決議及び労働時間
等設定改善委員会の決議を含む。）の有効期間の定め
② 法第32条の3第4項において準用する法第32条の2第2項の規定による届出は，
様式第3号の3により，所轄労働基準監督署長にしなければならない。

（4） 1年単位の変形労働時間制

第32条の4 使用者は，当該事業場に，労働者の過半数で組織する労働組合がある場
合においてはその労働組合，労働者の過半数で組織する労働組合がない場合におい
ては労働者の過半数を代表する者との書面による協定により，次に掲げる事項を定
めたときは，第32条の規定にかかわらず，その協定で第2号の対象期間として定め
られた期間を平均し1週間当たりの労働時間が40時間を超えない範囲内において，
当該協定（次項の規定による定めをした場合においては，その定めを含む。）で定め
るところにより，特定された週において同条第1項の労働時間又は特定された日に
おいて同条第2項の労働時間を超えて，労働させることができる。
1 この条の規定による労働時間により労働させることができることとされる労働
者の範囲
2 対象期間（その期間を平均し1週間当たりの労働時間が40時間を超えない範囲
内において労働させる期間をいい，1箇月を超え1年以内の期間に限るものとす
る。以下この条及び次条において同じ。）
3 特定期間（対象期間中の特に業務が繁忙な期間をいう。第3項において同じ。）
4 対象期間における労働日及び当該労働日ごとの労働時間（対象期間を1箇月以
上の期間ごとに区分することとした場合においては，当該区分による各期間のう
ち当該対象期間の初日の属する期間（以下この条において「最初の期間」という。）
における労働日及び当該労働日ごとの労働時間並びに当該最初の期間を除く各期
間における労働日数及び総労働時間）
5 その他厚生労働省令で定める事項
② 使用者は，前項の協定で同項第4号の区分をし当該区分による各期間のうち最初
の期間を除く各期間における労働日数及び総労働時間を定めたときは，当該各期間
の初日の少なくとも30日前に，当該事業場に，労働者の過半数で組織する労働組合
がある場合においてはその労働組合，労働者の過半数で組織する労働組合がない場
合においては労働者の過半数を代表する者の同意を得て，厚生労働省令で定めると
ころにより，当該労働日数を超えない範囲内において当該各期間における労働日及
び当該総労働時間を超えない範囲内において当該各期間における労働日ごとの労働
時間を定めなければならない。
③ 厚生労働大臣は，労働政策審議会の意見を聴いて，厚生労働省令で，対象期間に
おける労働日数の限度並びに1日及び1週間の労働時間の限度並びに対象期間（第

１項の協定で特定期間として定められた期間を除く。）及び同項の協定で特定期間として定められた期間における連続して労働させる日数の限度を定めることができる。

④　第32条の２第２項の規定は，第１項の協定について準用する。

第32条の４の２　使用者が，対象期間中の前条の規定により労働させた期間が当該対象期間より短い労働者について，当該労働させた期間を平均し１週間当たり40時間を超えて労働させた場合においては，その超えた時間（第33条又は第36条第１項の規定により延長し，又は休日に労働させた時間を除く。）の労働については，第37条の規定の例により割増賃金を支払わなければならない。

┌── 労 基 則 ──────────────────────────────

〔労働時間の限度等〕

第12条の４　法第32条の４第１項の協定（労働協約による場合を除き，労使委員会の決議及び労働時間等設定改善委員会の決議を含む。）において定める同項第５号の厚生労働省令で定める事項は，有効期間の定めとする。

②　使用者は，法第32条の４第２項の規定による定めは，書面により行わなければならない。

③　法第32条の４第３項の厚生労働省令で定める労働日数の限度は，同条第１項第２号の対象期間（以下この条において「対象期間」という。）が３箇月を超える場合は対象期間について１年当たり280日とする。ただし，対象期間が３箇月を超える場合において，当該対象期間の初日の前１年以内の日を含む３箇月を超える期間を対象期間として定める法第32条の４第１項の協定（労使委員会の決議及び労働時間等設定改善委員会の決議を含む。）（複数ある場合においては直近の協定（労使委員会の決議及び労働時間等設定改善委員会の決議を含む。）。以下この項において「旧協定」という。）があつた場合において，１日の労働時間のうち最も長いものが旧協定の定める１日の労働時間のうち最も長いもの若しくは９時間のいずれか長い時間を超え，又は１週間の労働時間のうち最も長いものが旧協定の定める１週間の労働時間のうち最も長いもの若しくは48時間のいずれか長い時間を超えるときは，旧協定の定める対象期間について１年当たりの労働日数から１日を減じた日数又は280日のいずれか少ない日数とする。

④　法第32条の４第３項の厚生労働省令で定める１日の労働時間の限度は10時間とし，１週間の労働時間の限度は52時間とする。この場合において，対象期間が３箇月を超えるときは，次の各号のいずれにも適合しなければならない。

　　１　対象期間において，その労働時間が48時間を超える週が連続する場合の週数が３以下であること。

　　２　対象期間をその初日から３箇月ごとに区分した各期間（３箇月未満の期間を生じたときは，当該期間）において，その労働時間が48時間を超える週の初日の数

が３以下であること。

⑤　法第32条の４第３項の厚生労働省令で定める対象期間における連続して労働させる日数の限度は６日とし，同条第１項の協定（労使委員会の決議及び労働時間等設定改善委員会の決議を含む。）で特定期間として定められた期間における連続して労働させる日数の限度は１週間に１日の休日が確保できる日数とする。

⑥　法第32条の４第４項において準用する法第32条の２第２項の規定による届出は，様式第４号により，所轄労働基準監督署長にしなければならない。

（5）　１週間単位の非定型的変形労働時間制

第32条の５　使用者は，日ごとの業務に著しい繁閑の差が生ずることが多く，かつ，これを予測した上で就業規則その他これに準ずるものにより各日の労働時間を特定することが困難であると認められる厚生労働省令で定める事業であつて，常時使用する労働者の数が厚生労働省令で定める数未満のものに従事する労働者については，当該事業場に，労働者の過半数で組織する労働組合がある場合においてはその労働組合，労働者の過半数で組織する労働組合がない場合においては労働者の過半数を代表する者との書面による協定があるときは，第32条第２項の規定にかかわらず，１日について10時間まで労働させることができる。

②　使用者は，前項の規定により労働者に労働させる場合においては，厚生労働省令で定めるところにより，当該労働させる１週間の各日の労働時間を，あらかじめ，当該労働者に通知しなければならない。

③　第32条の２第２項の規定は，第１項の協定について準用する。

------ 労　基　則 ------

〔１週間単位の非定型的変形労働時間制の対象事業等〕

第12条の５　法第32条の５第１項の厚生労働省令で定める事業は，小売業，旅館，料理店及び飲食店の事業とする。

②　法第32条の５第１項の厚生労働省令で定める数は，30人とする。

③　法第32条の５第２項の規定による１週間の各日の労働時間の通知は，少なくとも，当該１週間の開始する前に，書面により行わなければならない。ただし，緊急でやむを得ない事由がある場合には，使用者は，あらかじめ通知した労働時間を変更しようとする日の前日までに書面により当該労働者に通知することにより，当該あらかじめ通知した労働時間を変更することができる。

④　法第32条の５第３項において準用する法第32条の２第２項の規定による届出は，様式第５号により，所轄労働基準監督署長にしなければならない。

⑤　使用者は法第32条の５の規定により労働者に労働させる場合において，１週間の各日の労働時間を定めるに当たつては，労働者の意思を尊重するよう努めなければ

ならない。

第12条の6　使用者は，法第32条の2，第32条の4又は第32条の5の規定により労働者に労働させる場合には，育児を行う者，老人等の介護を行う者，職業訓練又は教育を受ける者その他特別の配慮を要する者については，これらの者が育児等に必要な時間を確保できるような配慮をしなければならない。

（6）　災害等による臨時の必要がある場合の時間外労働等

（災害等による臨時の必要がある場合の時間外労働等）

第33条　災害その他避けることのできない事由によつて，臨時の必要がある場合においては，使用者は，行政官庁の許可を受けて，その必要の限度において第32条から前条まで若しくは第40条の労働時間を延長し，又は第35条の休日に労働させることができる。ただし，事態急迫のために行政官庁の許可を受ける暇がない場合においては，事後に遅滞なく届け出なければならない。

②　前項ただし書の規定による届出があつた場合において，行政官庁がその労働時間の延長又は休日の労働を不適当と認めるときは，その後にその時間に相当する休憩又は休日を与えるべきことを，命ずることができる。

③　公務のために臨時の必要がある場合においては，第1項の規定にかかわらず，官公署の事業（別表第1に掲げる事業を除く。）に従事する国家公務員及び地方公務員については，第32条から前条まで若しくは第40条の労働時間を延長し，又は第35条の休日に労働させることができる。

（7）　休憩

（休憩）

第34条　使用者は，労働時間が6時間を超える場合においては少くとも45分，8時間を超える場合においては少くとも1時間の休憩時間を労働時間の途中に与えなければならない。

②　前項の休憩時間は，一斉に与えなければならない。ただし，当該事業場に，労働者の過半数で組織する労働組合がある場合においてはその労働組合，労働者の過半数で組織する労働組合がない場合においては労働者の過半数を代表する者との書面による協定があるときは，この限りでない。

③　使用者は，第1項の休憩時間を自由に利用させなければならない。

（8） 休日

（休日）
第35条　使用者は，労働者に対して，毎週少くとも１回の休日を与えなければならない。
②　前項の規定は，４週間を通じ４日以上の休日を与える使用者については適用しない。

（9） 時間外及び休日の労働

（時間外及び休日の労働）
第36条　使用者は，当該事業場に，労働者の過半数で組織する労働組合がある場合においてはその労働組合，労働者の過半数で組織する労働組合がない場合においては労働者の過半数を代表する者との書面による協定をし，厚生労働省令で定めるところによりこれを行政官庁に届け出た場合においては，第32条から第32条の５まで若しくは第40条の労働時間（以下この条において「労働時間」という。）又は前条の休日（以下この条において「休日」という。）に関する規定にかかわらず，その協定で定めるところによつて労働時間を延長し，又は休日に労働させることができる。
②　前項の協定においては，次に掲げる事項を定めるものとする。
　１　この条の規定により労働時間を延長し，又は休日に労働させることができることとされる労働者の範囲
　２　対象期間（この条の規定により労働時間を延長し，又は休日に労働させることができる期間をいい，１年間に限るものとする。第４号及び第６項第３号において同じ。）
　３　労働時間を延長し，又は休日に労働させることができる場合
　４　対象期間における１日，１箇月及び１年のそれぞれの期間について労働時間を延長して労働させることができる時間又は労働させることができる休日の日数
　５　労働時間の延長及び休日の労働を適正なものとするために必要な事項として厚生労働省令で定める事項
③　前項第４号の労働時間を延長して労働させることができる時間は，当該事業場の業務量，時間外労働の動向その他の事情を考慮して通常予見される時間外労働の範囲内において，限度時間を超えない時間に限る。
④　前項の限度時間は，１箇月について45時間及び１年について360時間（第32条の４第１項第２号の対象期間として３箇月を超える期間を定めて同条の規定により労働させる場合にあつては，１箇月について42時間及び１年について320時間）とする。
⑤　第１項の協定においては，第２項各号に掲げるもののほか，当該事業場における

通常予見することのできない業務量の大幅な増加等に伴い臨時的に第3項の限度時間を超えて労働させる必要がある場合において，1箇月について労働時間を延長して労働させ，及び休日において労働させることができる時間（第2項第4号に関して協定した時間を含め100時間未満の範囲内に限る。）並びに1年について労働時間を延長して労働させることができる時間（同号に関して協定した時間を含め720時間を超えない範囲内に限る。）を定めることができる。この場合において，第1項の協定に，併せて第2項第2号の対象期間において労働時間を延長して労働させる時間が1箇月について45時間（第32条の4第1項第2号の対象期間として3箇月を超える期間を定めて同条の規定により労働させる場合にあつては，1箇月について42時間）を超えることができる月数（1年について6箇月以内に限る。）を定めなければならない。

⑥　使用者は，第1項の協定で定めるところによつて労働時間を延長して労働させ，又は休日において労働させる場合であつても，次の各号に掲げる時間について，当該各号に定める要件を満たすものとしなければならない。

　1　坑内労働その他厚生労働省令で定める健康上特に有害な業務について，1日について労働時間を延長して労働させた時間　2時間を超えないこと。

　2　1箇月について労働時間を延長して労働させ，及び休日において労働させた時間　100時間未満であること。

　3　対象期間の初日から1箇月ごとに区分した各期間に当該各期間の直前の1箇月，2箇月，3箇月，4箇月及び5箇月の期間を加えたそれぞれの期間における労働時間を延長して労働させ，及び休日において労働させた時間の1箇月当たりの平均時間　80時間を超えないこと。

⑦　厚生労働大臣は，労働時間の延長及び休日の労働を適正なものとするため，第1項の協定で定める労働時間の延長及び休日の労働について留意すべき事項，当該労働時間の延長に係る割増賃金の率その他の必要な事項について，労働者の健康，福祉，時間外労働の動向その他の事情を考慮して指針を定めることができる。

⑧　第1項の協定をする使用者及び労働組合又は労働者の過半数を代表する者は，当該協定で労働時間の延長及び休日の労働を定めるに当たり，当該協定の内容が前項の指針に適合したものとなるようにしなければならない。

⑨　行政官庁は，第7項の指針に関し，第1項の協定をする使用者及び労働組合又は労働者の過半数を代表する者に対し，必要な助言及び指導を行うことができる。

⑩　前項の助言及び指導を行うに当たつては，労働者の健康が確保されるよう特に配慮しなければならない。

⑪　第3項から第5項まで及び第6項（第2号及び第3号に係る部分に限る。）の規定は，新たな技術，商品又は役務の研究開発に係る業務については適用しない。

━━ 労 基 則 ━━━━━━━━━━━━━━━━━━━━━━━━

〔時間外及び休日労働の協定〕

第16条　法第36条第1項の規定による届出は，様式第9号（同条第5項に規定する事項に関する定めをする場合にあつては，様式第9号の2）により，所轄労働基準監督署長にしなければならない。

②　前項の規定にかかわらず，法第36条第11項に規定する業務についての同条第1項の規定による届出は，様式第9号の3により，所轄労働基準監督署長にしなければならない。

③　法第36条第1項の協定（労使委員会の決議及び労働時間等設定改善委員会の決議を含む。以下この項において同じ。）を更新しようとするときは，使用者は，その旨の協定を所轄労働基準監督署長に届け出ることによつて，前二項の届出に代えることができる。

〔労働時間延長の制限業務〕

第17条　法第36条第2項第5号の厚生労働省令で定める事項は，次に掲げるものとする。ただし，第4号から第7号までの事項については，同条第1項の協定に同条第5項に規定する事項に関する定めをしない場合においては，この限りではない。

　1　法第36条第1項の協定（労働協約による場合を除く。）の有効期間の定め

　2　法第36条第2項第4号の1年の起算日

　3　法第36条第6項第2号及び第3号に定める要件を満たすこと。

　4　法第36条第3項の限度時間（以下この項において「限度時間」という。）を超えて労働させることができる場合

　5　限度時間を超えて労働させる労働者に対する健康及び福祉を確保するための措置

　6　限度時間を超えた労働に係る割増賃金の率

　7　限度時間を超えて労働させる場合における手続

②　使用者は，前項第5号に掲げる措置の実施状況に関する記録を同項第1号の有効期間中及び当該有効期間の満了後5年間保存しなければならない。

③　前項の規定は，労使委員会の決議及び労働時間等設定改善委員会の決議について準用する。

〔健康上特に有害な業務〕

第18条　法第36条第6項第1号の厚生労働省令で定める健康上特に有害な業務は，次に掲げるものとする。

　1　多量の高熱物体を取り扱う業務及び著しく暑熱な場所における業務

　2　多量の低温物体を取り扱う業務及び著しく寒冷な場所における業務

　3　ラジウム放射線，エックス線その他の有害放射線にさらされる業務

　4　土石，獣毛等のじんあい又は粉末を著しく飛散する場所における業務

　5　異常気圧下における業務

　6　削岩機，鋲打機等の使用によつて身体に著しい振動を与える業務

　7　重量物の取扱い等重激なる業務

8　ボイラー製造等強烈な騒音を発する場所における業務

9　鉛，水銀，クロム，砒素，黄りん，弗素，塩素，塩酸，硝酸，亜硫酸，硫酸，一酸化炭素，二硫化炭素，青酸，ベンゼン，アニリン，その他これに準ずる有害物の粉じん，蒸気又はガスを発散する場所における業務

10　前各号のほか，厚生労働大臣の指定する業務

(10)　時間外，休日及び深夜の割増賃金

（時間外，休日及び深夜の割増賃金）

第37条　使用者が，第33条又は前条第1項の規定により労働時間を延長し，又は休日に労働させた場合においては，その時間又はその日の労働については，通常の労働時間又は労働日の賃金の計算額の2割5分以上5割以下の範囲内でそれぞれ政令で定める率以上の率で計算した割増賃金を支払わなければならない。ただし，当該延長して労働させた時間が1箇月について60時間を超えた場合においては，その超えた時間の労働については，通常の労働時間の賃金の計算額の5割以上の率で計算した割増賃金を支払わなければならない。

②　前項の政令は，労働者の福祉，時間外又は休日の労働の動向その他の事情を考慮して定めるものとする。

③　使用者が，当該事業場に，労働者の過半数で組織する労働組合があるときはその労働組合，労働者の過半数で組織する労働組合がないときは労働者の過半数を代表する者との書面による協定により，第1項ただし書の規定により割増賃金を支払うべき労働者に対して，当該割増賃金の支払に代えて，通常の労働時間の賃金が支払われる休暇（第39条の規定による有給休暇を除く。）を厚生労働省令で定めるところにより与えることを定めた場合において，当該労働者が当該休暇を取得したときは，当該労働者の同項ただし書に規定する時間を超えた時間の労働のうち当該取得した休暇に対応するものとして厚生労働省令で定める時間の労働については，同項ただし書の規定による割増賃金を支払うことを要しない。

④　使用者が，午後10時から午前5時まで（厚生労働大臣が必要であると認める場合においては，その定める地域又は期間については午後11時から午前6時まで）の間において労働させた場合においては，その時間の労働については，通常の労働時間の賃金の計算額の2割5分以上の率で計算した割増賃金を支払わなければならない。

⑤　第1項及び前項の割増賃金の基礎となる賃金には，家族手当，通勤手当その他厚生労働省令で定める賃金は算入しない。

割増賃金政令

労働基準法第37条第1項の命令で定める率は，同法第33条又は第36条第1項の規定

により延長した労働時間の労働については2割5分とし，これらの規定により労働させた休日の労働については3割5分とする。

---労 基 則---

第19条の2　使用者は，法第37条第3項の協定（労使委員会の決議，労働時間等設定改善委員会の決議及び労働時間等設定改善法第7条の2に規定する労働時間等設定改善企業委員会の決議を含む。）をする場合には，次に掲げる事項について，協定しなければならない。

　1　法第37条第3項の休暇（以下「代替休暇」という。）として与えることができる時間の時間数の算定方法

　2　代替休暇の単位（1日又は半日（代替休暇以外の通常の労働時間の賃金が支払われる休暇と合わせて与えることができる旨を定めた場合においては，当該休暇と合わせた1日又は半日を含む。）とする。）

　3　代替休暇を与えることができる期間（法第33条又は法第36条第1項の規定によつて延長して労働させた時間が1箇月について60時間を超えた当該1箇月の末日の翌日から2箇月以内とする。）

②　前項第1号の算定方法は，法第33条又は法第36条第1項の規定によつて1箇月について60時間を超えて延長して労働させた時間の時間数に，労働者が代替休暇を取得しなかつた場合に当該時間の労働について法第37条第1項ただし書の規定により支払うこととされている割増賃金の率と，労働者が代替休暇を取得した場合に当該時間の労働について同項本文の規定により支払うこととされている割増賃金の率との差に相当する率（次項において「換算率」という。）を乗じるものとする。

③　法第37条第3項の厚生労働省令で定める時間は，取得した代替休暇の時間数を換算率で除して得た時間数の時間とする。

〔深夜業の割増賃金〕

第20条　法第33条又は法第36条第1項の規定によつて延長した労働時間が午後10時から午前5時（厚生労働大臣が必要であると認める場合は，その定める地域又は期間については午後11時から午前6時）までの間に及ぶ場合においては，使用者はその時間の労働については，第19条第1項各号の金額にその労働時間数を乗じた金額の5割以上（その時間の労働のうち，1箇月について60時間を超える労働時間の延長に係るものについては，7割5分以上）の率で計算した割増賃金を支払わなければならない。

②　法第33条又は法第36条第1項の規定による休日の労働時間が午後10時から午前5時（厚生労働大臣が必要であると認める場合は，その定める地域又は期間については午後11時から午前6時）までの間に及ぶ場合においては，使用者はその時間の労働については，前条第1項各号の金額にその労働時間数を乗じた金額の6割以上の率で計算した割増賃金を支払わなければならない。

〔割増賃金の基礎となる賃金に算入しない賃金〕
第21条　法第37条第5項の規定によつて，家族手当及び通勤手当のほか，次に掲げる
　賃金は，同条第1項及び第4項の割増賃金の基礎となる賃金には算入しない。
　　1　別居手当
　　2　子女教育手当
　　3　住宅手当
　　4　臨時に支払われた賃金
　　5　1箇月を超える期間ごとに支払われる賃金

(11)　時間計算

（時間計算）
第38条　労働時間は，事業場を異にする場合においても，労働時間に関する規定の適
　用については通算する。
②　坑内労働については，労働者が坑口に入つた時刻から坑口を出た時刻までの時間
　を，休憩時間を含め労働時間とみなす。但し，この場合においては，第34条第2項
　及び第3項の休憩に関する規定は適用しない。

(12)　みなし労働時間制（事業場外労働）

第38条の2　労働者が労働時間の全部又は一部について事業場外で業務に従事した場
　合において，労働時間を算定し難いときは，所定労働時間労働したものとみなす。
　ただし，当該業務を遂行するためには通常所定労働時間を超えて労働することが必
　要となる場合においては，当該業務に関しては，厚生労働省令で定めるところによ
　り，当該業務の遂行に通常必要とされる時間労働したものとみなす。
②　前項ただし書の場合において，当該業務に関し，当該事業場に，労働者の過半数
　で組織する労働組合があるときはその労働組合，労働者の過半数で組織する労働組
　合がないときは労働者の過半数を代表する者との書面による協定があるときは，そ
　の協定で定める時間を同項ただし書の当該業務の遂行に通常必要とされる時間とす
　る。
③　使用者は，厚生労働省令で定めるところにより，前項の協定を行政官庁に届け出
　なければならない。

(12−2)　みなし労働時間制（専門業務型裁量労働制）

第38条の3　使用者が，当該事業場に，労働者の過半数で組織する労働組合があると
　きはその労働組合，労働者の過半数で組織する労働組合がないときは労働者の過半

数を代表する者との書面による協定により，次に掲げる事項を定めた場合において，労働者を第1号に掲げる業務に就かせたときは，当該労働者は，厚生労働省令で定めるところにより，第2号に掲げる時間労働したものとみなす。

1　業務の性質上その遂行の方法を大幅に当該業務に従事する労働者の裁量にゆだねる必要があるため，当該業務の遂行の手段及び時間配分の決定等に関し使用者が具体的な指示をすることが困難なものとして厚生労働省令で定める業務のうち，労働者に就かせることとする業務（以下この条において「対象業務」という。）

2　対象業務に従事する労働者の労働時間として算定される時間

3　対象業務の遂行の手段及び時間配分の決定等に関し，当該対象業務に従事する労働者に対し使用者が具体的な指示をしないこと。

4　対象業務に従事する労働者の労働時間の状況に応じた当該労働者の健康及び福祉を確保するための措置を当該協定で定めるところにより使用者が講ずること。

5　対象業務に従事する労働者からの苦情の処理に関する措置を当該協定で定めるところにより使用者が講ずること。

6　前各号に掲げるもののほか，厚生労働省令で定める事項

②　前条第3項の規定は，前項の協定について準用する。

---- 労　基　則 --

〔裁量労働の時間計算〕

第24条の2の2　法第38条の3第1項の規定は，法第4章の労働時間に関する規定の適用に係る労働時間の算定について適用する。

②　法第38条の3第1項第1号の厚生労働省令で定める業務は，次のとおりとする。

1　新商品若しくは新技術の研究開発又は人文科学若しくは自然科学に関する研究の業務

2　情報処理システム（電子計算機を使用して行う情報処理を目的として複数の要素が組み合わされた体系であつてプログラムの設計の基本となるものをいう。）の分析又は設計の業務

3　新聞若しくは出版の事業における記事の取材若しくは編集の業務又は放送法（昭和25年法律第132号）第2条第28号に規定する放送番組（以下「放送番組」という。）の制作のための取材若しくは編集の業務

4　衣服，室内装飾，工業製品，広告等の新たなデザインの考案の業務

5　放送番組，映画等の制作の事業におけるプロデューサー又はディレクターの業務

6　前各号のほか，厚生労働大臣の指定する業務

③　法第38条の3第1項第6号の厚生労働省令で定める事項は，次に掲げるものとする。

1　使用者は，法第38条の3第1項の規定により労働者を同項第1号に掲げる業務

に就かせたときは同項第2号に掲げる時間労働したものとみなすことについて当該労働者の同意を得なければならないこと及び当該同意をしなかつた当該労働者に対して解雇その他不利益な取扱いをしてはならないこと。

2　前号の同意の撤回に関する手続

3　法第38条の3第1項に規定する協定（労働協約による場合を除き，労使委員会の決議及び労働時間等設定改善委員会の決議を含む。）の有効期間の定め

4　使用者は，次に掲げる事項に関する労働者ごとの記録を前号の有効期間中及び当該有効期間の満了後5年間保存すること。

　　イ　法第38条の3第1項第4号に規定する労働者の労働時間の状況並びに当該労働者の健康及び福祉を確保するための措置の実施状況

　　ロ　法第38条の3第1項第5号に規定する労働者からの苦情の処理に関する措置の実施状況

　　ハ　第1号の同意及びその撤回

④　法第38条の3第2項において準用する法第38条の2第3項の規定による届出は，様式第13号により，所轄労働基準監督署長にしなければならない。

第24条の2の2の2　使用者は，前条第3項第4号イからハまでに掲げる事項に関する労働者ごとの記録を作成し，同項第3号の有効期間中及び当該有効期間の満了後5年間保存しなければならない。

（12-3）　みなし労働時間制（企画業務型裁量労働制）

第38条の4　賃金，労働時間その他の当該事業場における労働条件に関する事項を調査審議し，事業主に対し当該事項について意見を述べることを目的とする委員会（使用者及び当該事業場の労働者を代表する者を構成員とするものに限る。）が設置された事業場において，当該委員会がその委員の5分の4以上の多数による議決により次に掲げる事項に関する決議をし，かつ，使用者が，厚生労働省令で定めるところにより当該決議を行政官庁に届け出た場合において，第2号に掲げる労働者の範囲に属する労働者を当該事業場における第1号に掲げる業務に就かせたときは，当該労働者は，厚生労働省令で定めるところにより，第3号に掲げる時間労働したものとみなす。

1　事業の運営に関する事項についての企画，立案，調査及び分析の業務であつて，当該業務の性質上これを適切に遂行するにはその遂行の方法を大幅に労働者の裁量に委ねる必要があるため，当該業務の遂行の手段及び時間配分の決定等に関し使用者が具体的な指示をしないこととする業務（以下この条において「対象業務」という。）

2　対象業務を適切に遂行するための知識，経験等を有する労働者であつて，当該対象業務に就かせたときは当該決議で定める時間労働したものとみなされること

となるものの範囲

3　対象業務に従事する前号に掲げる労働者の範囲に属する労働者の労働時間として算定される時間

4　対象業務に従事する第2号に掲げる労働者の範囲に属する労働者の労働時間の状況に応じた当該労働者の健康及び福祉を確保するための措置を当該決議で定めるところにより使用者が講ずること。

5　対象業務に従事する第2号に掲げる労働者の範囲に属する労働者からの苦情の処理に関する措置を当該決議で定めるところにより使用者が講ずること。

6　使用者は，この項の規定により第2号に掲げる労働者の範囲に属する労働者を対象業務に就かせたときは第3号に掲げる時間労働したものとみなすことについて当該労働者の同意を得なければならないこと及び当該同意をしなかつた当該労働者に対して解雇その他不利益な取扱いをしてはならないこと。

7　前各号に掲げるもののほか，厚生労働省令で定める事項

②　前項の委員会は，次の各号に適合するものでなければならない。

1　当該委員会の委員の半数については，当該事業場に，労働者の過半数で組織する労働組合がある場合においてはその労働組合，労働者の過半数で組織する労働組合がない場合においては労働者の過半数を代表する者に厚生労働省令で定めるところにより任期を定めて指名されていること。

2　当該委員会の議事について，厚生労働省令で定めるところにより，議事録が作成され，かつ，保存されるとともに，当該事業場の労働者に対する周知が図られていること。

3　前二号に掲げるもののほか，厚生労働省令で定める要件

③　厚生労働大臣は，対象業務に従事する労働者の適正な労働条件の確保を図るために，労働政策審議会の意見を聴いて，第1項各号に掲げる事項その他同項の委員会が決議する事項について指針を定め，これを公表するものとする。

④　第1項の規定による届出をした使用者は，厚生労働省令で定めるところにより，定期的に，同項第4号に規定する措置の実施状況を行政官庁に報告しなければならない。

⑤　第1項の委員会においてその委員の5分の4以上の多数による議決により第32条の2第1項，第32条の3第1項，第32条の4第1項及び第2項，第32条の5第1項，第34条第2項ただし書，第36条第1項，第2項及び第5項，第37条第3項，第38条の2第2項，前条第1項並びに次条第4項，第6項及び第9項ただし書に規定する事項について決議が行われた場合における第32条の2第1項，第32条の3第1項，第32条の4第1項から第3項まで，第32条の5第1項，第34条第2項ただし書，第36条，第37条第3項，第38条の2第2項，前条第1項並びに次条第4項，第6項及び第9項ただし書の規定の適用については，第32条の2第1項中「協定」とあるのは「協定若しくは第38条の4第1項に規定する委員会の決議（第106条第1項を除き，

以下「決議」という。）」と，第32条の３第１項，第32条の４第１項から第３項まで，第32条の５第１項，第34条第２項ただし書，第36条第２項及び第５項から第７項まで，第37条第３項，第38条の２第２項，前条第１項並びに次条第４項，第６項及び第９項ただし書中「協定」とあるのは「協定又は決議」と，第32条の４第２項中「同意を得て」とあるのは「同意を得て，又は決議に基づき」と，第36条第１項中「届け出た場合」とあるのは「届け出た場合又は決議を行政官庁に届け出た場合」と，「その協定」とあるのは「その協定又は決議」と，同条第８項中「又は労働者の過半数を代表する者」とあるのは「若しくは労働者の過半数を代表する者又は同項の決議をする委員」と，「当該協定」とあるのは「当該協定又は当該決議」と，同条第９項中「又は労働者の過半数を代表する者」とあるのは「若しくは労働者の過半数を代表する者又は同項の決議をする委員」とする。

(13)　年次有給休暇

（年次有給休暇）

第39条　使用者は，その雇入れの日から起算して６箇月間継続勤務し全労働日の８割以上出勤した労働者に対して，継続し，又は分割した10労働日の有給休暇を与えなければならない。

②　使用者は，１年６箇月以上継続勤務した労働者に対しては，雇入れの日から起算して６箇月を超えて継続勤務する日（以下「６箇月経過日」という。）から起算した継続勤務年数１年ごとに，前項の日数に，次の表の上欄〈編注・左欄〉に掲げる６箇月経過日から起算した継続勤務年数の区分に応じ同表の下欄〈編注・右欄〉に掲げる労働日を加算した有給休暇を与えなければならない。ただし，継続勤務した期間を６箇月経過日から１年ごとに区分した各期間（最後に１年未満の期間を生じたときは，当該期間）の初日の前日の属する期間において出勤した日数が全労働日の８割未満である者に対しては，当該初日以後の１年間においては有給休暇を与えることを要しない。

６箇月経過日から起算した継続勤務年数	労働日
１年	１労働日
２年	２労働日
３年	４労働日
４年	６労働日
５年	８労働日
６年以上	10労働日

③　次に掲げる労働者（１週間の所定労働時間が厚生労働省令で定める時間以上の者を除く。）の有給休暇の日数については，前二項の規定にかかわらず，これらの規定による有給休暇の日数を基準とし，通常の労働者の１週間の所定労働日数として厚生労働省令で定める日数（第１号において「通常の労働者の週所定労働日数」という。）と当該労働者の１週間の所定労働日数又は１週間当たりの平均所定労働日数との比率を考慮して厚生労働省令で定める日数とする。

１　１週間の所定労働日数が通常の労働者の週所定労働日数に比し相当程度少ないものとして厚生労働省令で定める日数以下の労働者

２　週以外の期間によつて所定労働日数が定められている労働者については，１年間の所定労働日数が，前号の厚生労働省令で定める日数に１日を加えた日数を１週間の所定労働日数とする労働者の１年間の所定労働日数その他の事情を考慮して厚生労働省令で定める日数以下の労働者

④　使用者は，当該事業場に，労働者の過半数で組織する労働組合があるときはその労働組合，労働者の過半数で組織する労働組合がないときは労働者の過半数を代表する者との書面による協定により，次に掲げる事項を定めた場合において，第１号に掲げる労働者の範囲に属する労働者が有給休暇を時間を単位として請求したときは，前三項の規定による有給休暇の日数のうち第２号に掲げる日数については，これらの規定にかかわらず，当該協定で定めるところにより時間を単位として有給休暇を与えることができる。

１　時間を単位として有給休暇を与えることができることとされる労働者の範囲

２　時間を単位として与えることができることとされる有給休暇の日数（５日以内に限る。）

３　その他厚生労働省令で定める事項

⑤　使用者は，前各項の規定による有給休暇を労働者の請求する時季に与えなければならない。ただし，請求された時季に有給休暇を与えることが事業の正常な運営を妨げる場合においては，他の時季にこれを与えることができる。

⑥　使用者は，当該事業場に，労働者の過半数で組織する労働組合がある場合においてはその労働組合，労働者の過半数で組織する労働組合がない場合においては労働者の過半数を代表する者との書面による協定により，第１項から第３項までの規定による有給休暇を与える時季に関する定めをしたときは，これらの規定による有給休暇の日数のうち５日を超える部分については，前項の規定にかかわらず，その定めにより有給休暇を与えることができる。

⑦　使用者は，第１項から第３項までの規定による有給休暇（これらの規定により使用者が与えなければならない有給休暇の日数が10労働日以上である労働者に係るものに限る。以下この項及び次項において同じ。）の日数のうち５日については，基準日（継続勤務した期間を６箇月経過日から１年ごとに区分した各期間（最後に１年未満の期間を生じたときは，当該期間）の初日をいう。以下この項において同じ。）

から1年以内の期間に，労働者ごとにその時季を定めることにより与えなければならない。ただし，第1項から第3項までの規定による有給休暇を当該有給休暇に係る基準日より前の日から与えることとしたときは，厚生労働省令で定めるところにより，労働者ごとにその時季を定めることにより与えなければならない。

⑧　前項の規定にかかわらず，第5項又は第6項の規定により第1項から第3項までの規定による有給休暇を与えた場合においては，当該与えた有給休暇の日数（当該日数が5日を超える場合には，5日とする。）分については，時季を定めることにより与えることを要しない

⑨　使用者は，第1項から第3項までの規定による有給休暇の期間又は第4項の規定による有給休暇の時間については，就業規則その他これに準ずるもので定めるところにより，それぞれ，平均賃金若しくは所定労働時間労働した場合に支払われる通常の賃金又はこれらの額を基準として厚生労働省令で定めるところにより算定した額の賃金を支払わなければならない。ただし，当該事業場に，労働者の過半数で組織する労働組合がある場合においてはその労働組合，労働者の過半数で組織する労働組合がない場合においては労働者の過半数を代表する者との書面による協定により，その期間又はその時間について，それぞれ，健康保険法（大正11年法律第70号）第40条第1項に規定する標準報酬月額の30分の1に相当する金額（その金額に，5円未満の端数があるときは，これを切り捨て，5円以上10円未満の端数があるときは，これを10円に切り上げるものとする。）又は当該金額を基準として厚生労働省令で定めるところにより算定した金額を支払う旨を定めたときは，これによらなければならない。

⑩　労働者が業務上負傷し，又は疾病にかかり療養のために休業した期間及び育児休業，介護休業等育児又は家族介護を行う労働者の福祉に関する法律第2条第1号に規定する育児休業又は同条第2号に規定する介護休業をした期間並びに産前産後の女性が第65条の規定によつて休業した期間は，第1項及び第2項の規定の適用については，これを出勤したものとみなす。

- 労　基　則 -

〔所定労働日数が少ない労働者に対する年次有給休暇の比例付与〕

第24条の3　法第39条第3項の厚生労働省令で定める時間は，30時間とする。

②　法第39条第3項の通常の労働者の1週間の所定労働日数として厚生労働省令で定める日数は，5.2日とする。

③　法第39条第3項の通常の労働者の1週間の所定労働日数として厚生労働省令で定める日数と当該労働者の1週間の所定労働日数又は1週間当たりの平均所定労働日数との比率を考慮して厚生労働省令で定める日数は，同項第1号に掲げる労働者にあつては次の表の上欄〈編注・左欄〉の週所定労働日数の区分に応じ，同項第2号に掲げる労働者にあつては同表の中欄の1年間の所定労働日数の区分に応じて，そ

れぞれ同表の下欄〈編注・右欄〉に雇入れの日から起算した継続勤務期間の区分ごとに定める日数とする。

週所定労働日数	1年間の所定労働日数	雇入れの日から起算した継続勤務期間						
		6箇月	1年6箇月	2年6箇月	3年6箇月	4年6箇月	5年6箇月	6年6箇月以上
4日	169日から216日まで	7日	8日	9日	10日	12日	13日	15日
3日	121日から168日まで	5日	6日	6日	8日	9日	10日	11日
2日	73日から120日まで	3日	4日	4日	5日	6日	6日	7日
1日	48日から72日まで	1日	2日	2日	2日	3日	3日	3日

④　法第39条第3項第1号の厚生労働省令で定める日数は，4日とする。

⑤　法第39条第3項第2号の厚生労働省令で定める日数は，216日とする。

第24条の4　法第39条第4項第3号の厚生労働省令で定める事項は，次に掲げるものとする。

1　時間を単位として与えることができることとされる有給休暇1日の時間数（1日の所定労働時間数（日によつて所定労働時間数が異なる場合には，1年間における1日平均所定労働時間数。次号において同じ。）を下回らないものとする。）

2　1時間以外の時間を単位として有給休暇を与えることとする場合には，その時間数（1日の所定労働時間数に満たないものとする。）

第24条の5　使用者は，法第39条第7項ただし書の規定により同条第1項から第3項までの規定による10労働日以上の有給休暇を与えることとしたときは，当該有給休暇の日数のうち5日については，基準日（同条第7項の基準日をいう。以下この条において同じ。）より前の日であつて，10労働日以上の有給休暇を与えることとした日（以下この条及び第24条の7において「第一基準日」という。）から1年以内の期間に，その時季を定めることにより与えなければならない。

②　前項の規定にかかわらず，使用者が法第39条第1項から第3項までの規定による10労働日以上の有給休暇を基準日又は第一基準日に与えることとし，かつ，当該基準日又は第一基準日から1年以内の特定の日（以下この条及び第24条の7において「第二基準日」という。）に新たに10労働日以上の有給休暇を与えることとしたときは，履行期間（基準日又は第一基準日を始期として，第二基準日から1年を経過する日を終期とする期間をいう。以下この条において同じ。）の月数を12で除した数に5を乗じた日数について，当該履行期間中に，その時季を定めることにより与えることができる。

③　第1項の期間又は前項の履行期間が経過した場合においては，その経過した日から1年ごとに区分した各期間（最後に1年未満の期間を生じたときは，当該期間）の初日を基準日とみなして法第39条第7項本文の規定を適用する。

④　使用者が法第39条第1項から第3項までの規定による有給休暇のうち10労働日未満の日数について基準日以前の日（以下この項において「特定日」という。）に与えることとした場合において，特定日が複数あるときは，当該10労働日未満の日数が合わせて10労働日以上になる日までの間の特定日のうち最も遅い日を第一基準日とみなして前三項の規定を適用する。この場合において，第一基準日とみなされた日より前に，同条第5項又は第6項の規定により与えた有給休暇の日数分については，時季を定めることにより与えることを要しない。

第24条の6　使用者は，法第39条第7項の規定により労働者に有給休暇を時季を定めることにより与えるに当たつては，あらかじめ，同項の規定により当該有給休暇を与えることを当該労働者に明らかにした上で，その時季について当該労働者の意見を聴かなければならない。

②　使用者は，前項の規定により聴取した意見を尊重するよう努めなければならない。

第24条の7　使用者は，法第39条第5項から第7項までの規定により有給休暇を与えたときは，時季，日数及び基準日（第一基準日及び第二基準日を含む。）を労働者ごとに明らかにした書類（第55条の2において「年次有給休暇管理簿」という。）を作成し，当該有給休暇を与えた期間中及び当該期間の満了後3年間保存しなければならない。

第25条　法第39条第9項の規定による所定労働時間労働した場合に支払われる通常の賃金は，次に定める方法によつて算定した金額とする。

1　時間によつて定められた賃金については，その金額にその日の所定労働時間数を乗じた金額

2　日によつて定められた賃金については，その金額

3　週によつて定められた賃金については，その金額をその週の所定労働日数で除した金額

4　月によつて定められた賃金については，その金額をその月の所定労働日数で除した金額

5　月，週以外の一定の期間によつて定められた賃金については，前各号に準じて算定した金額

6　出来高払制その他の請負制によつて定められた賃金については，その賃金算定期間（当該期間に出来高払制その他の請負制によつて計算された賃金がない場合においては，当該期間前において出来高払制その他の請負制によつて計算された賃金が支払われた最後の賃金算定期間。以下同じ。）において出来高払制その他の請負制によつて計算された賃金の総額を当該賃金算定期間における総労働時間数で除した金額に，当該賃金算定期間における1日平均所定労働時間数を乗じた金額

7　労働者の受ける賃金が前各号の2以上の賃金よりなる場合には，その部分について各号によつてそれぞれ算定した金額の合計額

②　法第39条第9項本文の厚生労働省令で定めるところにより算定した額の賃金は，平均賃金又は前項の規定により算定した金額をその日の所定労働時間数で除して得

た額の賃金とする。

③　法第39条第9項ただし書の厚生労働省令で定めるところにより算定した金額は，健康保険法（大正11年法律第70号）第40条第1項に規定する標準報酬月額の30分の1に相当する金額（その金額に，5円未満の端数があるときは，これを切り捨て，5円以上10円未満の端数があるときは，これを10円に切り上げるものとする。）をその日の所定労働時間数で除して得た金額とする。

(14)　労働時間及び休憩の特例

（労働時間及び休憩の特例）

第40条　別表第1第1号から第3号まで，第6号及び第7号に掲げる事業以外の事業で，公衆の不便を避けるために必要なものその他特殊の必要あるものについては，その必要避くべからざる限度で，第32条から第32条の5までの労働時間及び第34条の休憩に関する規定について，厚生労働省令で別段の定めをすることができる。

②　前項の規定による別段の定めは，この法律で定める基準に近いものであって，労働者の健康及び福祉を害しないものでなければならない。

-----労　基　則-----

〔労働時間の特例〕

第25条の2　使用者は，法別表第1第8号，第10号（映画の製作の事業を除く。），第13号及び第14号に掲げる事業のうち常時10人未満の労働者を使用するものについては，法第32条の規定にかかわらず，1週間について44時間，1日について8時間まで労働させることができる。

（第2項から第4項まで　略）

(15)　労働時間等に関する規定の適用除外

（労働時間等に関する規定の適用除外）

第41条　この章，第6章及び第6章の2で定める労働時間，休憩及び休日に関する規定は，次の各号の一に該当する労働者については適用しない。

1　別表第1第6号（林業を除く。）又は第7号に掲げる事業に従事する者

2　事業の種類にかかわらず監督若しくは管理の地位にある者又は機密の事務を取り扱う者

3　監視又は断続的労働に従事する者で，使用者が行政官庁の許可を受けたもの

第41条の2　賃金，労働時間その他の当該事業場における労働条件に関する事項を調査審議し，事業主に対し当該事項について意見を述べることを目的とする委員会（使用者及び当該事業場の労働者を代表する者を構成員とするものに限る。）が設置され

た事業場において，当該委員会がその委員の5分の4以上の多数による議決により次に掲げる事項に関する決議をし，かつ，使用者が，厚生労働省令で定めるところにより当該決議を行政官庁に届け出た場合において，第2号に掲げる労働者の範囲に属する労働者（以下この項において「対象労働者」という。）であつて書面その他の厚生労働省令で定める方法によりその同意を得たものを当該事業場における第1号に掲げる業務に就かせたときは，この章で定める労働時間，休憩，休日及び深夜の割増賃金に関する規定は，対象労働者については適用しない。ただし，第3号から第5号までに規定する措置のいずれかを使用者が講じていない場合は，この限りでない。

1　高度の専門的知識等を必要とし，その性質上従事した時間と従事して得た成果との関連性が通常高くないと認められるものとして厚生労働省令で定める業務のうち，労働者に就かせることとする業務（以下この項において「対象業務」という。）

2　この項の規定により労働する期間において次のいずれにも該当する労働者であつて，対象業務に就かせようとするものの範囲

　イ　使用者との間の書面その他の厚生労働省令で定める方法による合意に基づき職務が明確に定められていること。

　ロ　労働契約により使用者から支払われると見込まれる賃金の額を1年間当たりの賃金の額に換算した額が基準年間平均給与額（厚生労働省において作成する毎月勤労統計における毎月きまつて支給する給与の額を基礎として厚生労働省令で定めるところにより算定した労働者一人当たりの給与の平均額をいう。）の3倍の額を相当程度上回る水準として厚生労働省令で定める額以上であること。

3　対象業務に従事する対象労働者の健康管理を行うために当該対象労働者が事業場内にいた時間（この項の委員会が厚生労働省令で定める労働時間以外の時間を除くことを決議したときは，当該決議に係る時間を除いた時間）と事業場外において労働した時間との合計の時間（第5号ロ及びニ並びに第6号において「健康管理時間」という。）を把握する措置（厚生労働省令で定める方法に限る。）を当該決議で定めるところにより使用者が講ずること。

4　対象業務に従事する対象労働者に対し，1年間を通じ104日以上，かつ，4週間を通じ4日以上の休日を当該決議及び就業規則その他これに準ずるもので定めるところにより使用者が与えること。

5　対象業務に従事する対象労働者に対し，次のいずれかに該当する措置を当該決議及び就業規則その他これに準ずるもので定めるところにより使用者が講ずること。

　イ　労働者ごとに始業から24時間を経過するまでに厚生労働省令で定める時間以上の継続した休息時間を確保し，かつ，第37条第4項に規定する時刻の間にお

175

いて労働させる回数を1箇月について厚生労働省令で定める回数以内とすること。

ロ　健康管理時間を1箇月又は3箇月についてそれぞれ厚生労働省令で定める時間を超えない範囲内とすること。

ハ　1年に1回以上の継続した2週間（労働者が請求した場合においては，1年に2回以上の継続した1週間）（使用者が当該期間において，第39条の規定による有給休暇を与えたときは，当該有給休暇を与えた日を除く。）について，休日を与えること。

ニ　健康管理時間の状況その他の事項が労働者の健康の保持を考慮して厚生労働省令で定める要件に該当する労働者に健康診断（厚生労働省令で定める項目を含むものに限る。）を実施すること。

6　対象業務に従事する対象労働者の健康管理時間の状況に応じた当該対象労働者の健康及び福祉を確保するための措置であつて，当該対象労働者に対する有給休暇（第39条の規定による有給休暇を除く。）の付与，健康診断の実施その他の厚生労働省令で定める措置のうち当該決議で定めるものを使用者が講ずること。

7　対象労働者のこの項の規定による同意の撤回に関する手続

8　対象業務に従事する対象労働者からの苦情の処理に関する措置を当該決議で定めるところにより使用者が講ずること。

9　使用者は，この項の規定による同意をしなかつた対象労働者に対して解雇その他不利益な取扱いをしてはならないこと。

10　前各号に掲げるもののほか，厚生労働省令で定める事項

②　前項の規定による届出をした使用者は，厚生労働省令で定めるところにより，同項第4号から第6号までに規定する措置の実施状況を行政官庁に報告しなければならない。

③　第38条の4第2項，第3項及び第5項の規定は，第1項の委員会について準用する。

④　第1項の決議をする委員は，当該決議の内容が前項において準用する第38条の4第3項の指針に適合したものとなるようにしなければならない。

⑤　行政官庁は，第3項において準用する第38条の4第3項の指針に関し，第1項の決議をする委員に対し，必要な助言及び指導を行うことができる。

5　第5章　安全及び衛生関係

第42条　労働者の安全及び衛生に関しては，労働安全衛生法（昭和47年法律第57号）の定めるところによる。

第43条から第55条まで　削除

6　第6章　年少者関係

（1）　最低年齢

（最低年齢）

第56条　使用者は，児童が満15歳に達した日以後の最初の3月31日が終了するまで，これを使用してはならない。

②　前項の規定にかかわらず，別表第1第1号から第5号までに掲げる事業以外の事業に係る職業で，児童の健康及び福祉に有害でなく，かつ，その労働が軽易なものについては，行政官庁の許可を受けて，満13歳以上の児童をその者の修学時間外に使用することができる。映画の製作又は演劇の事業については，満13歳に満たない児童についても，同様とする。

（2）　年少者の証明書

（年少者の証明書）

第57条　使用者は，満18才に満たない者について，その年齢を証明する戸籍証明書を事業場に備え付けなければならない。

②　使用者は，前条第2項の規定によつて使用する児童については，修学に差し支えないことを証明する学校長の証明書及び親権者又は後見人の同意書を事業場に備え付けなければならない。

（3）　未成年者の労働契約

（未成年者の労働契約）

第58条　親権者又は後見人は，未成年者に代つて労働契約を締結してはならない。

②　親権者若しくは後見人又は行政官庁は，労働契約が未成年者に不利であると認める場合においては，将来に向つてこれを解除することができる。

第59条　未成年者は，独立して賃金を請求することができる。親権者又は後見人は，未成年者の賃金を代つて受け取つてはならない。

（4）　労働時間及び休日

（労働時間及び休日）

第60条　第32条の2から第32条の5まで，第36条，第40条及び第41条の2の規定は，満18歳に満たない者については，これを適用しない。

②　第56条第2項の規定によつて使用する児童についての第32条の規定の適用については，同条第1項中「1週間について40時間」とあるのは「，修学時間を通算して

　　１週間について40時間」と，同条第２項中「１日について８時間」とあるのは「，
　修学時間を通算して１日について７時間」とする。

③　使用者は，第32条の規定にかかわらず，満15歳以上で満18歳に満たない者につい
　ては，満18歳に達するまでの間（満15歳に達した日以後の最初の３月31日までの間
　を除く。），次に定めるところにより，労働させることができる。

　１　１週間の労働時間が第32条第１項の労働時間を超えない範囲内において，１週
　　間のうち１日の労働時間を４時間以内に短縮する場合において，他の日の労働時
　　間を10時間まで延長すること。

　２　１週間について48時間以下の範囲内で厚生労働省令で定める時間，１日につい
　　て８時間を超えない範囲内において，第32条の２又は第32条の４及び第32条の４
　　の２の規定の例により労働させること。

（5）　深夜業

（深夜業）

第61条　使用者は，満18才に満たない者を午後10時から午前５時までの間において使
　用してはならない。ただし，交替制によつて使用する満16才以上の男性については，
　この限りでない。

②　厚生労働大臣は，必要であると認める場合においては，前項の時刻を，地域又は
　期間を限つて，午後11時及び午前６時とすることができる。

③　交替制によつて労働させる事業については，行政官庁の許可を受けて，第１項の
　規定にかかわらず午後10時30分まで労働させ，又は前項の規定にかかわらず午前５
　時30分から労働させることができる。

④　前三項の規定は，第33条第１項の規定によつて労働時間を延長し，若しくは休日
　に労働させる場合又は別表第１第６号，第７号若しくは第13号に掲げる事業若しく
　は電話交換の業務については，適用しない。

⑤　第１項及び第２項の時刻は，第56条第２項の規定によつて使用する児童について
　は，第１項の時刻は，午後８時及び午前５時とし，第２項の時刻は，午後９時及び
　午前６時とする。

（6）　危険有害業務の就業制限

（危険有害業務の就業制限）

第62条　使用者は，満18才に満たない者に，運転中の機械若しくは動力伝導装置の危
　険な部分の掃除，注油，検査若しくは修繕をさせ，運転中の機械若しくは動力伝導
　装置にベルト若しくはロープの取付け若しくは取りはずしをさせ，動力によるクレ
　ーンの運転をさせ，その他厚生労働省令で定める危険な業務に就かせ，又は厚生労

働省令で定める重量物を取り扱う業務に就かせてはならない。

② 使用者は，満18才に満たない者を，毒劇薬，毒劇物その他有害な原料若しくは材料又は爆発性，発火性若しくは引火性の原料若しくは材料を取り扱う業務，著しくじんあい若しくは粉末を飛散し，若しくは有害ガス若しくは有害放射線を発散する場所又は高温若しくは高圧の場所における業務その他安全，衛生又は福祉に有害な場所における業務に就かせてはならない。

③ 前項に規定する業務の範囲は，厚生労働省令で定める。

年 少 則

（重量物を取り扱う業務）

第7条 法第62条第1項の厚生労働省令で定める重量物を取り扱う業務は，次の表の上欄〈編注・左欄〉に掲げる年齢及び性の区分に応じ，それぞれ同表の下欄〈編注・右欄〉に掲げる重量以上の重量物を取り扱う業務とする。

年齢及び性		重量（単位　キログラム）	
		断続作業の場合	継続作業の場合
満16歳未満	女	12	8
	男	15	10
満16歳以上 満18歳未満	女	25	15
	男	30	20

（年少者の就業制限の業務の範囲）

第8条 法第62条第1項の厚生労働省令で定める危険な業務及び同条第2項の規定により満18歳に満たない者を就かせてはならない業務は，次の各号に掲げるものとする。ただし，第41号に掲げる業務は，保健師助産師看護師法（昭和23年法律第203号）により免許を受けた者及び同法による保健師，助産師，看護師又は准看護師の養成中の者については，この限りでない。（抄）

36 多量の高熱物体を取り扱う業務及び著しく暑熱な場所における業務

37 多量の低温物体を取り扱う業務及び著しく寒冷な場所における業務

40 強烈な騒音を発する場所における業務

41 病原体によつて著しく汚染のおそれのある業務

（7） 帰郷旅費

（帰郷旅費）

第64条 満18才に満たない者が解雇の日から14日以内に帰郷する場合においては，使用者は，必要な旅費を負担しなければならない。ただし，満18才に満たない者がその責めに帰すべき事由に基づいて解雇され，使用者がその事由について行政官庁の認定を受けたときは，この限りでない。

7　第6章の2　妊産婦等関係

（1）　坑内業務の就業制限

（坑内業務の就業制限）

第64条の2　使用者は，次の各号に掲げる女性を当該各号に定める業務に就かせては
ならない。
1　妊娠中の女性及び坑内で行われる業務に従事しない旨を使用者に申し出た産後
1年を経過しない女性　坑内で行われるすべての業務
2　前号に掲げる女性以外の満18歳以上の女性　坑内で行われる業務のうち人力に
より行われる掘削の業務その他の女性に有害な業務として厚生労働省令で定める
もの

（2）　危険有害業務の就業制限

（危険有害業務の就業制限）

第64条の3　使用者は，妊娠中の女性及び産後1年を経過しない女性（以下「妊産婦」
という。）を，重量物を取り扱う業務，有害ガスを発散する場所における業務その他
妊産婦の妊娠，出産，哺育等に有害な業務に就かせてはならない。
②　前項の規定は，同項に規定する業務のうち女性の妊娠又は出産に係る機能に有害
である業務につき，厚生労働省令で，妊産婦以外の女性に関して，準用することが
できる。
③　前二項に規定する業務の範囲及びこれらの規定によりこれらの業務に就かせては
ならない者の範囲は，厚生労働省令で定める。

----女　性　則----

（危険有害業務の就業制限の範囲等）

第2条　法第64条の3第1項の規定により妊娠中の女性を就かせてはならない業務
は，次のとおりとする。（抄）
1　次の表の上欄〈編注・左欄〉に掲げる年齢の区分に応じ，それぞれ同表の下欄
〈編注・右欄〉に掲げる重量以上の重量物を取り扱う業務

年　　齢	重量（単位　キログラム）	
	断続作業の場合	継続作業の場合
満16歳未満	12	8
満16歳以上 満18歳未満	25	15
満18歳以上	30	20

（第2号から第18号まで　略）
19　多量の高熱物体を取り扱う業務

20　著しく暑熱な場所における業務

21　多量の低温物体を取り扱う業務

22　著しく寒冷な場所における業務

（第2項以下　略）

（3）　産前産後の休業期間等

（産前産後）

第65条　使用者は，6週間（多胎妊娠の場合にあつては，14週間）以内に出産する予定の女性が休業を請求した場合においては，その者を就業させてはならない。

②　使用者は，産後8週間を経過しない女性を就業させてはならない。ただし，産後6週間を経過した女性が請求した場合において，その者について医師が支障がないと認めた業務に就かせることは，差し支えない。

③　使用者は，妊娠中の女性が請求した場合においては，他の軽易な業務に転換させなければならない。

（4）　妊産婦の保護

第66条　使用者は，妊産婦が請求した場合においては，第32条の2第1項，第32条の4第1項及び第32条の5第1項の規定にかかわらず，1週間について第32条第1項の労働時間，1日について同条第2項の労働時間を超えて労働させてはならない。

②　使用者は，妊産婦が請求した場合においては，第33条第1項及び第3項並びに第36条第1項の規定にかかわらず，時間外労働をさせてはならず，又は休日に労働させてはならない。

③　使用者は，妊産婦が請求した場合においては，深夜業をさせてはならない。

（5）　育児時間

（育児時間）

第67条　生後満1年に達しない生児を育てる女性は，第34条の休憩時間のほか，1日2回各々少なくとも30分，その生児を育てるための時間を請求することができる。

②　使用者は，前項の育児時間中は，その女性を使用してはならない。

（6）　生理日の就業が著しく困難な女性に対する措置

（生理日の就業が著しく困難な女性に対する措置）

第68条　使用者は，生理日の就業が著しく困難な女性が休暇を請求したときは，その者を生理日に就業させてはならない。

8　第7章　技能者の養成関係

（1）　徒弟の弊害排除

（徒弟の弊害排除）
第69条　使用者は，徒弟，見習，養成工その他名称の如何を問わず，技能の習得を目
　　的とする者であることを理由として，労働者を酷使してはならない。
②　使用者は，技能の習得を目的とする労働者を家事その他技能の習得に関係のない
　　作業に従事させてはならない。

（2）　職業訓練に関する特例

（職業訓練に関する特例）
第70条　職業能力開発促進法（昭和44年法律第64号）第24条第1項（同法第27条の2
　　第2項において準用する場合を含む。）の認定を受けて行う職業訓練を受ける労働
　　者について必要がある場合においては，その必要の限度で，第14条第1項の契約期
　　間，第62条及び第64条の3の年少者及び妊産婦等の危険有害業務の就業制限，第63
　　条の年少者の坑内労働の禁止並びに第64条の2の妊産婦等の坑内業務の就業制限に
　　関する規定について，厚生労働省令で別段の定めをすることができる。ただし，第
　　63条の年少者の坑内労働の禁止に関する規定については，満16歳に満たない者に関
　　しては，この限りでない。
第71条　前条の規定に基いて発する厚生労働省令は，当該厚生労働省令によつて労働
　　者を使用することについて行政官庁の許可を受けた使用者に使用される労働者以外
　　の労働者については，適用しない。
第72条　第70条の規定に基づく厚生労働省令の適用を受ける未成年者についての第39
　　条の規定の適用については，同条の第1項中「10労働日」とあるのは「12労働日」と，
　　同条第2項の表6年以上の項中「10労働日」とあるのは「8労働日」とする。
第73条　第71条の規定による許可を受けた使用者が第70条の規定に基いて発する厚生
　　労働省令に違反した場合においては，行政官庁は，その許可を取り消すことができ
　　る。
第74条　削除

9　第8章　災害補償関係

（1）　療養補償

（療養補償）
第75条　労働者が業務上負傷し，又は疾病にかかつた場合においては，使用者は，そ
　　の費用で必要な療養を行い，又は必要な療養の費用を負担しなければならない。
②　前項に規定する業務上の疾病及び療養の範囲は，厚生労働省令で定める。

-労 基 則-

〔業務上の疾病の範囲〕

第35条 法第75条第2項の規定による業務上の疾病は，別表第1の2に掲げる疾病とする。

〔業務上の疾病及び療養の範囲〕

第36条 法第75条第2項の規定による療養の範囲は，次に掲げるものにして，療養上相当と認められるものとする。

1 診察

2 薬剤又は治療材料の支給

3 処置，手術その他の治療

4 居宅における療養上の管理及びその療養に伴う世話その他の看護

5 病院又は診療所への入院及びその療養に伴う世話その他の看護

6 移送

〔診断〕

第37条 労働者が就業中又は事業場若しくは事業の附属建設物内で負傷し，疾病にかかり又は死亡した場合には，使用者は，遅滞なく医師に診断させなければならない。

別表第1の2 （第35条関係）

① 業務上の負傷に起因する疾病

② 物理的因子による次に掲げる疾病

1 紫外線にさらされる業務による前眼部疾患又は皮膚疾患

2 赤外線にさらされる業務による網膜火傷，白内障等の眼疾患又は皮膚疾患

3 レーザー光線にさらされる業務による網膜火傷等の眼疾患又は皮膚疾患

4 マイクロ波にさらされる業務による白内障等の眼疾患

5 電離放射線にさらされる業務による急性放射線症，皮膚潰瘍等の放射線皮膚障害，白内障等の放射線眼疾患，放射線肺炎，再生不良性貧血等の造血器障害，骨壊死その他の放射線障害

6 高圧室内作業又は潜水作業に係る業務による潜函病又は潜水病

7 気圧の低い場所における業務による高山病又は航空減圧症

8 暑熱な場所における業務による熱中症

9 高熱物体を取り扱う業務による熱傷

10 寒冷な場所における業務又は低温物体を取り扱う業務による凍傷

11 著しい騒音を発する場所における業務による難聴等の耳の疾患

12 超音波にさらされる業務による手指等の組織壊死

13 1から12までに掲げるもののほか，これらの疾病に付随する疾病その他物理的因子にさらされる業務に起因することの明らかな疾病

③ 身体に過度の負担のかかる作業態様に起因する次に掲げる疾病

1 重激な業務による筋肉，腱，骨若しくは関節の疾患又は内臓脱

2 重量物を取り扱う業務，腰部に過度の負担を与える不自然な作業姿勢により

行う業務その他腰部に過度の負担のかかる業務による腰痛

3　さく岩機，鋲打ち機，チエーンソー等の機械器具の使用により身体に振動を与える業務による手指，前腕等の末梢循環障害，末梢神経障害又は運動器障害

4　電子計算機への入力を反復して行う業務その他上肢に過度の負担のかかる業務による後頭部，頸部，肩甲帯，上腕，前腕又は手指の運動器障害

5　1から4までに掲げるもののほか，これらの疾病に付随する疾病その他身体に過度の負担のかかる作業態様の業務に起因することの明らかな疾病

④　化学物質等による次に掲げる疾病

1　厚生労働大臣の指定する単体たる化学物質及び化合物（合金を含む。）にさらされる業務による疾病であつて，厚生労働大臣が定めるもの

2　弗素樹脂，塩化ビニル樹脂，アクリル樹脂等の合成樹脂の熱分解生成物にさらされる業務による眼粘膜の炎症又は気道粘膜の炎症等の呼吸器疾患

3　すす，鉱物油，うるし，テレビン油，タール，セメント，アミン系の樹脂硬化剤等にさらされる業務による皮膚疾患

4　蛋白分解酵素にさらされる業務による皮膚炎，結膜炎又は鼻炎，気管支喘息等の呼吸器疾患

5　木材の粉じん，獣毛のじんあい等を飛散する場所における業務又は抗生物質等にさらされる業務によるアレルギー性の鼻炎，気管支喘息等の呼吸器疾患

6　落綿等の粉じんを飛散する場所における業務による呼吸器疾患

7　石綿にさらされる業務による良性石綿胸水又はびまん性胸膜肥厚

8　空気中の酸素濃度の低い場所における業務による酸素欠乏症

9　1から8までに掲げるもののほか，これらの疾病に付随する疾病その他化学物質等にさらされる業務に起因することの明らかな疾病

⑤　粉じんを飛散する場所における業務によるじん肺症又はじん肺法（昭和35年法律第30号）に規定するじん肺と合併したじん肺法施行規則（昭和35年労働省令第6号）第1条各号に掲げる疾病

⑥　細菌，ウイルス等の病原体による次に掲げる疾病

1　患者の診療若しくは看護の業務，介護の業務又は研究その他の目的で病原体を取り扱う業務による伝染性疾患

2　動物若しくはその死体，獣毛，革その他動物性の物又はぼろ等の古物を取り扱う業務によるブルセラ症，炭疽病等の伝染性疾患

3　湿潤地における業務によるワイル病等のレプトスピラ症

4　屋外における業務による恙虫病

5　1から4までに掲げるもののほか，これらの疾病に付随する疾病その他細菌，ウイルス等の病原体にさらされる業務に起因することの明らかな疾病

⑦　がん原性物質若しくはがん原性因子又はがん原性工程における業務による次に掲げる疾病

1　ベンジジンにさらされる業務による尿路系腫瘍

2　ベーターナフチルアミンにさらされる業務による尿路系腫瘍

3　4-アミノジフエニルにさらされる業務による尿路系腫瘍

4　4-ニトロジフエニルにさらされる業務による尿路系腫瘍

5　ビス（クロロメチル）エーテルにさらされる業務による肺がん

6　ベリリウムにさらされる業務による肺がん

7　ベンゾトリクロライドにさらされる業務による肺がん

8　石綿にさらされる業務による肺がん又は中皮腫

9　ベンゼンにさらされる業務による白血病

10　塩化ビニルにさらされる業務による肝血管肉腫又は肝細胞がん

11　3・3′-ジクロロ-4・4′-ジアミノジフェニルメタンにさらされる業務による尿路系腫瘍

12　オルトートルイジンにさらされる業務による膀胱がん

13　1・2-ジクロロプロパンにさらされる業務による胆管がん

14　ジクロロメタンにさらされる業務による胆管がん

15　電離放射線にさらされる業務による白血病，肺がん，皮膚がん，骨肉腫，甲状腺がん，多発性骨髄腫又は非ホジキンリンパ腫

16　オーラミンを製造する工程における業務による尿路系腫瘍

17　マゼンタを製造する工程における業務による尿路系腫瘍

18　コークス又は発生炉ガスを製造する工程における業務による肺がん

19　クロム酸塩又は重クロム酸塩を製造する工程における業務による肺がん又は上気道のがん

20　ニッケルの製錬又は精錬を行う工程における業務による肺がん又は上気道のがん

21　砒素を含有する鉱石を原料として金属の製錬若しくは精錬を行う工程又は無機砒素化合物を製造する工程における業務による肺がん又は皮膚がん

22　すす，鉱物油，タール，ピッチ，アスフアルト又はパラフインにさらされる業務による皮膚がん

23　1から22までに掲げるもののほか，これらの疾病に付随する疾病その他がん原性物質若しくはがん原性因子にさらされる業務又はがん原性工程における業務に起因することの明らかな疾病

⑧　長期間にわたる長時間の業務その他血管病変等を著しく増悪させる業務による脳出血，くも膜下出血，脳梗塞，高血圧性脳症，心筋梗塞，狭心症，心停止（心臓性突然死を含む。），重篤な心不全若しくは大動脈解離又はこれらの疾病に付随する疾病

⑨　人の生命にかかわる事故への遭遇その他心理的に過度の負担を与える事象を伴う業務による精神及び行動の障害又はこれに付随する疾病

⑩　前各号に掲げるもののほか，厚生労働大臣の指定する疾病
⑪　その他業務に起因することの明らかな疾病

（2）　休業補償

（休業補償）
第76条　労働者が前条の規定による療養のため，労働することができないために賃金を受けない場合においては，使用者は，労働者の療養中平均賃金の100分の60の休業補償を行わなければならない。
②　使用者は，前項の規定により休業補償を行つている労働者と同一の事業場における同種の労働者に対して所定労働時間労働した場合に支払われる通常の賃金の，1月から3月まで，4月から6月まで，7月から9月まで及び10月から12月までの各区分による期間（以下四半期という。）ごとの1箇月1人当り平均額（常時100人未満の労働者を使用する事業場については，厚生労働省において作成する毎月勤労統計における当該事業場の属する産業に係る毎月きまつて支給する給与の四半期の労働者1人当りの1箇月平均額。以下平均給与額という。）が，当該労働者が業務上負傷し，又は疾病にかかつた日の属する四半期における平均給与額の100分の120をこえ，又は100分の80を下るに至つた場合においては，使用者は，その上昇し又は低下した比率に応じて，その上昇し又は低下するに至つた四半期の次の次の四半期において，前項の規定により当該労働者に対して行つている休業補償の額を改訂し，その改訂をした四半期に属する最初の月から改訂された額により休業補償を行わなければならない。改訂後の休業補償の額の改訂についてもこれに準ずる。
③　前項の規定により難い場合における改訂の方法その他同項の規定による改訂について必要な事項は，厚生労働省令で定める。

（3）　障害補償

（障害補償）
第77条　労働者が業務上負傷し，又は疾病にかかり，治つた場合において，その身体に障害が存するときは，使用者は，その障害の程度に応じて，平均賃金に別表第2に定める日数を乗じて得た金額の障害補償を行わなければならない。

（4）　休業補償及び障害補償の例外

（休業補償及び障害補償の例外）
第78条　労働者が重大な過失によつて業務上負傷し，又は疾病にかかり，且つ使用者

がその過失について行政官庁の認定を受けた場合においては，休業補償又は障害補償を行わなくてもよい。

（5） 遺族補償

（遺族補償）
第79条　労働者が業務上死亡した場合においては，使用者は，遺族に対して，平均賃金の1,000日分の遺族補償を行わなければならない。

（6） 葬祭料

（葬祭料）
第80条　労働者が業務上死亡した場合においては，使用者は，葬祭を行う者に対して，平均賃金の60日分の葬祭料を支払わなければならない。

（7） 打切補償

（打切補償）
第81条　第75条の規定によつて補償を受ける労働者が，療養開始後3年を経過しても負傷又は疾病がなおらない場合においては，使用者は，平均賃金の1,200日分の打切補償を行い，その後は法律の規定による補償を行わなくてもよい。

（8） 分割補償

（分割補償）
第82条　使用者は，支払能力のあることを証明し，補償を受けるべき者の同意を得た場合においては，第77条又は第79条の規定による補償に替え，平均賃金に別表第3に定める日数を乗じて得た金額を，6年にわたり毎年補償することができる。

（9） 補償を受ける権利

（補償を受ける権利）
第83条　補償を受ける権利は，労働者の退職によつて変更されることはない。
②　補償を受ける権利は，これを譲渡し，又は差し押えてはならない。

（10）　他の法律との関係

（他の法律との関係）
第84条　この法律に規定する災害補償の事由について，労働者災害補償保険法（昭和22年法律第50号）又は厚生労働省令で指定する法令に基づいてこの法律の災害補償に相当する給付が行なわれるべきものである場合においては，使用者は，補償の責を免れる。
②　使用者は，この法律による補償を行つた場合においては，同一の事由については，その価額の限度において民法による損害賠償の責を免れる。

（11）　審査及び仲裁

（審査及び仲裁）
第85条　業務上の負傷，疾病又は死亡の認定，療養の方法，補償金額の決定その他補償の実施に関して異議のある者は，行政官庁に対して，審査又は事件の仲裁を申し立てることができる。
②　行政官庁は，必要があると認める場合においては，職権で審査又は事件の仲裁をすることができる。
③　第1項の規定により審査若しくは仲裁の申立てがあつた事件又は前項の規定により行政官庁が審査若しくは仲裁を開始した事件について民事訴訟が提起されたときは，行政官庁は，当該事件については，審査又は仲裁をしない。
④　行政官庁は，審査又は仲裁のために必要であると認める場合においては，医師に診断又は検案をさせることができる。
⑤　第1項の規定による審査又は仲裁の申立て及び第2項の規定による審査又は仲裁の開始は，時効の完成猶予及び更新に関しては，これを裁判上の請求とみなす。
第86条　前条の規定による審査及び仲裁の結果に不服のある者は，労働者災害補償保険審査官の審査又は仲裁を申し立てることができる。
②　前条第3項の規定は，前項の規定により審査又は仲裁の申立てがあつた場合に，これを準用する。

（12）　請負事業に関する例外

（請負事業に関する例外）
第87条　厚生労働省令で定める事業が数次の請負によつて行われる場合においては，災害補償については，その元請負人を使用者とみなす。
②　前項の場合，元請負人が書面による契約で下請負人に補償を引き受けさせた場合においては，その下請負人もまた使用者とする。但し，二以上の下請負人に，同一

の事業について重複して補償を引き受けさせてはならない。

③　前項の場合，元請負人が補償の請求を受けた場合においては，補償を引き受けた下請負人に対して，まず催告すべきことを請求することができる。ただし，その下請負人が破産手続開始の決定を受け，又は行方が知れない場合においては，この限りでない。

(13)　補償に関する細目

（補償に関する細目）

第88条　この章に定めるものの外，補償に関する細目は，厚生労働省令で定める。

10　第9章　就業規則関係

(1)　作成及び届出の義務

（作成及び届出の義務）

第89条　常時10人以上の労働者を使用する使用者は，次に掲げる事項について就業規則を作成し，行政官庁に届け出なければならない。次に掲げる事項を変更した場合においても，同様とする。

1　始業及び終業の時刻，休憩時間，休日，休暇並びに労働者を2組以上に分けて交替に就業させる場合においては就業時転換に関する事項

2　賃金（臨時の賃金等を除く。以下この号において同じ。）の決定，計算及び支払の方法，賃金の締切り及び支払の時期並びに昇給に関する事項

3　退職に関する事項（解雇の事由を含む。）

3の2　退職手当の定めをする場合においては，適用される労働者の範囲，退職手当の決定，計算及び支払の方法並びに退職手当の支払の時期に関する事項

4　臨時の賃金等（退職手当を除く。）及び最低賃金額の定めをする場合においては，これに関する事項

5　労働者に食費，作業用品その他の負担をさせる定めをする場合においては，これに関する事項

6　安全及び衛生に関する定めをする場合においては，これに関する事項

7　職業訓練に関する定めをする場合においては，これに関する事項

8　災害補償及び業務外の傷病扶助に関する定めをする場合においては，これに関する事項

9　表彰及び制裁の定めをする場合においては，その種類及び程度に関する事項

10　前各号に掲げるもののほか，当該事業場の労働者のすべてに適用される定めをする場合においては，これに関する事項

（2） 作成の手続

> （作成の手続）
> 第90条　使用者は，就業規則の作成又は変更について，当該事業場に，労働者の過半数で組織する労働組合がある場合においてはその労働組合，労働者の過半数で組織する労働組合がない場合においては労働者の過半数を代表する者の意見を聴かなければならない。
> ②　使用者は，前条の規定により届出をなすについて，前項の意見を記した書面を添付しなければならない。

（3） 制裁規定の制限

> （制裁規定の制限）
> 第91条　就業規則で，労働者に対して減給の制裁を定める場合においては，その減給は，1回の額が平均賃金の1日分の半額を超え，総額が1賃金支払期における賃金の総額の10分の1を超えてはならない。

（4） 法令及び労働協約との関係

> （法令及び労働協約との関係）
> 第92条　就業規則は，法令又は当該事業場について適用される労働協約に反してはならない。
> ②　行政官庁は，法令又は労働協約に牴触する就業規則の変更を命ずることができる。

（5） 労働契約との関係

> （労働契約との関係）
> 第93条　労働契約と就業規則との関係については，労働契約法（平成19年法律第128号）第12条の定めるところによる。

----労働契約法----
> （就業規則違反の労働契約）
> 第12条　就業規則で定める基準に達しない労働条件を定める労働契約は，その部分については，無効とする。この場合において，無効となった部分は，就業規則で定める基準による。

11 第10章 寄宿舎関係

（1） 寄宿舎生活の自治

（寄宿舎生活の自治）

第94条 使用者は，事業の附属寄宿舎に寄宿する労働者の私生活の自由を侵してはならない。

② 使用者は，寮長，室長その他寄宿舎生活の自治に必要な役員の選任に干渉してはならない。

（2） 寄宿舎生活の秩序

（寄宿舎生活の秩序）

第95条 事業の附属寄宿舎に労働者を寄宿させる使用者は，左の事項について寄宿舎規則を作成し，行政官庁に届け出なければならない。これを変更した場合においても同様である。

　1 起床，就寝，外出及び外泊に関する事項

　2 行事に関する事項

　3 食事に関する事項

　4 安全及び衛生に関する事項

　5 建設物及び設備の管理に関する事項

② 使用者は，前項第1号乃至第4号の事項に関する規定の作成又は変更については，寄宿舎に寄宿する労働者の過半数を代表する者の同意を得なければならない。

③ 使用者は，第1項の規定により届出をなすについて，前項の同意を証明する書面を添附しなければならない。

④ 使用者及び寄宿舎に寄宿する労働者は，寄宿舎規則を遵守しなければならない。

（3） 寄宿舎の設備及び安全衛生

（寄宿舎の設備及び安全衛生）

第96条 使用者は，事業の附属寄宿舎について，換気，採光，照明，保温，防湿，清潔，避難，定員の収容，就寝に必要な措置その他労働者の健康，風紀及び生命の保持に必要な措置を講じなければならない。

② 使用者が前項の規定によつて講ずべき措置の基準は，厚生労働省令で定める。〈編注・「種類別附属寄宿舎の衛生基準」は以下に掲載〉

種類別附属寄宿舎の衛生基準

主要項目		事業附属寄宿舎規程	
		第1種寄宿舎	第2種寄宿舎
適用範囲		事業の完了時期が予定される建設業(労働基準法別表第1第3号に掲げる事業)いわゆる有期の建設業以外の事業の附属寄宿舎（第1条）	
		労働者を6箇月以上の期間寄宿させる寄宿舎で，第2種以外のもの（第6条）	1. 労働者を6箇月未満の期間寄宿させる寄宿舎 2. 事業の完了時期が予定される農林業等（労働基準法別表第1第6号に掲げる事業等），いわゆる有期の事業において，その事業の完了期間まで労働者を寄宿させる仮設の寄宿舎（第37条）
設置を避けるべき場所		1. 爆発性の物（火薬類を含む。），発火性の物，酸化性の物，引火性の物，可燃性のガス又は多量の易燃性の物を取り扱い，又は貯蔵する場所の附近 2. 窯炉を使用する作業場の附近 3. ガス，蒸気又は粉じんを発散して衛生上有害な作業場の附近 4. 騒音又は振動の著しい場所 5. なだれ又は土砂崩壊のおそれのある場所 6. 湿潤な場所又は出水時浸水のおそれのある場所 7. 伝染病患者を収容する建物及び病原体によって汚染のおそれ著しいものを取り扱う場所の附近（第7条）	1. 騒音又は振動の著しい場所 2. なだれ又は土砂崩壊のおそれのある場所 3. 湿潤な場所又は出水時浸水のおそれのある場所（第38条）
寝室等	面積	1人について$2.5m^2$以上（床の間，押入れの面積を除く。）（第19条）	1人について$2.5m^2$以上（第39条）
	1室の居住人員	16人以下（第19条）	50人以下（第39条）
	木造の床の高さ	45cm以上（第19条）	
	床の状態	寝台を設けない場合畳敷とすること（第19条）。	
	天井	1. 小屋組みを露出しない構造とすること。 2. 高さ2.1m以上（第19条）	
	収納設備	1. 各室に寝具等の適当な収納設備を設けること（寝台を設けた場合には，寝台，寝具収納設備は除外。）。 2. 私有の身廻品収納設備は，個人別とすること（第19条）。	身廻品整頓設備として，押入れ，棚又はこれに代わる設備を設けること（第39条）。

主要項目		事業附属寄宿舎規程	
		第1種寄宿舎	第2種寄宿舎
寝室等	窓	1. 室面積の7分の1以上の有効採光面積を有する窓を設けること。 2. 外窓には,雨戸,障子又はガラス戸,及び窓掛を設けること。 3. 寝室と廊下との間は戸,障子,壁等で区画し,廊下の外部には,雨戸,又はガラス戸を設けること（第19条）。	1. 採光のため十分な面積を有する窓等を設けること。 2. 外窓には,雨戸又はガラス戸等を設けること（第39条）。
	照明	4m²につき10燭光以上の灯火を設けること（第19条）。	
	防蚊防寒	1. 防蚊のため,適当な措置を講ずること。 2. 防寒のため,適当な採暖の設備を設けること（第19条）。	防寒のため,適当な採暖の設備を設けること（第16条）。
	寝具寝台	1. 各人専用の寝具を備えること。 2. ふとんのえり部及びまくらをおおうための白布ならびに敷布を備え,常に清潔にすること。 3. 労働者は,1,2のものにつき,清潔に努力し,使用者の清潔保持に協力すること（第20条）。	
	その他	1. 就眠時間を異にする2組以上の労働者を同一の寝室に寄宿させないこと（交替の際睡眠を妨げないよう適当な方法を講じた場合を除く。）（第21条）。 2. 昼間睡眠を必要とする場合には,暗幕その他の適当な設備を設けること（第22条）。 3. 寝室の居住者の氏名定員を入口に掲示すること（第23条）。 4. 他の者と同室させることが不適当とされる伝染性疾病その他の疾病罹患者と他の者を同室させないこと（第32条）。 5. 伝染性の疾病にかかった者の使用した寝具その他のもの及び寝室は感染症の予防及び感染症の患者に対する医療に関する法律施行規則第14条及び第16条の規定による消毒後でなければ他の者に使用させないこと（第35条）。	

主要項目			事業附属寄宿舎規程	
			第1種寄宿舎	第2種寄宿舎
食堂炊事場	食堂の設置		常時30人以上の労働者を寄宿させるものには，食堂を設けること（寄宿舎に近接した位置に，労働安全衛生規則第629条の事業場の食堂がある場合を除く。）（第24条）。	
	設置上の要件	照明換気	十分であること（第25条）。	
		食器炊事用器具	1. しばしば消毒すること。2. 清潔に保管する設備を設けること（第25条）。	
		こん虫ねずみ等の害の防止	はえその他のこん虫，ねずみ等の害を防ぐための措置を講ずること（第25条）。	
		食卓いす	1. 食卓を設けること。2. いすを設けること（座食の場合を除く。）（第25条）。	
		暖房	食堂には，寒冷時に，適当な採暖の設備を設けること（第25条）。	
		床	炊事場の床は，洗浄及び排水に便利な構造とすること（第25条）。	
		その他	炊事従業員には，炊事専用の清潔な作業衣を着用させること（第25条）。	
飲用水等			飲用水，炊事用水は地方公共団体の水道から供給されるものであること（地方公共団体等の行う水質検査に合格した水と同質の水を用いる場合は，除く。）（第25条の2）。	飲用，洗浄のため，清浄な水を十分に備えること（第39条）。
敷地の衛生			汚水，汚物は，寝室，食堂，炊事場から隔離された一定の場所において露出しないようにすること（第25条の2）。	衛生上共同の利益のため，汚水，汚物を処理するための適当な設備を設けること（第39条）。
浴場	設置		適当な浴場を設けること（他に利用しうる浴場がある場合を除く。）（第27条）。	入浴のための設備を設けること（他に利用しうる浴場がある場合を除く。）（第39条）。
	設置上の要件		1. 脱衣場，浴室を男女別とすること（男，女のいずれか一方が著しく少数であり，かつ，男，女の入浴時間が異なる場合は例外。）。2. 浴室には清浄な水又は上り湯の設備を設けること。	

主要項目		事業附属寄宿舎規程	
		第1種寄宿舎	第2種寄宿舎
浴場	設置上の要件	3. 浴場を適当な温度及び量に保つこと等清潔保持のため，必要な措置を講ずること（第27条）。	
便所	距離	寝室，食堂，炊事場から適当な距離に設けること（第28条）。	
	男女別	区別すること（第28条）。	
	便房の数	寄宿する労働者数により，次のとおりとすること。 100人以下の場合 　15人又はその端数ごとに1個とすること。 100人を超え500人以下の場合 　100人を超える20人又はその端数ごとに1個を増すこと。 500人を超える場合 　500人を超える25人又はその端数ごとに1個を増すこと（第28条）。	
	便池	汚物が，土中に浸透しない構造とすること（第28条）。	
	手洗設備	流出する水による設備を設けること（第28条）。	
	その他	1. 常に清潔を保持するため必要な措置を講ずること。 2. 下水道法第2条第7号に規定する処理区域内では，便所は，水洗便所とすること（汚水管が下水道法第2条第3号に規定する公共下水道で同条第5号に規定する終末処理場を有するものに連結されたものに限る）。 3. 排出汚物を下水道法第2条第5号に規定する終末処理場を有する公共下水道以外に放流しようとする場合には衛生上支障がない構造のし尿浄化槽を設けること（第28条）。 4. 共同の手拭を備えてはならないこと（第30条）。	
洗面所 洗濯場 物干場		1. 寄宿する労働者の数に応じ，適当かつ十分なものを設けること。 2. 伝染性眼疾患罹患者と他の者とが用いる洗面器とを区別すること（第29条）。	

主要項目	事業附属寄宿舎規程	
	第1種寄宿舎	第2種寄宿舎
洗 面 所 場 洗 濯 場 物 干 場	3. 洗面所には共同の手拭を備えてはならない（第30条）。	
休 養 室	常時50人以上の労働者を寄宿させる場合には，寝台その他のが床しうる設備を有するものを設けること（第33条）。	
そ の 他	1. 1回300食以上の給食を行う場合には，栄養士をおくこと（第26条）。 2. 寄宿する労働者について毎年2回以上次の検査を行うこと。 　1) 体重測定による発育，栄養状態の検査 　2) トラホームその他の伝染性眼疾患，かいせんその他の伝染性皮膚疾患の有無の検査（第31条）（労働安全衛生法第66条第1項の健康診断を受けた場合には，その回数を減じてよい。） 3. 常時50人以上の労働者を寄宿させる場合には，衛生相談担当者を定めること（第34条）。	

（4） 監督上の行政措置

（監督上の行政措置）

第96条の2　使用者は，常時10人以上の労働者を就業させる事業，厚生労働省令で定める危険な事業又は衛生上有害な事業の附属寄宿舎を設置し，移転し，又は変更しようとする場合においては，前条の規定に基づいて発する厚生労働省令で定める危害防止等に関する基準に従い定めた計画を，工事着手14日前までに，行政官庁に届け出なければならない。

②　行政官庁は，労働者の安全及び衛生に必要であると認める場合においては，工事の着手を差し止め，又は計画の変更を命ずることができる。

第96条の3　労働者を就業させる事業の附属寄宿舎が，安全及び衛生に関し定められた基準に反する場合においては，行政官庁は，使用者に対して，その全部又は一部の使用の停止，変更その他必要な事項を命ずることができる。

②　前項の場合において行政官庁は，使用者に命じた事項について必要な事項を労働者に命ずることができる。

12　第11章　監督機関関係

（1）　監督機関の職員等

（監督機関の職員等）

第97条　労働基準主管局（厚生労働省の内部部局として置かれる局で労働条件及び労働者の保護に関する事務を所掌するものをいう。以下同じ。），都道府県労働局及び労働基準監督署に労働基準監督官を置くほか，厚生労働省令で定める必要な職員を置くことができる。

②　労働基準主管局の局長（以下「労働基準主管局長」という。），都道府県労働局長及び労働基準監督署長は，労働基準監督官をもつてこれに充てる。

③　労働基準監督官の資格及び任免に関する事項は，政令で定める。

④　厚生労働省に，政令で定めるところにより，労働基準監督官分限審議会を置くことができる。

⑤　労働基準監督官を罷免するには，労働基準監督官分限審議会の同意を必要とする。

⑥　前二項に定めるもののほか，労働基準監督官分限審議会の組織及び運営に関し必要な事項は，政令で定める。

第98条　削除

（2）　労働基準主管局長等の権限

（労働基準主管局長等の権限）

第99条　労働基準主管局長は，厚生労働大臣の指揮監督を受けて，都道府県労働局長を指揮監督し，労働基準に関する法令の制定改廃，労働基準監督官の任免教養，監督方法についての規程の制定及び調整，監督年報の作成並びに労働政策審議会及び労働基準監督官分限審議会に関する事項（労働政策審議会に関する事項については，労働条件及び労働者の保護に関するものに限る。）その他この法律の施行に関する事項をつかさどり，所属の職員を指揮監督する。

②　都道府県労働局長は，労働基準主管局長の指揮監督を受けて，管内の労働基準監督署長を指揮監督し，監督方法の調整及び地方労働基準審議会に関する事項その他この法律の施行に関する事項をつかさどり，所属の職員を指揮監督する。

③　労働基準監督署長は，都道府県労働局長の指揮監督を受けて，この法律に基く臨検，尋問，許可，認定，審査，仲裁その他この法律の実施に関する事項をつかさどり，所属の職員を指揮監督する。

④　労働基準主管局長及び都道府県労働局長は，下級官庁の権限を自ら行い，又は所属の労働基準監督官をして行わせることができる。

（3） 女性主管局長の権限

> **（女性主管局長の権限）**
> **第100条**　厚生労働省の女性主管局長（厚生労働省の内部部局として置かれる局で女性労働者の特性に係る労働問題に関する事務を所掌するものの局長をいう。以下同じ。）は，厚生労働大臣の指揮監督を受けて，この法律中女性に特殊の規定の制定，改廃及び解釈に関する事項をつかさどり，その施行に関する事項については，労働基準主管局長及びその下級の官庁の長に勧告を行うとともに，労働基準主管局長が，その下級の官庁に対して行う指揮監督について援助を与える。
> ②　女性主管局長は，自ら又はその指定する所属官吏をして，女性に関し労働基準主管局若しくはその下級の官庁又はその所属官吏の行つた監督その他に関する文書を閲覧し，又は閲覧せしめることができる。
> ③　第101条及び第105条の規定は，女性主管局長又はその指定する所属官吏が，この法律中女性に特殊の規定の施行に関して行う調査の場合に，これを準用する。

（4） 労働基準監督官の権限

> **（労働基準監督官の権限）**
> **第101条**　労働基準監督官は，事業場，寄宿舎その他の附属建設物に臨検し，帳簿及び書類の提出を求め，又は使用者若しくは労働者に対して尋問を行うことができる。
> ②　前項の場合において，労働基準監督官は，その身分を証明する証票を携帯しなければならない。
> **第102条**　労働基準監督官は，この法律違反の罪について，刑事訴訟法に規定する司法警察官の職務を行う。
> **第103条**　労働者を就業させる事業の附属寄宿舎が，安全及び衛生に関して定められた基準に反し，且つ労働者に急迫した危険がある場合においては，労働基準監督官は，第96条の3の規定による行政官庁の権限を即時に行うことができる。

（5） 監督機関に対する申告

> **（監督機関に対する申告）**
> **第104条**　事業場に，この法律又はこの法律に基いて発する命令に違反する事実がある場合においては，労働者は，その事実を行政官庁又は労働基準監督官に申告することができる。
> ②　使用者は，前項の申告をしたことを理由として，労働者に対して解雇その他不利益な取扱をしてはならない。

（6）　報告等

（報告等）

第104条の2　行政官庁は，この法律を施行するため必要があると認めるときは，厚生労働省令で定めるところにより，使用者又は労働者に対し，必要な事項を報告させ，又は出頭を命ずることができる。

②　労働基準監督官は，この法律を施行するため必要があると認めるときは，使用者又は労働者に対し，必要な事項を報告させ，又は出頭を命ずることができる。

----労　基　則----

第57条　使用者は，次の各号の一に該当する場合においては，遅滞なく，第1号については様式第23号の2により，第2号については労働安全衛生規則様式第22号により，第3号については労働安全衛生規則様式第23号により，それぞれの事実を所轄労働基準監督署長に報告しなければならない。

1　事業を開始した場合

2　事業の附属寄宿舎において火災若しくは爆発又は倒壊の事故が発生した場合

3　労働者が事業の附属寄宿舎内で負傷し，窒息し，又は急性中毒にかかり，死亡し又は休業した場合

②　前項第3号に掲げる場合において，休業の日数が4日に満たないときは，使用者は，同項の規定にかかわらず，労働安全衛生規則様式第24号により，1月から3月まで，4月から6月まで，7月から9月まで及び10月から12月までの期間における当該事実を毎年各々の期間における最後の月の翌月末日までに，所轄労働基準監督署長に報告しなければならない。

③　法第18条第2項の規定により届け出た協定に基づき労働者の預金の受入れをする使用者は，毎年，3月31日以前1年間における預金の管理の状況を，4月30日までに，様式第24号により，所轄労働基準監督署長に報告しなければならない。

第58条　行政官庁は，法第104条の2第1項の規定により，使用者又は労働者に対し，必要な事項を報告させ，又は出頭を命ずるときは，次の事項を通知するものとする。

1　報告をさせ，又は出頭を命ずる理由

2　出頭を命ずる場合には，聴取しようとする事項

（7）　労働基準監督官の義務

（労働基準監督官の義務）

第105条　労働基準監督官は，職務上知り得た秘密を漏してはならない。労働基準監督官を退官した後においても同様である。

---

13 第12章 雑則関係

（1） 国の援助義務

（国の援助義務）

第105条の2 厚生労働大臣又は都道府県労働局長は，この法律の目的を達成するために，労働者及び使用者に対して資料の提供その他必要な援助をしなければならない。

（2） 法令等の周知義務

（法令等の周知義務）

第106条 使用者は，この法律及びこれに基づく命令の要旨，就業規則，第18条第2項，第24条第1項ただし書，第32条の2第1項，第32条の3第1項，第32条の4第1項，第32条の5第1項，第34条第2項ただし書，第36条第1項，第37条第3項，第38条の2第2項，第38条の3第1項並びに第39条第4項，第6項及び第9項ただし書に規定する協定並びに第38条の4第1項及び同条第5項（第41条の2第3項において準用する場合を含む。）並びに第41条の2第1項に規定する決議を，常時各作業場の見やすい場所へ掲示し，又は備え付けること，書面を交付することその他の厚生労働省令で定める方法によつて，労働者に周知させなければならない。

② 使用者は，この法律及びこの法律に基いて発する命令のうち，寄宿舎に関する規定及び寄宿舎規則を，寄宿舎の見易い場所に掲示し，又は備え付ける等の方法によつて，寄宿舎に寄宿する労働者に周知させなければならない。

----- 労 基 則 -----

第52条の2 法第106条第1項の厚生労働省令で定める方法は，次に掲げる方法とする。

1 常時各作業場の見やすい場所へ掲示し，又は備え付けること。

2 書面を労働者に交付すること。

3 磁気テープ，磁気ディスクその他これらに準ずる物に記録し，かつ，各作業場に労働者が当該記録の内容を常時確認できる機器を設置すること。

（3） 労働者名簿

（労働者名簿）

第107条 使用者は，各事業場ごとに労働者名簿を，各労働者（日日雇い入れられる者を除く。）について調製し，労働者の氏名，生年月日，履歴その他厚生労働省令で定める事項を記入しなければならない。

② 前項の規定により記入すべき事項に変更があつた場合においては，遅滞なく訂正

しなければならない。

（4） 賃金台帳

（賃金台帳）
第108条　使用者は，各事業場ごとに賃金台帳を調製し，賃金計算の基礎となる事項及び賃金の額その他厚生労働省令で定める事項を賃金支払の都度遅滞なく記入しなければならない。

（5） 記録の保存

（記録の保存）
第109条　使用者は，労働者名簿，賃金台帳及び雇入れ，解雇，災害補償，賃金その他労働関係に関する重要な書類を5年間保存しなければならない。
第110条　削除

（6） 無料証明

（無料証明）
第111条　労働者及び労働者になろうとする者は，その戸籍に関して戸籍事務を掌る者又はその代理者に対して，無料で証明を請求することができる。使用者が，労働者及び労働者になろうとする者の戸籍に関して証明を請求する場合においても同様である。

（7） 国及び公共団体についての適用

（国及び公共団体についての適用）
第112条　この法律及びこの法律に基いて発する命令は，国，都道府県，市町村その他これに準ずべきものについても適用あるものとする。

（8） 命令の制定

（命令の制定）
第113条　この法律に基いて発する命令は，その草案について，公聴会で労働者を代表する者，使用者を代表する者及び公益を代表する者の意見を聴いて，これを制定する。

（9）　付加金の支払

（付加金の支払）
第114条　裁判所は，第20条，第26条若しくは第37条の規定に違反した使用者又は第39
条第9項の規定による賃金を支払わなかつた使用者に対して，労働者の請求により，
これらの規定により使用者が支払わなければならない金額についての未払金のほ
か，これと同一額の付加金の支払を命ずることができる。ただし，この請求は，違
反のあつた時から5年以内にしなければならない。

（10）　時効

（時効）
第115条　この法律の規定による賃金の請求権はこれを行使することができる時から5
年間，この法律の規定による災害補償その他の請求権（賃金の請求権を除く。）はこ
れを行使できる時から2年間行わない場合においては，時効によつて消滅する。

（11）　経過措置

（経過措置）
第115条の2　この法律の規定に基づき命令を制定し，又は改廃するときは，その命令
で，その制定又は改廃に伴い合理的に必要と判断される範囲内において，所要の経
過措置（罰則に関する経過措置を含む。）を定めることができる。

（12）　適用除外

（適用除外）
第116条　第1条から第11条まで，次項，第117条から第119条まで及び第121条の規定
を除き，この法律は，船員法（昭和22年法律第100号）第1条第1項に規定する船員
については，適用しない。
②　この法律は，同居の親族のみを使用する事業及び家事使用人については，適用し
ない。

14　第13章　罰則関係

第117条から第120条まで　省略

第121条　この法律の違反行為をした者が，当該事業の労働者に関する事項について，事業主のために行為した代理人，使用人その他の従業者である場合においては，事業主に対しても各本条の罰金刑を科する。ただし，事業主（事業主が法人である場合においてはその代表者，事業主が営業に関し成年者と同一の行為能力を有しない未成年者又は成年被後見人である場合においてはその法定代理人（法定代理人が法人であるときは，その代表者）を事業主とする。次項において同じ。）が違反の防止に必要な措置をした場合においては，この限りでない。

②　事業主が違反の計画を知りその防止に必要な措置を講じなかった場合，違反行為を知り，その是正に必要な措置を講じなかつた場合又は違反を教唆した場合においては，事業主も行為者として罰する。

15　第14章　附則関係

第122条から第135条まで　省略

第136条　使用者は，第39条第１項から第４項までの規定による有給休暇を取得した労働者に対して，賃金の減額その他不利益な取扱いをしないようにしなければならない。

第137条　期間の定めのある労働契約（一定の事業の完了に必要な期間を定めるものを除き，その期間が１年を超えるものに限る。）を締結した労働者（第14条第１項各号に規定する労働者を除く。）は，労働基準法の一部を改正する法律（平成15年法律第104号）附則第３条に規定する措置が講じられるまでの間，民法第628条の規定にかかわらず，当該労働契約の期間の初日から１年を経過した日以後においては，その使用者に申し出ることにより，いつでも退職することができる。

第138条　削除

第139条　工作物の建設の事業（災害時における復旧及び復興の事業に限る。）その他これに関連する事業として厚生労働省令で定める事業に関する第36条の規定の適用については，当分の間，同条第５項中「時間（第２項第４号に関して協定した時間を含め100時間未満の範囲内に限る。）」とあるのは「時間」と，「同号」とあるのは「第２項第４号」とし，同条第６項（第２号及び第３号に係る部分に限る。）の規定は適用しない。

②　前項の規定にかかわらず，工作物の建設の事業その他これに関連する事業として厚生労働省令で定める事業については，令和６年３月31日（同日及びその翌日を含む期間を定めている第36条第１項の協定に関しては，当該協定に定める期間の初日から起算して１年を経過する日）までの間，同条第２項第４号中「１箇月及び」と

あるのは,「1日を超え3箇月以内の範囲で前項の協定をする使用者及び労働組合若しくは労働者の過半数を代表する者が定める期間並びに」とし,同条第3項から第5項まで及び第6項（第2号及び第3号に係る部分に限る。）の規定は適用しない。

第140条 一般乗用旅客自動車運送事業（道路運送法（昭和26年法律第183号）第3条第1号ハに規定する一般乗用旅客自動車運送事業をいう。）の業務，貨物自動車運送事業（貨物自動車運送事業法（平成元年法律第83号）第2条第1項に規定する貨物自動車運送事業をいう。）の業務その他の自動車の運転の業務として厚生労働省令で定める業務に関する第36条の規定の適用については，当分の間，同条第5項中「時間（第2項第4号に関して協定した時間を含め100時間未満の範囲内に限る。）並びに1年について労働時間を延長して労働させることができる時間（同号に関して協定した時間を含め720時間を超えない範囲内に限る。）を定めることができる。この場合において，第1項の協定に，併せて第2項第2号の対象期間において労働時間を延長して労働させる時間が1箇月について45時間（第32条の4第1項第2号の対象期間として3箇月を超える期間を定めて同条の規定により労働させる場合にあつては，1箇月について42時間）を超えることができる月数（1年について6箇月以内に限る。）を定めなければならない」とあるのは，「時間並びに1年について労働時間を延長して労働させることができる時間（第2項第4号に関して協定した時間を含め960時間を超えない範囲内に限る。）を定めることができる」とし，同条第6項（第2号及び第3号に係る部分に限る。）の規定は適用しない。

② 前項の規定にかかわらず，同項に規定する業務については，令和6年3月31日（同日及びその翌日を含む期間を定めている第36条第1項の協定に関しては，当該協定に定める期間の初日から起算して1年を経過する日）までの間，同条第2項第4号中「1箇月及び」とあるのは，「1日を超え3箇月以内の範囲で前項の協定をする使用者及び労働組合若しくは労働者の過半数を代表する者が定める期間並びに」とし，同条第3項から第5項まで及び第6項（第2号及び第3号に係る部分に限る。）の規定は適用しない。

第141条 医業に従事する医師（医療提供体制の確保に必要な者として厚生労働省令で定める者に限る。）に関する第36条の規定の適用については，当分の間，同条第2項第4号中「における1日，1箇月及び1年のそれぞれの期間について」とあるのは「における」とし，同条第3項中「限度時間」とあるのは「限度時間並びに労働者の健康及び福祉を勘案して厚生労働省令で定める時間」とし，同条第5項及び第6項（第2号及び第3号に係る部分に限る。）の規定は適用しない。

② 前項の場合において，第36条第1項の協定に，同条第2項各号に掲げるもののほか，当該事業場における通常予見することのできない業務量の大幅な増加等に伴い臨時的に前項の規定により読み替えて適用する同条第3項の厚生労働省令で定める時間を超えて労働させる必要がある場合において，同条第2項第4号に関して協定した時間を超えて労働させることができる時間（同号に関して協定した時間を含め，同条第5項に定める時間及び月数並びに労働者の健康及び福祉を勘案して厚生労働省令で定める時間を超えない範囲内に限る。）その他厚生労働省令で定める事項を定

めることができる。

③ 使用者は，第1項の場合において，第36条第1項の協定で定めるところによつて労働時間を延長して労働させ，又は休日において労働させる場合であつても，同条第6項に定める要件並びに労働者の健康及び福祉を勘案して厚生労働省令で定める時間を超えて労働させてはならない。

④ 前三項の規定にかかわらず，医業に従事する医師については，令和6年3月31日（同日及びその翌日を含む期間を定めている第36条第1項の協定に関しては，当該協定に定める期間の初日から起算して1年を経過する日）までの間，同条第2項第4号中「1箇月及び」とあるのは，「1日を超え3箇月以内の範囲で前項の協定をする使用者及び労働組合若しくは労働者の過半数を代表する者が定める期間並びに」とし，同条第3項から第5項まで及び第6項（第2号及び第3号に係る部分に限る。）の規定は適用しない。

⑤ 第3項の規定に違反した者は，6箇月以下の懲役又は30万円以下の罰金に処する。

令和4年6月17日法律第67号の改正により，令和7年6月1日より第141条第5項が次のとおりとなる。
第141条 （第1項から第4項 略）
⑤ 第3項の規定に違反した者は，6月以下の拘禁刑又は30万円以下の罰金に処する。

第142条 鹿児島県及び沖縄県における砂糖を製造する事業に関する第36条の規定の適用については，令和6年3月31日（同日及びその翌日を含む期間を定めている同条第1項の協定に関しては，当該協定に定める期間の初日から起算して1年を経過する日）までの間，同条第5項中「時間（第2項第4号に関して協定した時間を含め100時間未満の範囲内に限る。）」とあるのは「時間」と，「同号」とあるのは「第2項第4号」とし，同条第6項（第2号及び第3号に係る部分に限る。）の規定は適用しない。

16 別表関係

別表第1 （第33条，第40条，第41条，第56条，第61条関係）
1 物の製造，改造，加工，修理，洗浄，選別，包装，装飾，仕上げ，販売のためにする仕立て，破壊若しくは解体又は材料の変造の事業（電気，ガス又は各種動力の発生，変更若しくは伝導の事業及び水道の事業を含む。）
2 鉱業，石切り業その他土石又は鉱物採取の事業
3 土木，建築その他工作物の建設，改造，保存，修理，変更，破壊，解体又はその準備の事業
4 道路，鉄道，軌道，索道，船舶又は航空機による旅客又は貨物の運送の事業
5 ドック，船舶，岸壁，波止場，停車場又は倉庫における貨物の取扱いの事業
6 土地の耕作若しくは開墾又は植物の栽植，栽培，採取若しくは伐採の事業その

　他農林の事業

　7　動物の飼育又は水産動植物の採捕若しくは養殖の事業その他の畜産，養蚕又は水産の事業

　8　物品の販売，配給，保管若しくは賃貸又は理容の事業

　9　金融，保険，媒介，周旋，集金，案内又は広告の事業

　10　映画の製作又は映写，演劇その他興行の事業

　11　郵便又は電気通信の事業

　12　教育，研究又は調査の事業

　13　病者又は虚弱者の治療，看護その他保健衛生の事業

　14　旅館，料理店，飲食店，接客業又は娯楽場の事業

　15　焼却，清掃又はと畜場の事業

別表第2　身体障害等級及び災害補償表（第77条関係）

等級	災害補償
第　1　級	1340日分
第　2　級	1190日分
第　3　級	1050日分
第　4　級	920日分
第　5　級	790日分
第　6　級	670日分
第　7　級	560日分
第　8　級	450日分
第　9　級	350日分
第　10　級	270日分
第　11　級	200日分
第　12　級	140日分
第　13　級	90日分
第　14　級	50日分

別表第3　分割補償表（第82条関係）

種別	等級	災害補償
障害補償		
	第　1　級	240日分
	第　2　級	213日分
	第　3　級	188日分
	第　4　級	164日分
	第　5　級	142日分
	第　6　級	120日分
	第　7　級	100日分
	第　8　級	80日分
	第　9　級	63日分
	第　10　級	48日分

	第 11 級	36日分
	第 12 級	25日分
	第 13 級	16日分
	第 14 級	9日分
遺 族 補 償		180日分

付録　女性労働基準規則による就業制限業務

就　業　制　限　業　務	妊　婦 （妊娠中の女性）	産　婦 （産後1年を経過しない女性）	その他の女性
1　次の表の左欄に掲げる年齢の区分に応じ，それぞれ同表の右欄に掲げる重量以上の重量物を取り扱う業務 （年齢・重量表：満16歳未満 断続12 継続8／満16歳以上満18歳未満 断続25 継続15／満18歳以上 断続30 継続20）	×	×	×
2　ボイラー（労働安全衛生法施行令第1条第3号に規定するボイラーをいう。以下において同じ。）の取扱いの業務	×	△	○
3　ボイラーの溶接の業務	×	△	○
4　つり上げ荷重が5トン以上のクレーン若しくはデリック又は制限荷重が5トン以上の揚貨装置の運転の業務	×	△	○
5　運転中の原動機又は原動機から中間軸までの動力伝導装置の掃除，給油，検査，修理又はベルトの掛換えの業務	×	△	○
6　クレーン，デリック又は揚貨装置の玉掛けの業務（2人以上の者によって行う玉掛けの業務における補助作業の業務を除く。）	×	△	○
7　動力により駆動される土木建築用機械又は船舶荷扱用機械の運転の業務	×	△	○
8　直径が25センチメートル以上の丸のこ盤（横切用丸のこ盤及び自動送り装置を有する丸のこ盤を除く。）又はのこ車の直径が75センチメートル以上の帯のこ盤（自動送り装置を有する帯のこ盤を除く。）に木材を送給する業務	×	△	○
9　操車場の構内における軌道車両の入換え，連結又は解放の業務	×	△	○
10　蒸気又は圧縮空気により駆動されるプレス機械又は鍛造機械を用いて行う金属加工の業務	×	△	○
11　動力により駆動されるプレス機械，シヤー等を用いて行う厚さが8ミリメートル以上の鋼板加工の業務	×	△	○
12　岩石又は鉱物の破砕機又は粉砕機に材料を送給する業務	×	△	○
13　土砂が崩壊するおそれのある場所又は深さが5メートル以上の地穴における業務	×	○	○
14　高さが5メートル以上の場所で，墜落により労働者が危害を受けるおそれのあるところにおける業務	×	○	○
15　足場の組立て，解体又は変更の業務（地上又は床上における補助作業の業務を除く。）	×	△	○
16　胸高直径が35センチメートル以上の立木の伐採の業務	×	△	○
17　機械集材装置，運材索道等を用いて行う木材の搬出の業務	×	△	○

就　業　制　限　業　務	妊　婦 (妊娠中の女性)	産　婦 [産後1年を経 過しない女性]	その他の女性
18　次の各号に掲げる有害物を発散する場所の区分に応じ，それぞれ当該場所において行われる当該各号に定める業務 イ　塩素化ビフエニル（別名PCB），アクリルアミド，エチルベンゼン，エチレンイミン，エチレンオキシド，カドミウム化合物，クロム酸塩，五酸化バナジウム，水銀若しくはその無機化合物（硫化水銀を除く。），塩化ニツケル（Ⅱ）（粉状の物に限る。），スチレン，テトラクロロエチレン（別名パークロルエチレン），トリクロロエチレン，砒素化合物（アルシン及び砒化ガリウムを除く。），ベーターブロピオラクトン，ペンタクロルフエノール（別名PCP）若しくはそのナトリウム塩又はマンガンを発散する場所　次に掲げる業務（スチレン，テトラクロロエチレン（別名パークロルエチレン）又はトリクロロエチレンを発散する場所において行われる業務にあっては(2)に限る。） 　(1)　特定化学物質障害予防規則（昭和47年労働省令第39号）第22条第1項，第22条の2第1項又は第38条の14第1項第11号ハ若しくは第12号ただし書に規定する作業を行う業務であつて，当該作業に従事する労働者に呼吸用保護具を使用させる必要があるもの 　(2)　(1)の業務以外の業務のうち，安衛令第21条第7号に掲げる作業場（石綿等を取り扱い，若しくは試験研究のため製造する屋内作業場若しくは石綿分析用試料等を製造する屋内作業場又はコークス炉上において若しくはコークス炉に接してコークス製造の作業を行う場合の当該作業場を除く。）であつて，特定化学物質障害予防規則第36条の2第1項の規定による評価の結果，第3管理区分に区分された場所における作業を行う業務 ロ　鉛及び安衛令別表第4第6号の鉛化合物を発散する場所　次に掲げる業務 　(1)　鉛中毒予防規則（昭和47年労働省令第37号）第39条ただし書の規定により呼吸用保護具を使用させて行う臨時の作業を行う業務又は同令第58条第1項若しくは第2項に規定する業務若しくは同条第3項に規定する業務（同項に規定する業務にあつては，同令第3条各号に規定する業務及び同令第58条第3項ただし書の装置等を稼働させて行う同項の業務を除く。） 　(2)　(1)の業務以外の業務のうち，安衛令第21条第8号に掲げる作業場であつて，鉛中毒予防規則第52条の2第1項の規定による評価の結果，第3管理区分に区分された場所における業務 ハ　エチレングリコールモノエチルエーテル（別名セロソルブ），エチレングリコールモノエチルエーテルアセテート（別名セロソルブアセテート），エチレングリコールモノメチルエーテル（別名メチルセロソルブ），キシレン，N・N-ジメチルホルムアミド，スチレン，テトラクロロエチレン（別名パークロルエチレン），トリクロロエチレン，トルエン，二硫化炭素，メタノール又はエチルベンゼンを発散する場所　次に掲げる業務 　(1)　有機溶剤中毒予防規則（昭和47年労働省令第36号）第32条第1項第1号若しくは第2号又は第33条第1項第2号から第7号まで（特定化学物質障害予防規則第38条の8においてこれらの規定を準用する場合を含む。）に規定する業務（有機溶剤中毒予防規則第2条第1項（特定化学物質障害予防規則第38条の8において準用する場合を含む。）の規定により，これらの規定が適用されない場合における同項の業務を除く。） 　(2)　(1)の業務以外の業務のうち，安衛令第21条第7号又は第10号に掲げる作業場であつて，有機溶剤中毒予防規則第28条の2第1項（特定化学物質障害予防規則第36条の5において準用する場合を含む。）の規定による評価の結果，第3管理区分に区分された場所における業務	×	×	×
19　多量の高熱物体を取り扱う業務	×	△	○
20　著しく暑熱な場所における業務	×	△	○
21　多量の低温物体を取り扱う業務	×	△	○
22　著しく寒冷な場所における業務	×	△	○
23　異常気圧下における業務	×	△	○
24　さく岩機，びょう打機等身体に著しい振動を与える機械器具を用いて行う業務	×	×	○

(注)1　×…就かせてはならない業務，△…申し出た場合就かせてはならない業務，○…就かせても差し支えない業務を示す。
　　2　坑内業務については，就業制限の定めがある。（労働基準法第64条の2，女性労働基準規則第1条）

参　　考

1　健康診断結果に基づき事業者が講ずべき措置に関する指針(抄)

平成8.10.1　健康診断結果措置指針公示第1号
最終改正　平成29.4.14　健康診断結果措置指針公示第9号

1　趣旨

労働者が職業生活の全期間を通して健康で働くことができるようにするためには，事業者が労働者の健康状態を的確に把握し，その結果に基づき，医学的知見を踏まえて，労働者の健康管理を適切に講ずることが不可欠である。

そのためには，事業者は，健康診断（労働安全衛生法第66条の2の規定に基づく深夜業に従事する労働者が自ら受けた健康診断（以下「自発的健診」という。）及び労働者災害補償保険法第26条第2項第1号の規定に基づく二次健康診断（以下「二次健康診断」という。）を含む。）の結果，異常の所見があると診断された労働者について，当該労働者の健康を保持するために必要な措置について聴取した医師又は歯科医師（以下「医師等」という。）の意見を十分勘案し，必要があると認めるときは，当該労働者の実情を考慮して，就業場所の変更，作業の転換，労働時間の短縮，深夜業の回数の減少，昼間勤務への転換等の措置を講ずるほか，作業環境測定の実施，施設又は設備の設置又は整備，当該医師等の意見の衛生委員会若しくは安全衛生委員会（以下「衛生委員会等」という。）又は労働時間等設定改善委員会（労働時間等の設定の改善に関する特別措置法第7条第1項に規定する労働時間等設定改善委員会をいう。）への報告その他の適切な措置を講ずる必要がある（以下，事業者が講ずる必要があるこれらの措置を「就業上の措置」という。）。

この指針は，健康診断の結果に基づく就業上の措置が，適切かつ有効に実施されるため，就業上の措置の決定・実施の手順に従って，健康診断の実施，健康診断の結果についての医師等からの意見の聴取，就業上の措置の決定，健康情報の適正な取扱い等についての留意事項を定めたものである。

2　就業上の措置の決定・実施の手順と留意事項

(1)　健康診断の実施

事業者は，労働安全衛生法第66条第1項から第4項までの規定に定めるところにより，労働者に対し医師等による健康診断を実施し，当該労働者ごとに診断区分（異常なし，要観察，要医療等の区分をいう。以下同じ。）に関する医師等の判定を受ける。

なお，健康診断の実施に当たっては，事業者は受診率が向上するよう労働者に対する周知及び指導に努める必要がある。

また，産業医の選任義務のある事業場においては，事業者は，当該事業場の労働者の健康管理を担当する産業医に対して，健康診断の計画や実施上の注意等について助言を求めることが必要である。

(2)　二次健康診断の受診勧奨等

事業者は，労働安全衛生法第66条第1項の規定による健康診断又は当該健康診断に係る同条第5項ただし書の規定による健康診断（以下「一次健康診断」という。）における医師の診断の結果に基づき，二次健康診断の対象となる労働者を把握し，当該労働者に対して，二次健康診断の受診を勧奨するとともに，診断区分に関する医師の判定を受けた当該二次健康診断の結果を事業者に提出するよう働きかけることが適当である。

(3)　健康診断の結果についての医師等からの意見の聴取

事業者は，労働安全衛生法第66条の4の規定に基づき，健康診断の結果（当該健康診断の項目に異常の所見があると診断された労働者に係るものに限る。）について，医師等の意見を聴かなければならない。

イ　意見を聴く医師等

事業者は，産業医の選任義務のある事業場においては，産業医が労働者個人ごとの健康状態や作業内容，作業環境についてより詳細に把握しうる立場にあることから，産業医から意見を聴くことが適当である。

なお，産業医の選任義務のない事業場においては，労働者の健康管理等を行うのに必要な医学に関する知識を有する医師等から意見を聴くことが適当であり，こうした医師が労働者の健康管理等に関する相談等に応じる地域産業保健センターの活用を図ること等が適当である。

ロ　医師等に対する情報の提供

事業者は，適切に意見を聴くため，必要に応じ，意見を聴く医師等に対し，労働者に係る作業環境，労働時間，労働密度，深夜業の回数及び時間数，作業態様，作業負荷の状況，過去の健康診断の結果等に関する情報及び職場巡視の機会を提供し，また，健康診断の結果のみでは労働者の身体

213

的又は精神的状態を判断するための情報が十分でない場合は，労働者との面接の機会を提供することが適当である。また，過去に実施された労働安全衛生法第66条の8，第66条の9及び第66条の10第3項の規定に基づく医師による面接指導等の結果又は，労働者から同意を得て事業者に提供された法第66条の10第1項の規定に基づく心理的な負担の程度を把握するための検査の結果に関する情報を提供することも考えられる。

なお，労働安全衛生規則（昭和47年労働省令第32号）第51条の2第3項等の規定に基づき，事業者は，医師等から，意見聴取を行う上で必要となる労働者の業務に関す

る情報を求められたときは，速やかに，これを提供する必要がある。

また，二次健康診断の結果について医師等の意見を聴取するに当たっては，意見を聴く医師等に対し，当該二次健康診断の前提となった一次健康診断の結果に関する情報を提供することが適当である。

ハ　意見の内容

事業者は，就業上の措置に関し，その必要性の有無，講ずべき措置の内容等に係る意見を医師等から聴く必要がある。

(イ)　就業区分及びその内容についての意見

当該労働者に係る就業区分及びその内容に関する医師等の判断を下記の区分（例）によって求めるものとする。

就　業　区　分		就業上の措置の内容
区　　分	内　　　容	
通常勤務	通常の勤務でよいもの	
就業制限	勤務に制限を加える必要のあるもの	勤務による負荷を軽減するため，労働時間の短縮，出張の制限，時間外労働の制限，労働負荷の制限，作業の転換，就業場所の変更，深夜業の回数の減少，昼間勤務への転換等の措置を講じる。
要休業	勤務を休む必要のあるもの	療養のため，休暇，休職等により一定期間勤務させない措置を講じる。

(ロ)　作業環境管理及び作業管理についての意見

健康診断の結果，作業環境管理及び作業管理を見直す必要がある場合には，作業環境測定の実施，施設又は設備の設置又は整備，作業方法の改善その他の適切な措置の必要性について意見を求める。

ニ　意見の聴取の方法と時期

事業者は，医師等に対し労働安全衛生規則等に基づく健康診断の個人票の様式中医師等の意見欄に，就業上の措置に関する意見を記入することを求めることとする。

意見の聴取は，速やかに行うことが望ましく，特に自発的健診及び二次健康診断に係る意見の聴取はできる限り迅速に行うことが適当である。

(4)　就業上の措置の決定等

イ　労働者からの意見の聴取等

事業者は，(3)の医師等の意見に基づいて，就業区分に応じた就業上の措置を決定する場合には，あらかじめ当該労働者の意

見を聴き，十分な話合いを通じてその労働者の了解が得られるよう努めることが適当である。なお，必要に応じて，産業医の同席の下に労働者の意見を聴くことが適当である。

ロ　衛生委員会等への医師等の意見の報告等

事業者は，衛生委員会等の設置義務のある事業場又は労働時間等設定改善委員会を設置している事業場においては，必要に応じ，健康診断の結果に係る医師等の意見をこれらの委員会に報告することが適当である。

なお，この報告に当たっては，労働者のプライバシーに配慮し，労働者個人が特定されないよう医師等の意見を適宜集約し，又は加工する等の措置を講ずる必要がある。

また，事業者は，就業上の措置のうち，作業環境測定の実施，施設又は設備の設置又は整備，作業方法の改善その他の適切な措置を決定する場合には，衛生委員会等の設置義務のある事業場においては，必要に応じ，衛生委員会等を開催して調査審議す

ることが適当である。

ハ　就業上の措置の実施に当たっての留意事項

　㋑　関係者間の連携

　　事業者は，就業上の措置を実施し，又は当該措置の変更若しくは解除をしようとするに当たっては，医師等と他の産業保健スタッフとの連携はもちろんのこと，当該事業場の健康管理部門と人事労務管理部門との連携にも十分留意する必要がある。また，就業上の措置の実施に当たっては，特に労働者の勤務する職場の管理監督者の理解を得ることが不可欠であることから，プライバシーに配慮しつつ事業者は，当該管理監督者に対し，就業上の措置の目的，内容等について理解が得られるよう必要な説明を行うことが適当である。

　　また，労働者の健康状態を把握し，適切に評価するためには，健康診断の結果を総合的に考慮することが基本であり，例えば，平成19年の労働安全衛生規則の改正により新たに追加された腹囲等の項目もこの総合的考慮の対象とすることが適当と考えられる。しかし，この項目の追加によって，事業者に対して，従来と異なる責任が求められるものではない。

　　なお，就業上の措置を講じた後，健康状態の改善がみられた場合には，医師等の意見を聴いた上で，通常の勤務に戻す等適切な措置を講ずる必要がある。

　㋺　健康診断結果を理由とした不利益な取扱いの防止

　　健康診断の結果に基づく就業上の措置は，労働者の健康の確保を目的とするものであるため，事業者が，健康診断において把握した労働者の健康情報等に基づき，当該労働者の健康の確保に必要な範囲を超えて，当該労働者に対して不利益な取扱いを行うことはあってはならない。このため，以下に掲げる事業者による不利益な取扱いについては，一般的に合理的なものとはいえないため，事業者はこれらを行ってはならない。なお，不利益な取扱いの理由が以下に掲げる理由以外のものであったとしても，実質的に以下に掲げるものに該当するとみなされる場合には，当該不利益な取扱いについても，行ってはならない。

　①　就業上の措置の実施に当たり，健康診断の結果に基づく必要な措置について医師の意見を聴取すること等の法令上求められる手順に従わず，不利益な取扱いを行うこと。

　②　就業上の措置の実施に当たり，医師の意見とはその内容・程度が著しく異なる等医師の意見を勘案し必要と認められる範囲内となっていないもの又は労働者の実情が考慮されていないもの等の法令上求められる要件を満たさない内容の不利益な取扱いを行うこと。

　③　健康診断の結果を理由として，解雇，期間を定めて雇用される者について契約の更新をしない，退職勧奨，不当な動機・目的をもってなされたと判断されるような配置転換又は職位（役職）の変更，その他の労働契約法等の労働関係法令に違反する措置を行うこと。

⑸　その他の留意事項

　イ　健康診断結果の通知

　　事業者は，労働者が自らの健康状態を把握し，自主的に健康管理が行えるよう，労働安全衛生法第66条の6の規定に基づき，健康診断を受けた労働者に対して，異常の所見の有無にかかわらず，遅滞なくその結果を通知しなければならない。

　ロ　保健指導

　　事業者は，労働者の自主的な健康管理を促進するため，労働安全衛生法第66条の7第1項の規定に基づき，一般健康診断の結果，特に健康の保持に努める必要があると認める労働者に対して，医師又は保健師による保健指導を受けさせるよう努めなければならない。

　　深夜業に従事する労働者については，昼間業務に従事する者とは異なる生活様式を求められていることに配慮し，睡眠指導や食生活指導等を一層重視した保健指導を行うよう努めることが必要である。

　ハ　再検査又は精密検査の取扱い

　　事業者は，就業上の措置を決定するに当たっては，できる限り詳しい情報に基づいて行うことが適当であることから，再検査又は精密検査を行う必要のある労働者に対して，当該再検査又は精密検査受診を勧奨するとともに，意見を聴く医師等に当該検査の結果を提出するよう働きかけることが適当である。

　　なお，再検査又は精密検査は，診断の確

定や症状の程度を明らかにするものであ
り，一律には事業者にその実施が義務付け
られているものではないが，省令に基づく
特殊健康診断として規定されているものに
ついては，事業者にその実施が義務付けら
れているので留意する必要がある。
ニ　健康情報の保護
　　事業者は，雇用管理に関する個人情報の
適正な取扱いを確保するために事業者が講
ずべき措置に関する指針（平成16年厚生労
働省告示第259号）に基づき，健康情報の
保護に留意し，その適正な取扱いを確保す
る必要がある。

ホ　健康診断結果の記録の保存
　　事業者は，労働安全衛生法第66条第1項
から，労働安全衛生法第66条の3及び第103
条の規定に基づき，健康診断結果の記録を
保存しなければならない。記録の保存に
は，書面による保存及び電磁的記録による
保存があり，電磁的記録による保存を行う
場合は，厚生労働省の所管する法令の規定
に基づく民間事業者等が行う書面の保存等
における情報通信の技術の利用に関する省
令（平成17年厚生労働省令第44号）に基づ
き適切な保存を行う必要がある。
3　派遣労働者に対する健康診断に係る留意事項
　（略）

2 過重労働による健康障害防止のための総合対策（抄）

平成18.3.17 基発第0317008号

最終改正 令和2.4.1 基発0401第11号，雇均発0401第4号

過重労働による健康障害防止のための総合対策は，平成17年11月の労働安全衛生法等の改正の趣旨を踏まえ，事業者が講ずべき措置（別添「過重労働による健康障害を防止するため事業者が講ずべき措置」をいう。）を定めるとともに，当該措置が適切に講じられるよう国が行う周知徹底，指導等の所要の措置をとりまとめたものであり，これらにより過重労働による健康障害を防止することを目的とするものである。

別添「過重労働による健康障害を防止するため事業者が講ずべき措置」

1 趣旨

長時間にわたる過重な労働は疲労の蓄積をもたらす最も重要な要因と考えられ，さらには，脳・心臓疾患の発症との関連性が強いという医学的知見が得られている。働くことにより労働者が健康を損なうようなことはあってはならないものであり，当該医学的知見を踏まえると，労働者が疲労を回復することができないような長時間にわたる過重労働を排除していくとともに，労働者に疲労の蓄積を生じさせないようにするため，労働者の健康管理に係る措置を適切に実施することが重要である。

（中略）

本措置は，このような背景を踏まえ，過重労働による労働者の健康障害を防止することを目的として，以下のとおり，事業者が講ずべき措置を定めたものである。

2 時間外・休日労働時間等の削減

(1) 時間外労働は本来臨時的な場合に行われるものであり，また，時間外・休日労働時間（休憩時間を除き1週間当たり40時間を超えて労働させた場合におけるその超えた時間をいう。以下同じ。）が1月当たり45時間を超えて長くなるほど，業務と脳・心臓疾患の発症との関連性が強まるとの医学的知見が得られている。このようなことを踏まえ，事業者は，労基法第36条の規定に基づく協定（以下「36協定」という。）の締結に当たっては，労働者の過半数で組織する労働組合又は労働者の過半数を代表する者とともにその内容が「労働基準法第36条第1項の協定で定める労働時間の延長及び休日の労働について留意すべき事項等に関する指針」（平成30年厚生労働省告示第323号）に適合したものとなるようにするものとする。

また，労基法第36条第3項に規定する限度時間（以下「限度時間」という。）を超えて時間外・休日労働をさせることができる場合をできる限り具体的に定めなければならず，「業務の都合上必要な場合」，「業務上やむを得ない場合」など恒常的な長時間労働を招くおそれがあるものを定めることは認められないことに留意するとともに，限度時間を超え時間外・休日労働させることができる時間を限度時間にできる限り近づけるように協定するよう努めなければならないものとする。

さらに，1月当たり45時間を超えて時間外労働を行わせることが可能である場合であっても，事業者は，実際の時間外労働を1月当たり45時間以下とするよう努めるものとする。

加えて，事業者は，休日労働についても削減に努めるものとする。

(2) 事業者は，「労働時間の適正な把握のために使用者が講ずべき措置に関するガイドライン」（平成29年1月20日策定）に基づき，労働時間の適正な把握を行うものとする。

(3) 事業者は，労基法第41条の2第1項の規定により労働する労働者（以下「高度プロフェッショナル制度適用者」という。）を除き，裁量労働制の適用者や労基法第41条各号に掲げる労働者を含む全ての労働者について，安衛法第66条の8の3の規定により労働時間の状況を把握し，同法第66条の8第1項又は第66条の8の2第1項に基づく医師による面接指導を実施するなど健康確保のための責務があることなどに十分留意し，当該労働者に対し，過重労働とならないよう十分な注意喚起を行うなどの措置を講ずるよう努めるものとする。

(4) 事業者は，高度プロフェッショナル制度適用者に対して，労基法第41条の2第1項第3号に基づく健康管理時間の把握，同項第4号に基づく休日確保措置，同項第5号に基づく選択的措置（以下「選択的措置」という。）及び同項第6号に基づく健康・福祉確保措置

（以下「健康・福祉確保措置」という。）を実施するものとする。

3　年次有給休暇の取得促進

事業者は，労基法第39条第7項に基づき，年5日間の年次有給休暇について時季を指定し確実に取得させるとともに，年次有給休暇を取得しやすい職場環境づくり，同条第6項に基づく年次有給休暇の計画的付与制度の活用等により年次有給休暇の取得促進を図るものとする。

4　労働時間等の設定の改善

労働時間等の設定の改善に関する特別措置法（平成4年法律第90号。以下「労働時間等設定改善法」という。）第4条第1項に基づく，労働時間等設定改善指針（平成20年厚生労働省告示第108号。以下「改善指針」という。）においては，事業主及びその団体が労働時間等の設定の改善（労働時間，休日数，年次有給休暇を与える時季，深夜業の回数，終業から始業までの時間その他の労働時間等に関する事項について労働者の健康と生活に配慮するとともに多様な働き方に対応したものへと改善することをいう。）について適切に対処するために必要な事項を定めている。今般の働き方改革関連を推進するための関係法律の整備に関する法律の施行に伴い，改善指針が改正されたところであり，事業者は，過重労働による健康障害を防止する観点から，労働時間等設定改善法及び改善指針に留意しつつ，必要な措置を講じるよう努めるものとする。

特に，労働時間等設定改善法において努力義務として規定された勤務間インターバル制度は，労働者の生活時間や睡眠時間を確保するためのものであり，過重労働による健康障害の防止にも資することから，事業者はその導入に努めるものとする。

5　労働者の健康管理に係る措置の徹底

(1)　健康管理体制の整備，健康診断の実施等

ア　健康管理体制の整備

(ア)　事業者は，安衛法に基づき，産業医，衛生管理者，衛生推進者等を選任し，その者に事業場における健康管理に関する職務等を適切に行わせる等健康管理に関する体制を整備するものとする。

なお，常時使用する労働者が50人未満の事業場の場合には，産業保健総合支援センターの地域窓口（地域産業保健センター）の活用を図るものとする。

(イ)　事業者は，安衛法第13条の規定等に基づき，産業医に対し，以下の情報を提供するものとする。

なお，労働者数が50人未満の事業場で

あって，同法第13条の2の規定に基づき，労働者の健康管理等を行うのに必要な医学に関する知識を有する医師又は保健師（以下「医師等」という。）を選任した事業者は，以下の情報を医師等に提供するよう努めるものとする。

a　既に講じた健康診断実施後の措置，長時間労働者若しくは高度プロフェッショナル制度適用者に対する面接指導実施後の措置若しくは労働者の心理的な負担の程度を把握するための検査の結果に基づく面接指導実施後の措置又は講じようとする措置の内容に関する情報（これらの措置を講じない場合にあっては，その旨及びその理由）

b　時間外・休日労働時間が1月当たり80時間を超えた労働者の氏名及び当該労働者に係る当該超えた時間に関する情報又は健康管理時間（労基法第41条の2第1項第3号の規定等に基づき，事業場内にいた時間と事業場外において労働した時間との合計の時間をいう。以下同じ。）が，1週間当たり40時間を超えた場合におけるその超えた時間について，1月当たり80時間を超えた高度プロフェッショナル制度適用者の氏名及び当該適用者に係る当該超えた時間に関する情報

c　a及びbに掲げるもののほか，労働者の作業環境，労働時間，作業態様，作業負荷の状況，深夜業等の回数・時間数などの労働者の業務に関する情報のうち，産業医が労働者の健康管理等を適切に行うために必要と認める情報

(ウ)　事業者は，安衛法第13条の規定等に基づき，労働者の健康管理等について産業医から勧告を受けたときは，当該勧告を受けた後遅滞なく，当該勧告の内容及び当該勧告を踏まえて講じた措置又は講じようとする措置の内容を，措置を講じない場合にあってはその旨及びその理由を衛生委員会又は安全衛生委員会（以下「衛生委員会等」という。）に報告しなければならないものとする。

(エ)　事業者は，安衛法第13条の3の規定等に基づき，産業医等が労働者からの健康相談に応じ，適切に対応するために必要な体制の整備を次のとおり実施するものとする。

a　事業者は，産業医の業務の具体的な

内容，産業医に対する健康相談の申出
の方法（健康相談の日時・場所等を含
む。）及び産業医による労働者の心身
の状態に関する情報の取扱いの方法に
ついて労働者に周知するものとする。
b　医師等を選任した事業者は，医師等
の業務の具体的な内容，医師等による
健康相談の申出の方法（健康相談の日
時・場所等を含む。）及び医師等によ
る労働者の心身の状態に関する情報の
取扱いの方法について労働者に周知す
るよう努めるものとする。
(オ)　衛生委員会等における調査審議
事業者は，安衛法第18条の規定等に基
づき，衛生委員会等を毎月１回以上開催
するものとする。
また，衛生委員会等において，以下に
掲げる長時間労働者等に対する面接指導
及び労働者のメンタルヘルス対策に関す
る事項等について，調査審議するものと
する。
なお，常時使用する労働者が50人未満
の事業者においては，関係労働者の意見
を聴くための機会を設ける等労働者の意
見が反映されるよう努めるものとする。
＜長時間労働者等に対する面接指導等
（医師による面接指導及び面接指導に
準ずる措置をいう。以下同じ。）に係
る事項＞（略）
＜メンタルヘルス対策に係る事項＞（略）
＜その他の事項＞（略）
イ　健康診断の実施
(ア)　健康診断の実施
事業者は，安衛法第66条から第66条の
７までに基づき，健康診断，健康診断結
果についての医師からの意見聴取，健康
診断実施後の措置，保健指導等を確実に
実施するものとする。特に，深夜業を含
む業務に常時従事する労働者に対して
は，６月以内ごとに１回の健康診断を実
施しなければならないことに留意するも
のとする。なお，医師からの意見聴取の
際には，事業者は労働時間等に関する情
報を提供することが適当であること。
(イ)　自発的健康診断制度の活用等
事業者は，安衛法第66条の２に基づく
深夜業に従事する労働者を対象とした自
発的健康診断制度や，労働者災害補償保
険法（昭和22年法律第50号）第26条に基
づく血圧等一定の健康診断項目に異常の

所見がある労働者を対象とした二次健康
診断等給付制度の活用について，労働者
への周知に努めるものとするとともに，
労働者からこれらの制度を活用した健康
診断の結果の提出があったときには，安
衛法第66条の５に基づく事後措置につい
ても講ずる必要があることについて留意
するものとする。
ウ　健康教育等
事業者は，安衛法第69条に基づき，労働
者の健康保持増進を図るための措置を継続
的かつ計画的に実施するものとする。
(2)　長時間にわたる時間外・休日労働を行った
労働者に対する面接指導等（高度プロフェッ
ショナル制度適用者を除く。）
ア　労働時間の状況の把握（略）
イ　産業医及び労働者への労働時間に関する
情報の通知（略）
ウ　面接指導等の実施等（略）
エ　面接指導等を実施するための手続等の整
備（略）
オ　常時使用する労働者が50人未満の事業者
の対応（略）
(3)　高度プロフェッショナル制度適用者に対す
る面接指導等
ア　健康管理時間の把握（略）
イ　産業医への健康管理時間に関する情報提
供及び高度プロフェッショナル制度適用者
への健康管理時間の開示（略）
ウ　面接指導の実施等（略）
エ　面接指導を実施するための手続等の整備
（略）
オ　常時使用する労働者が50人未満の事業者
の対応（略）
カ　選択的措置及び健康・福祉確保措置
（略）
(4)　メンタルヘルス対策の実施
ア　メンタルヘルス対策の実施
「メンタルヘルス指針」に基づき，衛生
委員会等における調査審議を通じて策定し
た「心の健康づくり計画」に基づき，事業
者は，心の健康問題の特性を考慮しつつ，
健康情報を含む労働者の個人情報の保護及
び労働者の意思の尊重に留意しながら，労
働者の心の健康の保持増進のための措置を
実施するものとする。
具体的には，ストレスチェック制度の活
用や職場環境等の改善を通じてメンタルヘ
ルス不調を未然に防止する一次予防，メン
タルヘルス不調を早期に発見し適切な措置

を行う二次予防，メンタルヘルス不調と
なった労働者の職場復帰支援を行う三次予
防に取り組むものとする。

　また，教育研修，情報提供並びに「セル
フケア」，「ラインによるケア」，「事業場内
産業保健スタッフ等によるケア」及び「事
業場外資源によるケア」の４つのメンタル
ヘルスケアが継続的かつ計画的に行われる
ようにするものとする。

イ　ストレスチェックの実施

　安衛法第66条の10により，事業者は，常
時使用する労働者に対して１年以内ごとに
１回，ストレスチェックを実施し，申出の
あった高ストレス者に対して医師による面
接指導を行うとともに，就業上の措置につ
いて医師の意見を聴き，その意見を勘案し
て必要な措置を講じること（以上をまとめ
て「ストレスチェック制度」という。）が義
務付けられている（常時使用する労働者が
50人未満の事業者においては，努力義務）。
このため，事業者は，「ストレスチェック
指針」に基づき，ストレスチェック制度を
適切に実施する必要がある。

　なお，ストレスチェックの実施によっ
て，過重労働が原因となったメンタルヘル
ス不調が認められ，就業上の措置が必要と
なる場合があり得る。このため，事業者は，
上記⑵又は⑶の長時間労働者等を対象とし
た面接指導等の対応だけでなく，高ストレ

ス者に対する面接指導の結果及び当該結果
に基づく就業上の措置に係る医師の意見も
活用して，過重労働による健康障害防止対
策に取り組むこと。

⑸　過重労働による業務上の疾病を発生させた
場合の措置

　事業者は，過重労働による業務上の疾病を
発生させた場合には，産業医等の助言を受
け，又は必要に応じて労働衛生コンサルタン
トの活用を図りながら，次により原因の究明
及び再発防止の徹底を図るものとする。

ア　原因の究明

　労働時間の適正管理，労働時間及び勤務
の不規則性，拘束時間の状況，出張業務の
状況，交替制勤務・深夜勤務の状況，作業
環境の状況，精神的緊張を伴う勤務の状
況，健康診断及び面接指導等の結果等につ
いて，多角的に原因の究明を行うこと。

イ　再発防止

　上記アの結果に基づき，衛生委員会等の
調査審議を踏まえ，上記２から５の⑶まで
の措置に則った再発防止対策を樹立し，そ
の対策を適切に実施すること。

⑹　労働者の心身の状態に関する情報の取扱い

　安衛法第104条第３項の規定に基づく，
健康情報の適正な取扱い指針により，事業
者は，事業場における取扱規程を策定する
ことによって，労働者の心身の状態に関す
る情報を適正に管理するものとする。

3 労働者の心の健康の保持増進のための指針（概要）

平成18.3.31 労働者の健康の保持増進のための指針公示第3号
最終改正 平成27.11.30 労働者の健康の保持増進のための指針公示第6号

1 趣旨

本指針は，労働安全衛生法（昭和47年法律第57号）第70条の2第1項の規定に基づき，同法第69条第1項の措置の適切かつ有効な実施を図るための指針として，事業場において事業者が講ずる労働者の心の健康の保持増進のための措置（以下「メンタルヘルスケア」という。）が適切かつ有効に実施されるよう，メンタルヘルスケアの原則的な実施方法について定めるものであり，事業者は，本指針に基づき，各事業場の実態に即した形で積極的に取り組むことが望ましい。

2 メンタルヘルスケアの基本的考え方

職場に存在するストレス要因は，労働者自身の力だけでは取り除くことができないものもあることから，労働者の心の健康づくりを推進していくためには，職場環境の改善も含め，事業者によるメンタルヘルスケアの積極的推進が重要である。事業者は，自らがストレスチェック制度を含めた事業場におけるメンタルヘルスケアを積極的に推進することを表明するとともに，衛生委員会又は安全衛生委員会（以下「衛生委員会等」という。）において十分調査審議を行い，メンタルヘルスケアに関する事業場の現状とその問題点を明確にし，その問題点を解決する具体的な実施事項等についての基本的な計画（以下「心の健康づくり計画」という。）を策定・実施するとともに，ストレスチェック制度の実施方法等に関する規程を策定し，制度の円滑な実施を図る必要がある。また，心の健康づくり計画の実施に当たっては，ストレスチェック制度の活用や職場環境等の改善を通じて，メンタルヘルス不調を未然に防止する「一次予防」，メンタルヘルス不調を早期に発見し，適切な措置を行う「二次予防」及びメンタルヘルス不調となった労働者の職場復帰を支援等を行う「三次予防」が円滑に行われるようにする必要がある。これらの取組においては，教育研修，情報提供及び「セルフケア」，「ラインによるケア」，「事業場内産業保健スタッフ等によるケア」並びに「事業場外資源によるケア」の4つのメンタルヘルスケアが継続的かつ計画的に行われるようにすることが重要である。

さらに，事業者は，メンタルヘルスケアを推進するに当たっては，心の健康問題の特性を考慮しつつ，健康情報を含む労働者の個人情報の保護及び労働者の意思の尊重に留意することが重要である。また，人事労務管理と密接に関係する要因によって影響を受けるため，人事労務管理と連携する必要がある。さらに，職場のストレス要因のみならず，家庭・個人生活等の職場外ストレス要因の影響を受けている場合も多いことなどにも留意する必要がある。

3 衛生委員会等における調査審議

メンタルヘルスケアの推進に当たっては，労使，産業医，衛生管理者等で構成される衛生委員会等を活用することが効果的であり，労働安全衛生規則第22条において，衛生委員会の付議事項として「労働者の精神的健康の保持増進を図るための対策の樹立に関すること」が規定されている。4に掲げる心の健康づくり計画の策定はもとより，その実施体制の整備等の具体的な実施方策や個人情報の保護に関する規程等の策定等に当たっては，衛生委員会等において十分調査審議を行うことが必要である。

また，ストレスチェック制度に関しては，心理的な負担の程度を把握するための検査及び面接指導の実施並びに面接指導結果に基づき事業者が講ずべき措置に関する指針（平成27年4月15日心理的な負担の程度を把握するための検査等指針公示第1号。以下「ストレスチェック指針」という。）により，衛生委員会等においてストレスチェックの実施方法等について調査審議を行い，その結果を踏まえてストレスチェック制度の実施に関する規程を定めることとされていることから，ストレスチェック制度に関する調査審議とメンタルヘルスケアに関する調査審議を関連付けて行うことが望ましい。

なお，衛生委員会等の設置義務のない小規模事業場においても，労働者の意見が反映されるようにすることが必要である。

4 心の健康づくり計画

メンタルヘルスケアは，中長期的視点に立って，継続的かつ計画的に行われるようにすることが重要である。このため，事業者は衛生委員会等において十分調査審議を行い，心の健康づくり計画を策定することが必要である。

また，メンタルヘルスケアを効果的に推進するためには，心の健康づくり計画の中で，事業者自らが事業場におけるメンタルヘルスケアを積極的に推進することを表明するとともに，その実施体制を確立する必要があり，その実施においては，

実施状況等を適切に評価し，評価結果に基づき必要な改善を行うことにより，メンタルヘルスケアの一層の充実・向上に努めることが望ましい。

心の健康づくり計画で定めるべき事項は次に掲げるとおりである。

① 事業者がメンタルヘルスケアを積極的に推進する旨の表明に関すること。

② 事業場における健康づくりの体制の整備に関すること。

③ 事業場における問題点の把握及びメンタルヘルスケアの実施に関すること。

④ メンタルヘルスケアを行うために必要な人材の確保及び事業場外資源の活用に関すること。

⑤ 労働者の健康情報の保護に関すること。

⑥ 心の健康づくり計画の実施状況の評価及び計画の見直しに関すること。

⑦ その他労働者の心の健康づくりに必要な措置に関すること。

なお，ストレスチェック制度は，各事業場の実情に即して実施されるメンタルヘルスケアに関する一次予防から三次予防までの総合的な取組の中に位置付けることが重要であることから，心の健康づくり計画において，その位置付けを明確にすることが望ましい。また，ストレスチェック制度の実施に関する規程の策定を心の健康づくり計画の一部として行っても差し支えない。

5　4つのメンタルヘルスケアの推進

本指針においては，メンタルヘルスケアを4つのケアに分類している。

⑴ セルフケア（労働者が自ら行うストレスへの気づきと対処）

・事業者は，労働者に対して，セルフケアに関する教育研修，情報提供を行うこと。

・事業者は，労働者自身が管理監督者や事業場内産業保健スタッフ等に自発的に相談しやすい環境を整備すること。

・また，ストレスへの気付きを促すためには，ストレスチェック制度によるストレスチェックの実施が重要であり，特別の理由がない限り，すべての労働者がストレスチェックを受けることが望ましいこと。さらに，ストレスへの気付きのためには，ストレスチェックとは別に，随時，セルフチェックを行う機会を提供することも効果的であること。

⑵ ラインによるケア（管理監督者が行う職場環境等の改善と相談への対応）

・管理監督者は，作業環境，作業方法，労働時間等の職場環境等を評価して具体的な問題点を把握し，改善を図ること。

・管理監督者は，個々の労働者に過度な長時間労働，過重な疲労，心理的負荷，責任等が生じないようにする等の配慮を行うこと。

・管理監督者は，日常的に，労働者からの自発的な相談に対応するよう努めること。

・事業者は，管理監督者に対して，ラインによるケアに関する教育研修等を行うこと。

⑶ 事業場内産業保健スタッフ等によるケア（産業医等による専門的ケア）

・事業者は，事業場内産業保健スタッフ等に対して，教育研修，知識修得等の機会の提供を図ること。

・事業者は，メンタルヘルスケアに関する方針を明示し，実施すべき事項を委嘱又は指示すること。

・事業者は，事業場内産業保健スタッフ等が，労働者の自発的相談やストレスチェック結果の通知を受けた労働者からの相談等を受けることができる制度及び体制を，それぞれの事業場内の実態に応じて整えること。

・事業者は，産業医等の助言，指導等を得ながら事業場のメンタルヘルスケアの推進の実務を担当する事業場内メンタルヘルス推進担当者を，事業場内産業保健スタッフ等の中から選任するよう努めること。ただし，事業場内メンタルヘルス推進担当者は，労働者のメンタルヘルスに関する個人情報を取り扱うことから，労働者について解雇，昇進又は異動に関して直接の権限を持つ監督的地位にある者（以下「人事権を有する者」という。）を選任することは適当でないこと。なお，ストレスチェック制度においては，労働安全衛生規則第52条の10第2項により，ストレスチェックを受ける労働者について人事権を有する者は，ストレスチェックの実施の事務に従事してはならないこととされていることに留意すること。

・一定規模以上の事業場にあっては，事業場内に又は企業内に，心の健康づくり専門スタッフや保健師等を確保し，活用することが望ましい。

⑷ 事業場外資源によるケア

・事業者は，必要に応じ，それぞれの役割に応じた事業場外資源を活用することが望ましい。ただし，事業場外資源を活用する場合は，メンタルヘルスケアに関するサービ

スが適切に実施できる体制や，情報管理が適切に行われる体制が整備されているか等について，事前に確認することが望ましい。

6　メンタルヘルスケアの具体的進め方（略）

7　メンタルヘルスに関する個人情報の保護への配慮

　健康情報を含む労働者の個人情報の保護に関しては，個人情報の保護に関する法律及び関連する指針等が定められており，個人情報を事業の用に供する個人情報取扱事業者に対して，個人情報の利用目的の公表や通知，目的外の取扱いの制限，安全管理措置，第三者提供の制限などを義務づけている。さらに，ストレスチェック制度における健康情報の取扱いについては，ストレスチェック指針において，事業者は労働者の健康情報を適切に保護することが求められている。メンタルヘルスケアを進めるに当たっては，事業者は，これらの法令等を遵守し，労働者の健康情報の適正な取扱いに努めなければならない。

8　心の健康に関する情報を理由とした不利益な取扱いの防止

　⑴　事業者による労働者に対する不利益取扱いの防止

　　事業者が，メンタルヘルスケア等を通じて労働者の心の健康に関する情報を把握した場合において，その情報は当該労働者の健康確保に必要な範囲で利用されるべきものであり，事業者が，当該労働者の健康の確保に必要な範囲を超えて，当該労働者に対して不利益な取扱いを行うことはあってはならない。

　　このため，労働者の心の健康に関する情報を理由として，以下に掲げる不利益な取扱いを行うことは，一般的に合理的なものとはいえないため，事業者はこれらを行ってはならない。なお，不利益な取扱いの理由が労働者の心の健康に関する情報以外のものであった

としても，実質的にこれに該当するとみなされる場合には，当該不利益な取扱いについても，行ってはならない。

①　解雇すること。

②　期間を定めて雇用される者について契約の更新をしないこと。

③　退職勧奨を行うこと。

④　不当な動機・目的をもってなされたと判断されるような配置転換又は職位（役職）の変更を命じること。

⑤　その他の労働契約法等の労働関係法令に違反する措置を講じること。

　⑵　派遣先事業者による派遣労働者に対する不利益取扱いの防止

　　次に掲げる派遣先事業者による派遣労働者に対する不利益な取扱いについては，一般的に合理的なものとはいえないため，派遣先事業者はこれを行ってはならない。なお，不利益な取扱いの理由がこれ以外のものであったとしても，実質的にこれに該当するとみなされる場合には，当該不利益な取扱いについても行ってはならない。

①　心の健康に関する情報を理由とする派遣労働者の就業上の措置について，派遣元事業者からその実施に協力するよう要請があったことを理由として，派遣先事業者が，当該派遣労働者の変更を求めること。

②　本人の同意を得て，派遣先事業者が派遣労働者の心の健康に関する情報を把握した場合において，これを理由として，医師の意見を勘案せず又は当該派遣労働者の実情を考慮せず，当該派遣労働者の変更を求めること。

9　小規模事業場におけるメンタルヘルスケアの取組の留意事項（略）

10　定義（略）

4　事業場における労働者の健康保持増進のための指針（抄）

昭和63.9.1　健康保持増進のための指針公示第1号
最終改正　令和5.3.31　健康保持増進のための指針公示第11号

1　趣旨

労働者の心身の健康問題に対処するためには，早い段階から心身の両面について健康教育等の予防対策に取り組むことが重要であることから，事業場において，全ての労働者を対象として心身両面の総合的な健康の保持増進を図ることが必要である。なお，労働者の健康の保持増進を図ることは，労働生産性向上の観点からも重要である。

また，事業場において健康教育等の労働者の健康の保持増進のための措置が適切かつ有効に実施されるためには，その具体的な実施方法が，事業場において確立していることが必要である。

本指針は，労働安全衛生法（昭和47年法律第57号）第70条の2第1項の規定に基づき，同法第69条第1項の事業場において事業者が講ずるよう努めるべき労働者の健康の保持増進のための措置（以下「健康保持増進措置」という。）が適切かつ有効に実施されるため，当該措置の原則的な実施方法について定めたものである。事業者は，健康保持増進措置の実施に当たっては，本指針に基づき，事業場内の産業保健スタッフ等に加えて，積極的に労働衛生機関，中央労働災害防止協会，スポーツクラブ，医療保険者，地域の医師会や歯科医師会，地方公共団体又は産業保健総合支援センター等の事業場外資源を活用することで，効果的な取組を行うものとする。また，全ての措置の実施が困難な場合には，可能なものから実施する等，各事業場の実態に即した形で取り組むことが望ましい。

2　健康保持増進対策の基本的考え方

近年，生活習慣病予備群に対する生活習慣への介入効果についての科学的根拠が国際的に蓄積され，生活習慣病予備群に対する効果的な介入プログラムが開発されてきた。さらに，メタボリックシンドロームの診断基準が示され，内臓脂肪の蓄積に着目した保健指導の重要性が明らかになっている。また，健康管理やメンタルヘルスケア等心身両面にわたる健康指導技術の開発も進み，多くの労働者を対象とした健康の保持増進活動が行えるようになってきた。

また，労働者の健康の保持増進には，労働者が自主的，自発的に取り組むことが重要である。しかし，労働者の働く職場には労働者自身の力だけでは取り除くことができない疾病増悪要因，ストレス要因等が存在しているため，労働者の健康を保持増進していくためには，労働者の自助努力に加えて，事業者の行う健康管理の積極的な推進が必要である。その健康管理も単に健康障害を防止するという観点のみならず，更に一歩進んで，労働生活の全期間を通じて継続的かつ計画的に心身両面にわたる積極的な健康保持増進を目指したものでなければならず，生活習慣病の発症や重症化の予防のために保健事業を実施している医療保険者と連携したコラボヘルスの推進に積極的に取り組んでいく必要がある。

労働者の健康の保持増進のための具体的措置としては，運動指導，メンタルヘルスケア，栄養指導，口腔保健指導，保健指導等があり，各事業場の実態に即して措置を実施していくことが必要である。

さらに，事業者は，健康保持増進対策を推進するに当たって，次の事項に留意することが必要である。

① 健康保持増進対策における対象の考え方

健康保持増進措置は，主に生活習慣上の課題を有する労働者の健康状態の改善を目指すために個々の労働者に対して実施するものと，事業場全体の健康状態の改善や健康保持増進に係る取組の活性化等，生活習慣上の課題の有無に関わらず労働者を集団として捉えて実施するものがある。事業者はそれぞれの措置の特徴を理解したうえで，これらの措置を効果的に組み合わせて健康保持増進対策に取り組むことが望ましい。

② 労働者の積極的な参加を促すための取組

労働者の中には健康保持増進に関心を持たない者も一定数存在すると考えられることから，これらの労働者にも抵抗なく健康保持増進に取り組んでもらえるようにすることが重要である。加えて，労働者の行動が無意識のうちに変化する環境づくりやスポーツ等の楽しみながら参加できる仕組みづくり等に取り組むことも重要である。また，これらを通じて事業者は，労働者が健康保持増進に取り組む文化や風土を醸成していくことが望ましい。

③ 労働者の高齢化を見据えた取組

労働者が高齢期を迎えても健康に働き続けるためには，心身両面の総合的な健康が維持されていることが必要であり，若年期からの

運動の習慣化や，高年齢労働者を対象とした身体機能の維持向上のための取組等を通じて，加齢とともに筋力や認知機能等の心身の活力が低下するフレイルやロコモティブシンドロームの予防に取り組むことが重要である。健康保持増進措置を検討するに当たっては，このような視点を盛り込むことが望ましい。

また，加齢に伴う筋力や認知機能等の低下は転倒等の労働災害リスクにつながることから，健康状況の継続的な把握のもと，高年齢労働者の安全と健康確保のためのガイドライン（エイジフレンドリーガイドライン）（令和2年3月16日付け基安発0316第1号）に基づき対応することが重要である。

3　健康保持増進対策の推進に当たっての基本事項

事業者は，健康保持増進対策を中長期的視点に立って，継続的かつ計画的に行うため，以下の項目に沿って積極的に進めていく必要がある。

また，健康保持増進対策の推進に当たっては，事業者が労働者等の意見を聴きつつ事業場の実態に即した取組を行うため，労使，産業医，衛生管理者等で構成される衛生委員会等を活用して以下の項目に取り組むとともに，各項目の内容について関係者に周知することが必要である。

なお，衛生委員会等の設置義務のない小規模事業場においても，これらの実施に当たっては，労働者等の意見が反映されるようにすることが必要である。

加えて，健康保持増進対策の推進単位については，事業場単位だけでなく，企業単位で取り組むことも考えられる。

(1)　健康保持増進方針の表明

事業者は，健康保持増進方針を表明するものとする。健康保持増進方針は，事業場における労働者の健康の保持増進を図るための基本的な考え方を示すものであり，次の事項を含むものとする。

・事業者自らが事業場における健康保持増進を積極的に支援すること。
・労働者の健康の保持増進を図ること。
・労働者の協力の下に，健康保持増進対策を実施すること。
・健康保持増進措置を適切に実施すること。

(2)　推進体制の確立

事業者は，事業場内の健康保持増進対策を推進するため，その実施体制を確立するものとする（4(1)参照）。

(3)　課題の把握

事業者は，事業場における労働者の健康の保持増進に関する課題等を把握し，健康保持増進対策を推進するスタッフ等の専門的な知見も踏まえ，健康保持増進措置を検討するものとする。なお，課題の把握に当たっては，労働者の健康状態等が把握できる客観的な数値等を活用することが望ましい。

(4)　健康保持増進目標の設定

事業者は，健康保持増進方針に基づき，把握した課題や過去の目標の達成状況を踏まえ，健康保持増進目標を設定し，当該目標において一定期間に達成すべき到達点を明らかにする。

また，健康保持増進対策は，中長期的視点に立って，継続的かつ計画的に行われるようにする必要があることから，目標においても中長期的な指標を設定し，その達成のために計画を進めていくことが望ましい。

(5)　健康保持増進措置の決定

事業者は，表明した健康保持増進方針，把握した課題及び設定した健康保持増進目標を踏まえ，事業場の実情も踏まえつつ，健康保持増進措置を決定する。

(6)　健康保持増進計画の作成

事業者は，健康保持増進目標を達成するため，健康保持増進計画を作成するものとする。健康保持増進計画は各事業場における労働安全衛生に関する計画の中に位置付けることが望ましい。

健康保持増進計画は具体的な実施事項，日程等について定めるものであり，次の事項を含むものとする。

・健康保持増進措置の内容及び実施時期に関する事項
・健康保持増進計画の期間に関する事項
・健康保持増進計画の実施状況の評価及び計画の見直しに関する事項

(7)　健康保持増進計画の実施

事業者は，健康保持増進計画を適切かつ継続的に実施するものとする。また，健康保持増進計画を適切かつ継続的に実施するために必要な留意すべき事項を定めるものとする。

(8)　実施結果の評価

事業者は，事業場における健康保持増進対策を，継続的かつ計画的に推進していくため，当該対策の実施結果等を評価し，新たな目標や措置等に反映させることにより，今後の取組を見直すものとする。

4　健康保持増進対策の推進に当たって事業場ごとに定める事項

　以下の項目は，健康保持増進対策の推進に当たって，効果的な推進体制を確立するための方法及び健康保持増進措置についての考え方を示したものである。事業者は，各事業場の実態に即した適切な体制の確立及び実施内容について，それぞれ以下の事項より選択し，実施するものとする。

(1)　体制の確立

　事業者は，次に掲げるスタッフや事業場外資源等を活用し，健康保持増進対策の実施体制を整備し，確立する。

イ　事業場内の推進スタッフ

　事業場における健康保持増進対策の推進に当たっては，事業場の実情に応じて，事業者が，労働衛生等の知識を有している産業医等，衛生管理者等，事業場内の保健師等の事業場内産業保健スタッフ及び人事労務管理スタッフ等を活用し，各担当における役割を定めたうえで，事業場内における体制を構築する。

　また，例えば労働者に対して運動プログラムを作成し，運動実践を行うに当たっての指導を行うことができる者，労働者に対してメンタルヘルスケアを行うことができる者等の専門スタッフを養成し，活用することも有効である。なお，健康保持増進措置を効果的に実施する上で，これらのスタッフは，専門分野における十分な知識・技能と労働衛生等についての知識を有していることが必要である。このため，事業者は，これらのスタッフに研修機会を与える等の能力の向上に努める。

ロ　事業場外資源

　健康保持増進対策の推進体制を確立するため，事業場内のスタッフを活用することに加え，事業場が取り組む内容や求めるサービスに応じて，健康保持増進に関し専門的な知識を有する各種の事業場外資源を活用する。事業場外資源を活用する場合は，健康保持増進対策に関するサービスが適切に実施できる体制や，情報管理が適切に行われる体制が整備されているか等について，事前に確認する。事業場外資源として考えられる機関等は以下のとおり。

・労働衛生機関，中央労働災害防止協会，スポーツクラブ等の健康保持増進に関する支援を行う機関
・医療保険者
・地域の医師会や歯科医師会，地方公共団体等の地域資源
・産業保健総合支援センター

(2)　健康保持増進措置の内容

　事業者は，次に掲げる健康保持増進措置の具体的項目を実施する。

イ　健康指導

(イ)　労働者の健康状態の把握

　健康指導の実施に当たっては，健康診断や必要に応じて行う健康測定等により労働者の健康状態を把握し，その結果に基づいて実施する必要がある。

　健康測定とは，健康指導を行うために実施される調査，測定等のことをいい，疾病の早期発見に重点をおいた健康診断を活用しつつ，追加で生活状況調査や医学的な検査等を実施するものである。

　筋力や認知機能等の低下に伴う転倒等の労働災害を防止するため，体力の状況を客観的に把握し，自らの身体機能の維持向上に取り組めるよう，具体的には以下の健康測定等を実施することが考えられる。

・転倒等のリスクを確認する身体機能セルフチェック
・加齢による心身の衰えを確認するフレイルチェック
・移動機能を確認するロコモ度テスト

　なお，健康測定は，産業医等が中心となって行い，その結果に基づき各労働者の健康状態に応じた必要な指導を決定する。それに基づき，事業場内の推進スタッフ等が労働者に対して労働者自身の健康状況について理解を促すとともに，必要な健康指導を実施することが効果的である。

　また，データヘルスやコラボヘルス等の労働者の健康保持増進対策を推進するため，労働安全衛生法に基づく定期健康診断の結果の記録等，労働者の健康状態等が把握できる客観的な数値等を医療保険者に共有することが必要であり，そのデータを医療保険者と連携して，事業場内外の複数の集団間のデータと比較し，事業場における労働者の健康状態の改善や健康保持増進に係る取組の決定等に積極的に活用することが重要である。

(ロ)　健康指導の実施

　労働者の健康状態の把握を踏まえ実施される労働者に対する健康指導については，以下の項目を含むもの又は関係する

ものとする。また，事業者は，希望する
労働者に対して個別に健康相談等を行う
ように努めることが必要である。

・労働者の生活状況，希望等が十分に考
慮され，運動の種類及び内容が安全に
楽しくかつ効果的に実践できるよう配
慮された運動指導

・ストレスに対する気付きへの援助，リ
ラクセーションの指導等のメンタルヘ
ルスケア

・食習慣や食行動の改善に向けた栄養指
導

・歯と口の健康づくりに向けた口腔保健
指導

・勤務形態や生活習慣による健康上の問
題を解決するために職場生活を通して
行う，睡眠，喫煙，飲酒等に関する健
康的な生活に向けた保健指導

併せて，高年齢労働者に対しては，フ
レイルやロコモティブシンドロームの予
防を意識した健康づくり活動を実施する
ことが重要である。なお，(イ)に掲げるフ
レイルチェックの結果も踏まえ，市町村
が提供する一般介護予防事業等を利用で
きる可能性があるため，当該高年齢労働
者の居住する市町村や地域包括支援セン
ターに相談することも可能である。

ロ　その他の健康保持増進措置

イに掲げるもののほか，健康教育，健康
相談又は，健康保持増進に関する啓発活動
や環境づくり等の内容も含むものとする。
なお，その他の健康保持増進措置を実施す
るに当たっても労働者の健康状態を事前に
把握し，取り組むことが有用である。

5　健康保持増進対策の推進における留意事項

(1)　客観的な数値の活用

事業場における健康保持増進の問題点につ
いての正確な把握や達成すべき目標の明確化
等が可能となることから，課題の把握や目標
の設定等においては，労働者の健康状態等を
客観的に把握できる数値を活用することが望
ましい。数値については，例えば，定期健康
診断結果や医療保険者から提供される事業場
内外の複数の集団間の健康状態を比較したデー
タ等を活用することが考えられる。

(2)　「労働者の心の健康の保持増進のための指
針」との関係

本指針のメンタルヘルスケアとは，積極的
な健康づくりを目指す人を対象にしたもので
あって，その内容は，ストレスに対する気付

きへの援助，リラクセーションの指導等であ
り，その実施に当たっては，労働者の心の健
康の保持増進のための指針（平成18年3月31
日健康保持増進のための指針公示第3号）を
踏まえて，集団や労働者の状況に応じて適切
に行われる必要がある。また，健康保持増進
措置として，メンタルヘルスケアとともに，
運動指導，保健指導等を含めた取組を実施す
る必要がある。

(3)　個人情報の保護への配慮

健康保持増進対策を進めるに当たっては，
健康情報を含む労働者の個人情報の保護に配
慮することが極めて重要である。

健康情報を含む労働者の個人情報の保護に
関しては，個人情報の保護に関する法律（平
成15年法律第57号）及び労働者の心身の状態
に関する情報の適正な取扱いのために事業者
が講ずべき措置に関する指針（平成30年9月
7日労働者の心身の状態に関する情報の適正
な取扱い指針公示第1号）等の関連する指針
等が定められており，個人情報を事業の用に
供する個人情報取扱事業者に対して，個人情
報の利用目的の公表や通知，目的外の取扱い
の制限，安全管理措置，第三者提供の制限等
を義務づけている。また，個人情報取扱事業
者以外の事業者であって健康情報を取り扱う
者は，健康情報が特に適正な取扱いの厳格な
実施を確保すべきものであることに十分留意
し，その適正な取扱いの確保に努めることと
されている。事業者は，これらの法令等を遵
守し，労働者の健康情報の適正な取扱いを図
るものとする。

また，健康測定等健康保持増進の取組にお
いて，その実施の事務に従事した者が，労働
者から取得した健康情報を利用するに当たっ
ては，当該労働者の健康保持増進のために必
要な範囲を超えて利用してはならないことに
留意すること。事業者を含む第三者が，労働
者本人の同意を得て健康情報を取得した場合
であっても，これと同様であること。

なお，高齢者の医療の確保に関する法律（昭
和57年法律第80号）第27条第3項及び第4
項，健康保険法（大正11年法律第70号）第150
条第2項及び第3項等の規定に基づき，医療
保険者から定期健康診断に関する記録の写し
の提供の求めがあった場合に，事業者は当該
記録の写しを医療保険者に提供しなければな
らないこととされていることに留意が必要で
あり，当該規定に基づく提供は個人情報の保
護に関する法律第27条第1項第1号に規定す

る「法令に基づく場合」に該当するため，第三者提供に係る本人の同意は不要である。

⑷　記録の保存

　　事業者は，健康保持増進措置の実施の事務に従事した者の中から，担当者を指名し，当該担当者に健康測定の結果，運動指導の内容等健康保持増進措置に関する記録を電磁的な方法で保存及び管理させることが適切である。

6　定義

本指針において，以下に掲げる用語の意味は，それぞれ次に定めるところによる。

①　健康保持増進対策

　　労働安全衛生法第69条第１項の規定に基づく事業場において事業者が講ずるよう努めるべき労働者の健康の保持増進のための措置を継続的かつ計画的に講ずるための，方針の表明から計画の策定，実施，評価等の一連の取組全体をいう。

②　産業医等

　　産業医その他労働者の健康保持増進等を行うのに必要な知識を有する医師をいう。

③　衛生管理者等

　　衛生管理者，衛生推進者及び安全衛生推進者をいう。

④　事業場内産業保健スタッフ

　　産業医等，衛生管理者等及び事業場内の保健師等をいう。

⑤　事業場外資源

　　事業場外で健康保持増進に関する支援を行う外部機関や地域資源及び専門家をいう。

⑥　健康保持増進措置

　　労働安全衛生法第69条第１項の規定に基づく事業場において事業者が講ずるよう努めるべき労働者の健康の保持増進のための措置をいう。

5　心理的な負担の程度を把握するための検査及び面接指導の実施並びに面接指導結果に基づき事業者が講ずべき措置に関する指針(抄)

平成27.4.15　心理的な負担の程度を把握するための検査等指針公示第1号
最終改正　平成30.8.22　心理的な負担の程度を把握するための検査等指針公示第3号

1　趣旨

近年，仕事や職業生活に関して強い不安，悩み又はストレスを感じている労働者が5割を超える状況にある中，事業場において，より積極的に心の健康の保持増進を図るため，「労働者の心の健康の保持増進のための指針」（平成18年3月31日付け健康保持増進のための指針公示第3号。以下「メンタルヘルス指針」という。）を公表し，事業場における労働者の心の健康の保持増進のための措置（以下「メンタルヘルスケア」という。）の実施を促進してきたところである。

しかし，仕事による強いストレスが原因で精神障害を発病し，労災認定される労働者が，平成18年度以降も増加傾向にあり，労働者のメンタルヘルス不調を未然に防止することが益々重要な課題となっている。

こうした背景を踏まえ，平成26年6月25日に公布された「労働安全衛生法の一部を改正する法律」（平成26年法律第82号）においては，心理的な負担の程度を把握するための検査（以下「ストレスチェック」という。）及びその結果に基づく面接指導の実施を事業者に義務付けること等を内容としたストレスチェック制度が新たに創設された。

また，この新たな制度の実施に当たっては，個人情報の保護に関する法律（平成15年法律第57号）の趣旨を踏まえ，特に労働者の健康に関する個人情報（以下「健康情報」という。）の適正な取扱いの確保を図る必要がある。

本指針は，労働安全衛生法（昭和47年法律第57号。以下「法」という。）第66条の10第7項の規定に基づき，ストレスチェック及び面接指導の結果に基づき事業者が講ずべき措置が適切かつ有効に実施されるため，ストレスチェック及び面接指導の具体的な実施方法又は面接指導の結果についての医師からの意見の聴取，就業上の措置の決定，健康情報の適正な取扱い並びに労働者に対する不利益な取扱いの禁止等について定めたものである。

2　ストレスチェック制度の基本的な考え方

事業場における事業者による労働者のメンタルヘルスケアは，取組の段階ごとに，労働者自身のストレスへの気付き及び対処の支援並びに職場環境の改善を通じて，メンタルヘルス不調となることを未然に防止する「一次予防」，メンタルヘルス不調を早期に発見し，適切な対応を行う「二次予防」及びメンタルヘルス不調となった労働者の職場復帰を支援する「三次予防」に分けられる。

新たに創設されたストレスチェック制度は，これらの取組のうち，特にメンタルヘルス不調の未然防止の段階である一次予防を強化するため，定期的に労働者のストレスの状況について検査を行い，本人にその結果を通知して自らのストレスの状況について気付きを促し，個々の労働者のストレスを低減させるとともに，検査結果を集団ごとに集計・分析し，職場におけるストレス要因を評価し，職場環境の改善につなげることで，ストレスの要因そのものを低減するよう努めることを事業者に求めるものである。さらにその中で，ストレスの高い者を早期に発見し，医師による面接指導につなげることで，労働者のメンタルヘルス不調を未然に防止することを目的としている。

事業者は，メンタルヘルス指針に基づき各事業場の実態に即して実施される二次予防及び三次予防も含めた労働者のメンタルヘルスケアの総合的な取組の中に本制度を位置付け，メンタルヘルスケアに関する取組方針の決定，計画の作成，計画に基づく取組の実施，取組結果の評価及び評価結果に基づく改善の一連の取組を継続的かつ計画的に進めることが望ましい。

また，事業者は，ストレスチェック制度が，メンタルヘルス不調の未然防止だけでなく，従業員のストレス状況の改善及び働きやすい職場の実現を通じて生産性の向上にもつながるものであることに留意し，事業経営の一環として，積極的に本制度の活用を進めていくことが望ましい。

3　ストレスチェック制度の実施に当たっての留意事項

ストレスチェック制度を円滑に実施するためには，事業者，労働者及び産業保健スタッフ等の関係者が，次に掲げる事項を含め，制度の趣旨を正しく理解した上で，本指針に定める内容を踏まえ，衛生委員会又は安全衛生委員会（以下「衛生委員会等」という。）の場を活用し，互いに協力・連携しつつ，ストレスチェック制度をより効果的なものにするよう努力していくことが重要である。

① ストレスチェックに関して，労働者に対して受検を義務付ける規定が置かれていないのは，メンタルヘルス不調で治療中のため受検の負担が大きい等の特別の理由がある労働者にまで受検を強要する必要はないためであり，本制度を効果的なものとするためにも，全ての労働者がストレスチェックを受検することが望ましい。

② 面接指導は，ストレスチェックの結果，高ストレス者として選定され，面接指導を受ける必要があると実施者が認めた労働者に対して，医師が面接を行い，ストレスその他の心身及び勤務の状況等を確認することにより，当該労働者のメンタルヘルス不調のリスクを評価し，本人に指導を行うとともに，必要に応じて，事業者による適切な措置につなげるためのものである。このため，面接指導を受ける必要があると認められた労働者は，できるだけ申出を行い，医師による面接指導を受けることが望ましい。

③ ストレスチェック結果の集団ごとの集計・分析及びその結果を踏まえた必要な措置は，労働安全衛生規則（昭和47年労働省令第32号。以下「規則」という。）第52条の14の規定に基づく努力義務であるが，事業者は，職場環境におけるストレスの有無及びその原因を把握し，必要に応じて，職場環境の改善を行うことの重要性に留意し，できるだけ実施することが望ましい。

4　ストレスチェック制度の手順

ストレスチェック制度に基づく取組は，次に掲げる手順で実施するものとする。

ア　基本方針の表明

事業者は，法，規則及び本指針に基づき，ストレスチェック制度に関する基本方針を表明する。

イ　ストレスチェック及び面接指導

① 衛生委員会等において，ストレスチェック制度の実施方法等について調査審議を行い，その結果を踏まえ，事業者がその事業場におけるストレスチェック制度の実施方法等を規程として定める。

② 事業者は，労働者に対して，医師，保健師又は厚生労働大臣が定める研修を修了した歯科医師，看護師，精神保健福祉士若しくは公認心理師（以下「医師等」という。）によるストレスチェックを行う。

③ 事業者は，ストレスチェックを受けた労働者に対して，当該ストレスチェックを実施した医師等（以下「実施者」という。）から，その結果を直接本人に通知させる。

④ ストレスチェック結果の通知を受けた労働者のうち，高ストレス者として選定され，面接指導を受ける必要があると実施者が認めた労働者から申出があった場合は，事業者は，当該労働者に対して，医師による面接指導を実施する。

⑤ 事業者は，面接指導を実施した医師から，就業上の措置に関する意見を聴取する。

⑥ 事業者は，医師の意見を勘案し，必要に応じて，適切な措置を講じる。

ウ　集団ごとの集計・分析

① 事業者は，実施者に，ストレスチェック結果を一定規模の集団ごとに集計・分析させる。

② 事業者は，集団ごとの集計・分析の結果を勘案し，必要に応じて，適切な措置を講じる。

5　衛生委員会等における調査審議（略）

6　ストレスチェック制度の実施体制の整備（略）

7　ストレスチェックの実施方法等（略）

8　面接指導の実施方法等（略）

9　ストレスチェック結果に基づく集団ごとの集計・分析及び職場環境の改善（略）

10　労働者に対する不利益な取扱いの防止（略）

11　ストレスチェック制度に関する労働者の健康情報の保護（略）

12　その他の留意事項等（略）

13　定義（略）

6　労働者の心身の状態に関する情報の適正な取扱いのために事業者が講ずべき措置に関する指針（抄）

平成30年9月7日労働者の心身の状態に関する情報の適正な取扱い指針公示第1号
最終改正　令和4年3月31日労働者の心身の状態に関する情報の適正な取扱い指針公示第2号

1　趣旨・総論　（略）

2　心身の状態の情報の取扱いに関する原則

(1)　心身の状態の情報を取り扱う目的

　　事業者が心身の状態の情報を取り扱う目的は，労働者の健康確保措置の実施や事業者が負う民事上の安全配慮義務の履行であり，そのために必要な心身の状態の情報を適正に収集し，活用する必要がある。

　　一方，労働者の個人情報を保護する観点から，現行制度においては，事業者が心身の状態の情報を取り扱えるのは，労働安全衛生法令及びその他の法令に基づく場合や本人が同意している場合のほか，労働者の生命，身体の保護のために必要がある場合であって，本人の同意を得ることが困難であるとき等とされているので，上記の目的に即して，適正に取り扱われる必要がある。

(2)　取扱規程を定める目的

　　心身の状態の情報が，労働者の健康確保措置の実施や事業者が負う民事上の安全配慮義務の履行の目的の範囲内で適正に使用され，事業者による労働者の健康確保措置が十全に行われるよう，事業者は，当該事業場における取扱規程を定め，労使で共有することが必要である。

(3)　取扱規程に定めるべき事項

　　取扱規程に定めるべき事項は，具体的には以下のものが考えられる。

① 心身の状態の情報を取り扱う目的及び取扱方法

② 心身の状態の情報を取り扱う者及びその権限並びに取り扱う心身の状態の情報の範囲

③ 心身の状態の情報を取り扱う目的等の通知方法及び本人同意の取得方法

④ 心身の状態の情報の適正管理の方法

⑤ 心身の状態の情報の開示，訂正等（追加及び削除を含む。以下同じ。）及び使用停止等（消去及び第三者への提供の停止を含む。以下同じ。）の方法

⑥ 心身の状態の情報の第三者提供の方法

⑦ 事業承継，組織変更に伴う心身の状態の情報の引継ぎに関する事項

⑧ 心身の状態の情報の取扱いに関する苦情の処理

⑨ 取扱規程の労働者への周知の方法

　　なお，②については，個々の事業場における心身の状態の情報を取り扱う目的や取り扱う体制等の状況に応じて，部署や職種ごとに，その権限及び取り扱う心身の状態の情報の範囲等を定めることが適切である。

(4)　取扱規程の策定の方法

　　事業者は，取扱規程の策定に当たっては，衛生委員会等を活用して労使関与の下で検討し，策定したものを労働者と共有することが必要である。この共有の方法については，就業規則その他の社内規程等により定め，当該文書を常時作業場の見やすい場所に掲示し，又は備え付ける，イントラネットに掲載を行う等の方法により周知することが考えられる。

　　なお，衛生委員会等を設置する義務がない常時50人未満の労働者を使用する事業場（以下「小規模事業場」という。）においては，事業者は，必要に応じて労働安全衛生規則（昭和47年労働省令第32号）第23条の2に定める関係労働者の意見を聴く機会を活用する等により，労働者の意見を聴いた上で取扱規程を策定し，労働者と共有することが必要である。

　　また，取扱規程を検討又は策定する単位については，当該企業及び事業場の実情を踏まえ，事業場単位ではなく，企業単位とすることも考えられる。

(5)　心身の状態の情報の適正な取扱いのための体制の整備

　　心身の状態の情報の取扱いに当たっては，情報を適切に管理するための組織面，技術面等での措置を講じることが必要である。

　　(9)の表の右欄に掲げる心身の状態の情報の取扱いの原則のうち，特に心身の状態の情報の加工に係るものについては，主に，医療職種を配置している事業場での実施を想定しているものである。

　　なお，健康診断の結果等の記録については，事業者の責任の下で，健康診断を実施した医療機関等と連携して加工や保存を行うこ

とも考えられるが，その場合においても，取扱規程においてその取扱いを定めた上で，健康確保措置を講じるために必要な心身の状態の情報は，事業者等が把握し得る状態に置く等の対応が必要である。

(6)　心身の状態の情報の収集に際しての本人同意の取得

　　(9)の表の①及び②に分類される，労働安全衛生法令において労働者本人の同意を得なくても収集することのできる心身の状態の情報であっても，取り扱う目的及び取扱方法等について，労働者に周知した上で収集することが必要である。また，(9)の表の②に分類される心身の状態の情報を事業者等が収集する際には，取り扱う目的及び取扱方法等について労働者の十分な理解を得ることが望ましく，取扱規程に定めた上で，例えば，健康診断の事業者等からの受診案内等にあらかじめ記載する等の方法により労働者に通知することが考えられる。さらに，(9)の表の③に分類される心身の状態の情報を事業者等が収集する際には，個人情報の保護に関する法律第20条第2項に基づき，労働者本人の同意を得なければならない。

(7)　取扱規程の運用

　　事業者は，取扱規程について，心身の状態の情報を取り扱う者等の関係者に教育しその運用が適切に行われるようにするとともに，適宜，その運用状況を確認し，取扱規程の見直し等の措置を行うことが必要である。

　　取扱規程の運用が適切に行われていないことが明らかになった場合は，事業者は労働者にその旨を説明するとともに，再発防止に取り組むことが必要である。

(8)　労働者に対する不利益な取扱いの防止

　　事業者は，心身の状態の情報の取扱いに労働者が同意しないことを理由として，又は，労働者の健康確保措置及び民事上の安全配慮義務の履行に必要な範囲を超えて，当該労働者に対して不利益な取扱いを行うことはあってはならない。

　　以下に掲げる不利益な取扱いを行うことは，一般的に合理的なものとはいえないので，事業者は，原則としてこれを行ってはならない。なお，不利益な取扱いの理由が以下に掲げるもの以外のものであったとしても，実質的に以下に掲げるものに該当する場合には，当該不利益な取扱いについても，行ってはならない。

①　心身の状態の情報に基づく就業上の措置の実施に当たり，例えば，健康診断後に医師の意見を聴取する等の労働安全衛生法令上求められる適切な手順に従わないなど，不利益な取扱いを行うこと。

②　心身の状態の情報に基づく就業上の措置の実施に当たり，当該措置の内容・程度が聴取した医師の意見と著しく異なる等，医師の意見を勘案し必要と認められる範囲内となっていないもの又は労働者の実情が考慮されていないもの等の労働安全衛生法令上求められる要件を満たさない内容の不利益な取扱いを行うこと。

③　心身の状態の情報の取扱いに労働者が同意しないことや心身の状態の情報の内容を理由として，以下の措置を行うこと。
　(a)　解雇すること
　(b)　期間を定めて雇用される者について契約の更新をしないこと
　(c)　退職勧奨を行うこと
　(d)　不当な動機・目的をもってなされたと判断されるような配置転換又は職位（役職）の変更を命じること
　(e)　その他労働契約法等の労働関係法令に違反する措置を講じること

(9)　心身の状態の情報の取扱いの原則（情報の性質による分類）

　　心身の状態の情報の取扱いを担当する者及びその権限並びに取り扱う心身の状態の情報の範囲等の，事業場における取扱いの原則について，労働安全衛生法令及び心身の状態の情報の取扱いに関する規定がある関係法令の整理を踏まえて分類すると，次（編注・次頁）の表のとおりとなる。

(10)　小規模事業場における取扱い

　　小規模事業場においては，産業保健業務従事者の配置が不十分である等，(9)の原則に基づいた十分な措置を講じるための体制を整備することが困難な場合にも，事業場の体制に応じて合理的な措置を講じることが必要である。

　　この場合，事業場ごとに心身の状態の情報の取扱いの目的の達成に必要な範囲で取扱規程を定めるとともに，特に，(9)の表の②に該当する心身の状態の情報の取扱いについては，衛生推進者を選任している場合は，衛生推進者に取り扱わせる方法や，取扱規程に基づき適切に取り扱うことを条件に，取り扱う心身の状態の情報を制限せずに事業者自らが直接取り扱う方法等が考えられる。

心身の状態の情報の分類	左欄の分類に該当する心身の状態の情報の例	心身の状態の情報の取扱いの原則
① 労働安全衛生法令に基づき事業者が直接取り扱うこととされており，労働安全衛生法令に定める義務を履行するために，事業者が必ず取り扱わなければならない心身の状態の情報	(a) 健康診断の受診・未受診の情報 (b) 長時間労働者による面接指導の申出の有無 (c) ストレスチェックの結果，高ストレスと判定された者による面接指導の申出の有無 (d) 健康診断の事後措置について医師から聴取した意見 (e) 長時間労働者に対する面接指導の事後措置について医師から聴取した意見 (f) ストレスチェックの結果，高ストレスと判定された者に対する面接指導の事後措置について医師から聴取した意見	全ての情報をその取扱いの目的の達成に必要な範囲を踏まえて，事業者等が取り扱う必要がある。 　ただし，それらに付随する健康診断の結果等の心身の状態の情報については，②の取扱いの原則に従って取り扱う必要がある。
② 労働安全衛生法令に基づき事業者が労働者本人の同意を得ずに収集することが可能であるが，事業場ごとの取扱規程により事業者等の内部における適正な取扱いを定めて運用することが適当である心身の状態の情報	(a) 健康診断の結果（法定の項目） (b) 健康診断の再検査の結果 （法定の項目と同一のものに限る。） (c) 長時間労働者に対する面接指導の結果 (d) ストレスチェックの結果，高ストレスと判定された者に対する面接指導の結果	事業者等は，当該情報の取扱いの目的の達成に必要な範囲を踏まえて，取り扱うことが適切である。そのため，事業場の状況に応じて， ・情報を取り扱う者を制限する ・情報を加工する 等，事業者等の内部における適切な取扱いを取扱規程に定め，また，当該取扱いの目的及び方法等について労働者が十分に認識できるよう，丁寧な説明を行う等の当該取扱いに対する労働者の納得性を高める措置を講じた上で，取扱規程を運用する必要がある。
③ 労働安全衛生法令において事業者が直接取り扱うことについて規定されていないため，あらかじめ労働者本人の同意を得ることが必要であり，事業場ごとの取扱規定により事業者等の内部における適正な取扱いを定めて運用することが必要である心身の状態の情報	(a) 健康診断の結果（法定外項目） (b) 保健指導の結果 (c) 健康診断の再検査の結果 （法定の項目と同一のものを除く。） (d) 健康診断の精密検査の結果 (e) 健康相談の結果 (f) がん検診の結果 (g) 職場復帰のための面接指導の結果 (h) 治療と仕事の両立支援等のための医師の意見書 (i) 通院状況等疾病管理のための情報	個人情報の保護に関する法律に基づく適切な取扱いを確保するため，事業場ごとの取扱規程に則った対応を講じる必要がある。

※　高齢者の医療の確保に関する法律（昭和57年法律第80号。以下「高確法」という。）第27条第3項及び健康保険法（大正11年法律第70号）第150条第2項その他の医療保険各法の規定において，医療保険者は，事業者に対し，健康診断の結果（高確法第27条第3項の規定に基づく場合は，特定健康診査及び特定保健指導の実施に関する基準（平成19年厚生労働省令第157号。以下「実施基準」という。）第2条各号に掲げる項目に関する記録の写しに限り，また，健康保険法その他の医療保険各法の規定に基づく場合は，実施基準第2条各号に掲げる項目に関する記録の写しその他健康保険法第150条第1項等の規定により被保険者等の健康の保持増進のために必要な事業を行うに当たって医療保険者が必要と認める情報に限る。）の提供を求めることができることとされている。このため，事業者は，これらの規定に基づく医療保険者の求めに応じて健康診断の結果を提供する場合は，労働者本人の同意を得ずに提供することができる。
　③の心身の状態の情報について，「あらかじめ労働者本人の同意を得ることが必要」としているが，個人情報の保護に関する法律第20条第2項各号に該当する場合は，あらかじめ労働者本人の同意は不要である。また，労働者本人が自発的に事業者に提出した心身の状態の情報については，「あらかじめ労働者本人の同意」を得たものと解されるが，当該情報について事業者等が医療機関等に直接問い合わせる場合には，別途，労働者本人の同意を得る必要がある。

3　心身の状態の情報の適正管理
（1）　心身の状態の情報の適正管理のための規程
　　　心身の状態の情報の適正管理のために事業者が講ずべき措置としては以下のものが挙げられる。これらの措置は個人情報の保護に関する法律において規定されているものであ

り，事業場ごとの実情を考慮して，適切に運
用する必要がある。

① 心身の状態の情報を必要な範囲において
正確・最新に保つための措置

② 心身の状態の情報の漏えい，滅失，改ざ
ん等の防止のための措置（心身の状態の情
報の取扱いに係る組織的体制の整備，正当
な権限を有しない者からのアクセス防止の
ための措置等）

③ 保管の必要がなくなった心身の状態の情
報の適切な消去等

このため，心身の状態の情報の適正管理
に係る措置については，これらの事項を踏
まえ，事業場ごとに取扱規程に定める必要
がある。

なお，特に心身の状態の情報の適正管理
については，企業や事業場ごとの体制，整
備等を個別に勘案し，その運用の一部又は
全部を本社事業場において一括して行うこ
とも考えられる。

(2) 心身の状態の情報の開示等

労働者が有する，本人に関する心身の状態
の情報の開示や必要な訂正等，使用停止等を
事業者に請求する権利についても，ほとんど
の心身の状態の情報が，機密性が高い情報で
あることに鑑みて適切に対応する必要があ
る。

(3) 小規模事業場における留意事項

小規模事業者においては，「個人情報の保
護に関する法律についてのガイドライン（通
則編）」（平成28年個人情報保護委員会告示第
6号）の「10（別添）講ずべき安全管理措置
の内容」も参照しつつ，取り扱う心身の状態
の情報の数量及び心身の状態の情報を取り扱
う労働者数が一定程度にとどまること等を踏
まえ，円滑にその義務を履行し得るような手
法とすることが適当である。

4　定義

本指針において，以下に掲げる用語の意味は，
それぞれ次に定めるところによる。

① 心身の状態の情報

事業場で取り扱う心身の状態の情報は，労
働安全衛生法第66条第1項に基づく健康診断
等の健康確保措置や任意に行う労働者の健康
管理活動を通じて得た情報であり，このうち
個人情報の保護に関する法律第2条第3項に
規定する「要配慮個人情報」に該当するもの
については，「雇用管理分野における個人情
報のうち健康情報を取り扱うに当たっての留
意事項について」（平成29年5月29日付け基
発0529第3号）の「健康情報」と同義である。

なお，その分類は2(9)の表の左欄に，その
例示は同表の中欄にそれぞれ掲げるとおりで
ある。

② 心身の状態の情報の取扱い

心身の状態の情報に係る収集から保管，使
用（第三者提供を含む。），消去までの一連の
措置をいう。なお，本指針における「使用」
は，個人情報の保護に関する法律における「利
用」に該当する。

③ 心身の状態の情報の適正管理

心身の状態の情報の「保管」のうち，事業
者等が取り扱う心身の状態の情報の適正な管
理に当たって事業者が講ずる措置をいう。

④ 心身の状態の情報の加工

心身の状態の情報の他者への提供に当た
り，提供する情報の内容を健康診断の結果等
の記録自体ではなく，所見の有無や検査結果
を踏まえた就業上の措置に係る医師の意見に
置き換えるなど，心身の状態の情報の取扱い
の目的の達成に必要な範囲内で使用されるよ
うに変換することをいう。

⑤ 事業者等

労働安全衛生法に定める事業者（法人企業
であれば当該法人，個人企業であれば事業経
営主を指す。）に加え，事業者が行う労働者
の健康確保措置の実施や事業者が負う民事上
の安全配慮義務の履行のために，心身の状態
の情報を取り扱う人事に関して直接の権限を
持つ監督的地位にある者，産業保健業務従事
者及び管理監督者等を含む。

なお，2(3)②における「心身の状態の情報
を取り扱う者及びその権限並びに取り扱う心
身の状態の情報の範囲」とは，これらの者ご
との権限等を指す。

⑥ 医療職種

医師，保健師等，法律において，業務上知
り得た人の秘密について守秘義務規定が設け
られている職種をいう。

⑦ 産業保健業務従事者

医療職種や衛生管理者その他の労働者の健
康管理に関する業務に従事する者をいう。

MEMO

MEMO

MEMO

MEMO

衛生管理（下）≪第2種用≫

平成22年5月25日	第1版第1刷発行
平成23年5月30日	第2版第1刷発行
平成24年4月2日	第3版第1刷発行
平成25年3月21日	第4版第1刷発行
平成26年3月24日	第5版第1刷発行
平成27年3月25日	第6版第1刷発行
平成28年3月25日	第7版第1刷発行
平成29年3月22日	第8版第1刷発行
平成30年3月22日	第9版第1刷発行
平成31年3月22日	第10版第1刷発行
令和2年3月19日	第11版第1刷発行
令和4年3月28日	第12版第1刷発行
令和5年3月28日	第13版第1刷発行
令和6年3月26日	第14版第1刷発行

編　　　者　　中央労働災害防止協会
発　行　者　　平　山　　剛
発　行　所　　中央労働災害防止協会
　　　　　　　〒108-0023
　　　　　　　東京都港区芝浦3丁目17番12号
　　　　　　　吾妻ビル9階
　　　　　　　電話　販売　03(3452)6401
　　　　　　　　　　編集　03(3452)6209
印刷・製本　　新日本印刷株式会社
表紙デザイン　ア・ロゥデザイン

落丁・乱丁本はお取り替えいたします　　©JISHA 2024
ISBN978-4-8059-2128-9　C3060

中災防ホームページ　https://www.jisha.or.jp/

中災防の 関連図書

第2種 令和6年度版 衛生管理者試験問題集 解答&解説

中央労働災害防止協会編
A5判　356ページ
定価　1,760円（本体1,600円＋税10%）

受験対策は最新版で!!

第2種 令和6年度版
衛生管理者試験問題集 解答&解説
平成31年前期～令和5年後期 過去10回分の問題を掲載
『衛生管理（上）（下）第2種用』テキスト準拠
中央労働災害防止協会

No. 23408
ISBN 978-4-8059-2143-2 C3060

<内容>
　衛生管理（上）（下）第2種用テキストに準拠した、第2種衛生管理者の免許試験対策用問題集。
　過去10回分の公表問題をテーマごとに整理し、解答にあたってのポイントを掲載。類問の出題に対応。各設問に解答と解説付き。出題傾向を的確に把握できます。

安全衛生図書のお申込み・お問合せは

中央労働災害防止協会　出版事業部
〒108-0023 東京都港区芝浦3丁目17番12号吾妻ビル9階
TEL 03-3452-6401　FAX 03-3452-2480 （共に受注専用）
中災防HP https://www.jisha.or.jp/